M!OVE 알아보자!
우리 몸 체크

평소 우리 몸에 얼마나 많은 관심을 두고 있나요?
여기서는 특히 알면 유익할 부분들을 골라 보았습니다.
더 자세한 정보는 본편에서 즐겨 주세요.

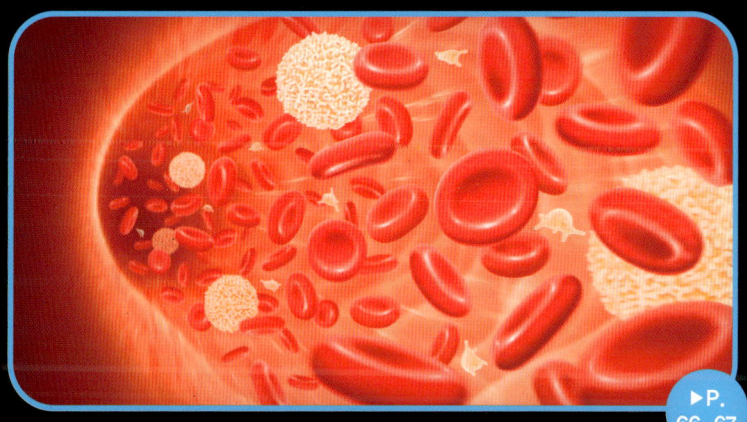
▶P. 66-67

10만 km의 혈관을 1분에 주파!? 혈액

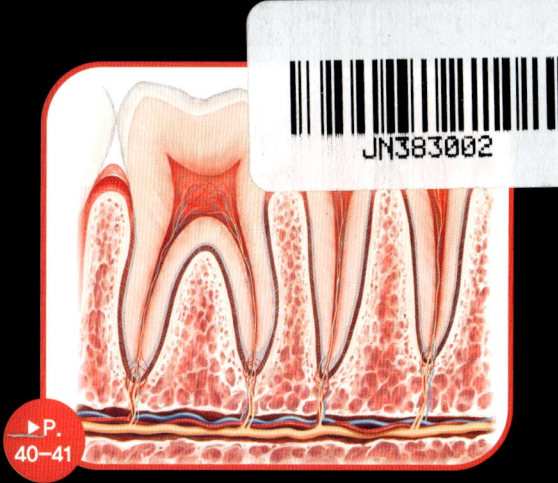
▶P. 40-41

씹고 분해하고 맛본다! 입과 치아

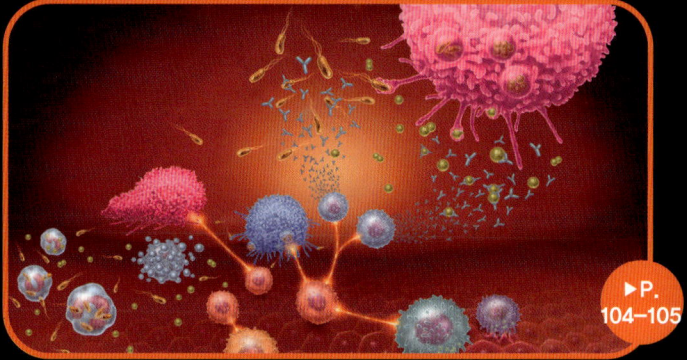
▶P. 104-105

몸을 보호하는 일등 공신 인체 방위군 세포

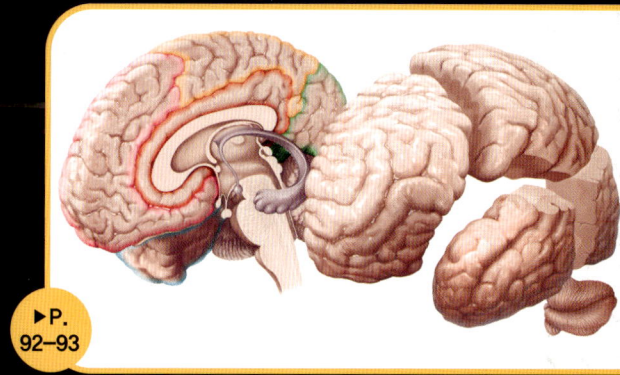
▶P. 92-93

몸과 마음에 관여하는 기관 뇌

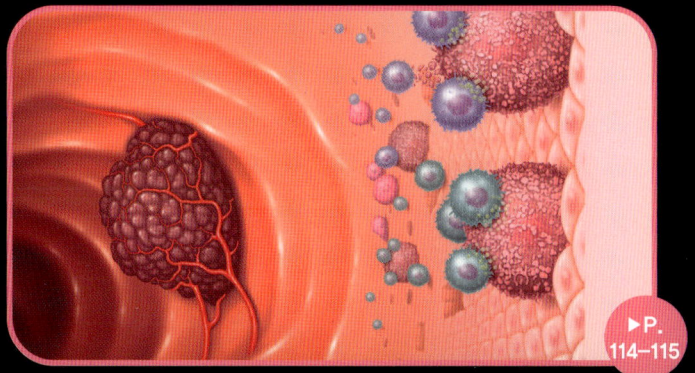
▶P. 114-115

목숨을 위협하는 악성 종양 암

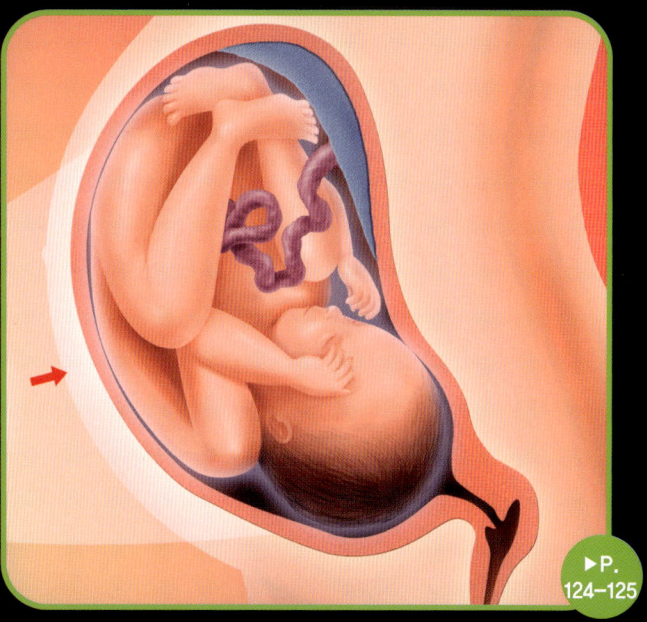
▶P. 124-125

태아가 목청껏 울기까지 생명의 탄생

감수 시마다 다츠오
오오이타대학 명예 교수
오오이타 의학 기술 전문학교 교장

움직이는 도감 MOVE!
인체

고단샤 편저

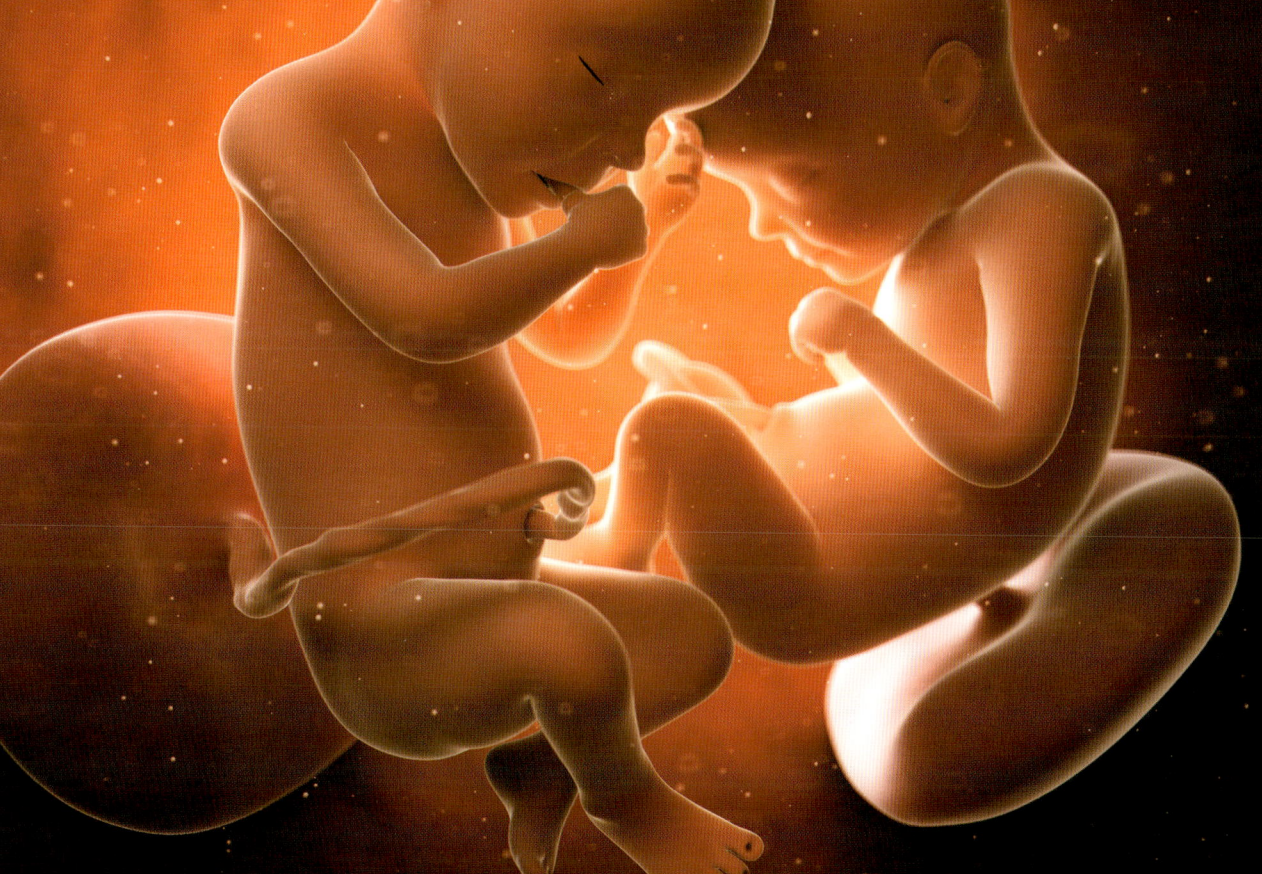

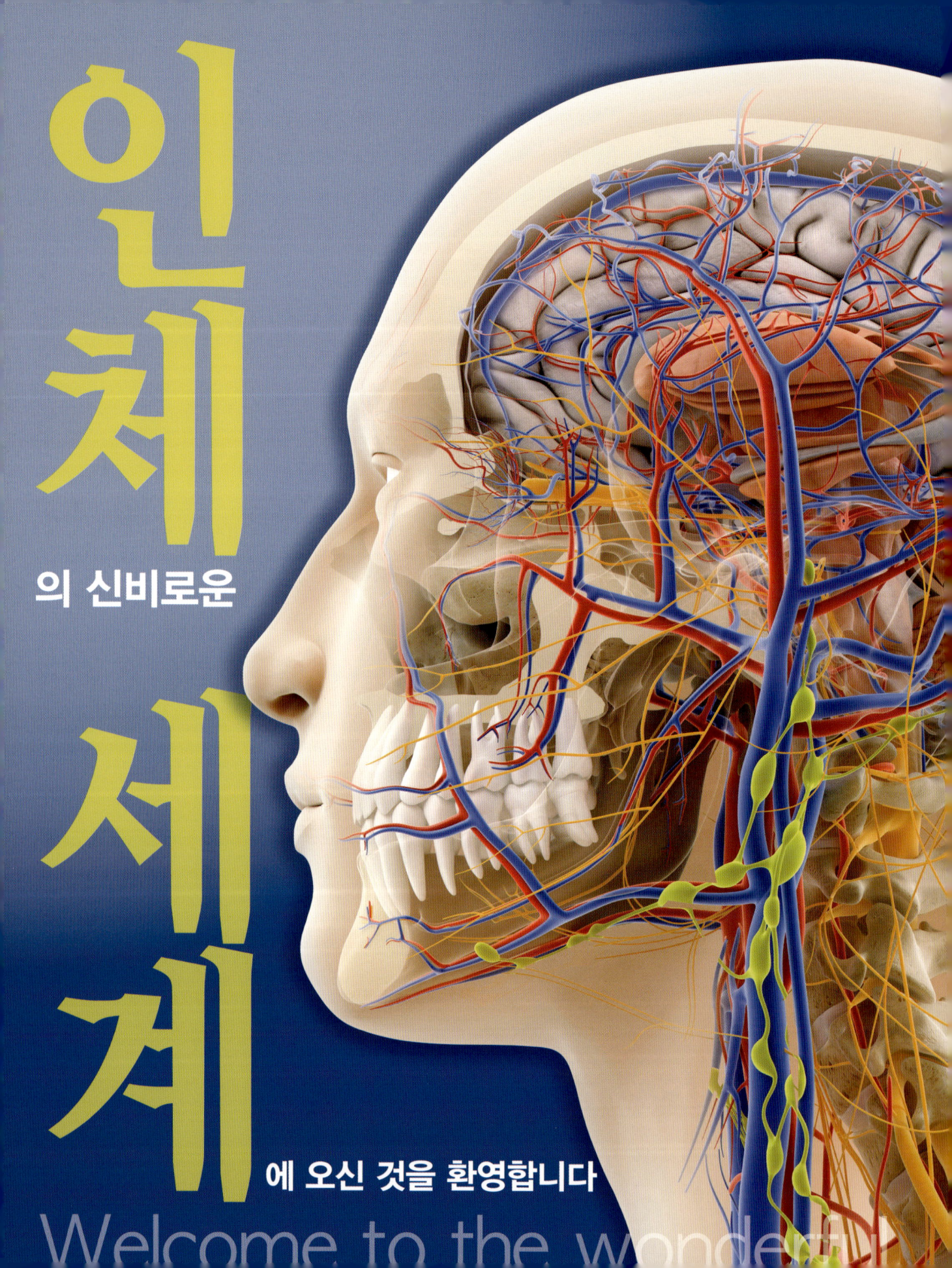

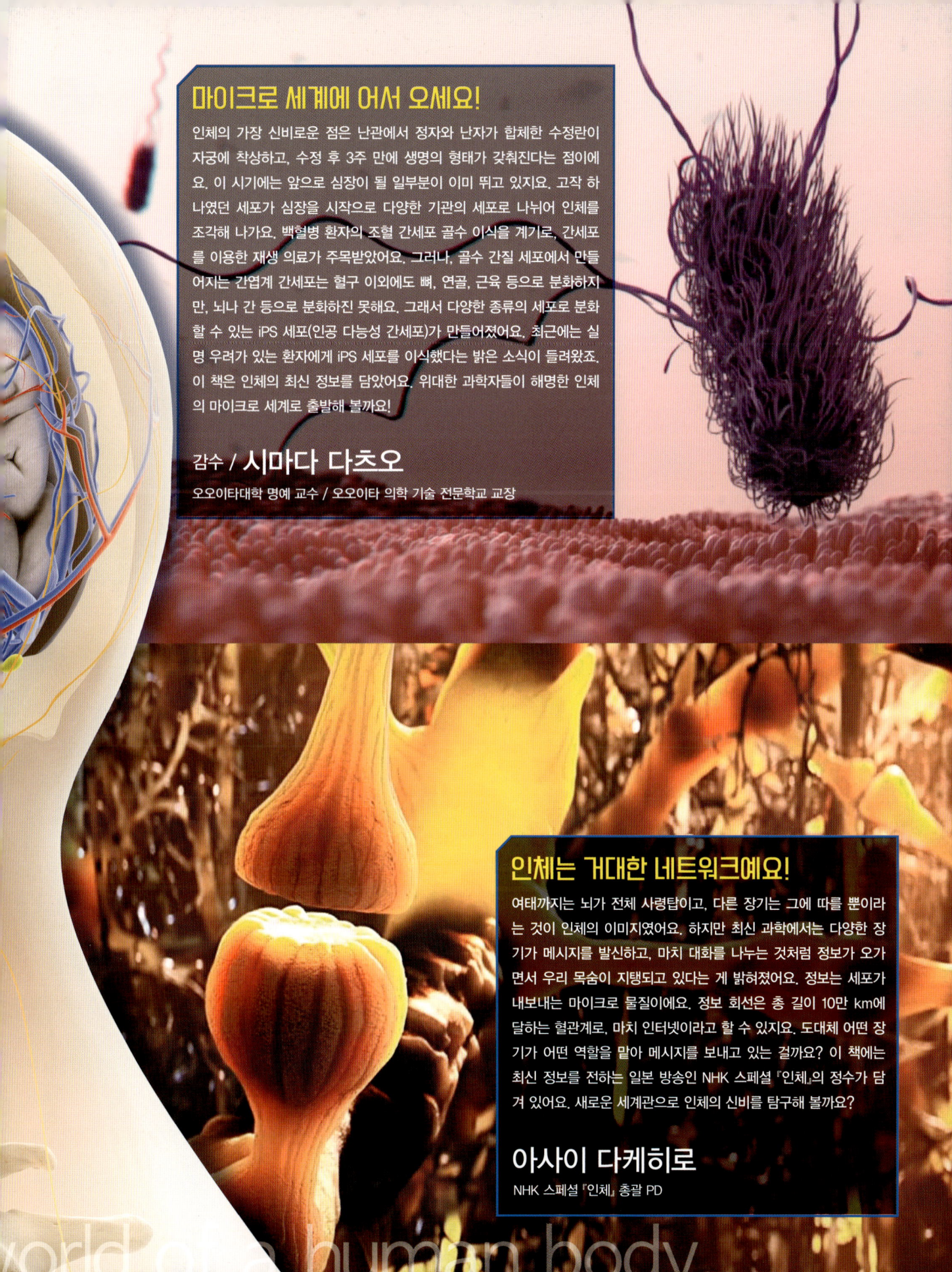

마이크로 세계에 어서 오세요!

인체의 가장 신비로운 점은 난관에서 정자와 난자가 합체한 수정란이 자궁에 착상하고, 수정 후 3주 만에 생명의 형태가 갖춰진다는 점이에요. 이 시기에는 앞으로 심장이 될 일부분이 이미 뛰고 있지요. 고작 하나였던 세포가 심장을 시작으로 다양한 기관의 세포로 나뉘어 인체를 조각해 나가요. 백혈병 환자의 조혈 간세포 골수 이식을 계기로, 간세포를 이용한 재생 의료가 주목받았어요. 그러나, 골수 간질 세포에서 만들어지는 간엽계 간세포는 혈구 이외에도 뼈, 연골, 근육 등으로 분화하지만, 뇌나 간 등으로 분화하진 못해요. 그래서 다양한 종류의 세포로 분화할 수 있는 iPS 세포(인공 다능성 간세포)가 만들어졌어요. 최근에는 실명 우려가 있는 환자에게 iPS 세포를 이식했다는 밝은 소식이 들려왔죠. 이 책은 인체의 최신 정보를 담았어요. 위대한 과학자들이 해명한 인체의 마이크로 세계로 출발해 볼까요!

감수 / **시마다 다츠오**
오오이타대학 명예 교수 / 오오이타 의학 기술 전문학교 교장

인체는 거대한 네트워크예요!

여태까지는 뇌가 전체 사령탑이고, 다른 장기는 그에 따를 뿐이라는 것이 인체의 이미지였어요. 하지만 최신 과학에서는 다양한 장기가 메시지를 발신하고, 마치 대화를 나누는 것처럼 정보가 오가면서 우리 목숨이 지탱되고 있다는 게 밝혀졌어요. 정보는 세포가 내보내는 마이크로 물질이에요. 정보 회선은 총 길이가 10만 km에 달하는 혈관계로, 마치 인터넷이라고 할 수 있지요. 도대체 어떤 장기가 어떤 역할을 맡아 메시지를 보내고 있는 걸까요? 이 책에는 최신 정보를 전하는 일본 방송인 NHK 스페셜 『인체』의 정수가 담겨 있어요. 새로운 세계관으로 인체의 신비를 탐구해 볼까요?

아사이 다케히로
NHK 스페셜 『인체』 총괄 PD

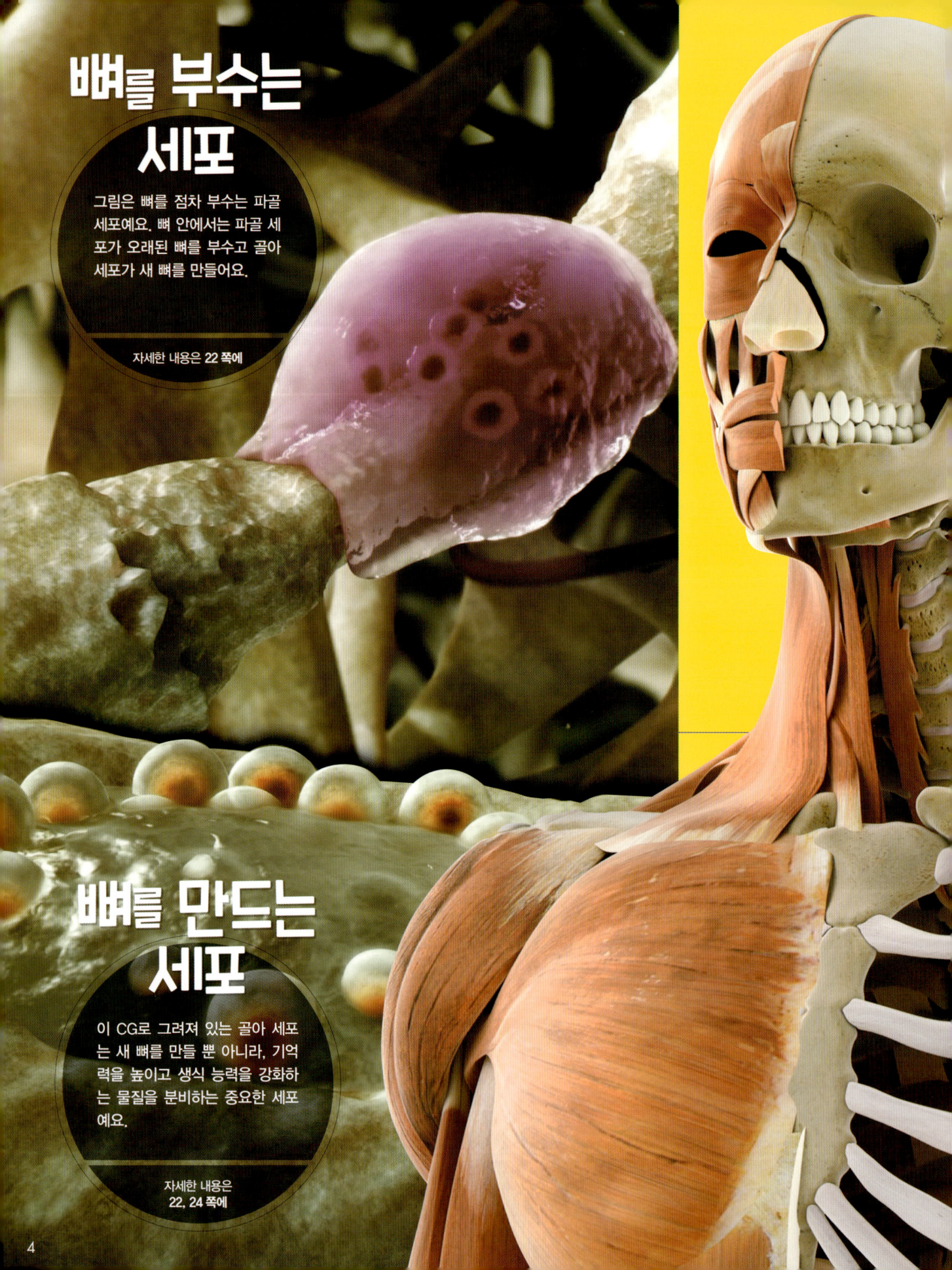

뼈를 부수는 세포

그림은 뼈를 점차 부수는 파골 세포예요. 뼈 안에서는 파골 세포가 오래된 뼈를 부수고 골아 세포가 새 뼈를 만들어요.

자세한 내용은 22 쪽에

뼈를 만드는 세포

이 CG로 그려져 있는 골아 세포는 새 뼈를 만들 뿐 아니라, 기억력을 높이고 생식 능력을 강화하는 물질을 분비하는 중요한 세포예요.

자세한 내용은
22, 24 쪽에

뼈와 근육의 갑옷을 걸친다

인체에는 약 200개의 뼈가 있고, 복잡한 퍼즐처럼 맞춰져 있어요. 이들을 신축하는 근육이 그곳에 붙어 있죠. 뼈와 근육은 우리의 몸을 움직이는 메커니즘이고, 뇌나 심장 등의 중요 장기를 보호하는 갑옷으로도 기능하고 있어요.

자세한 내용은
20, 26, 28 쪽에

뼈를 지탱하는 세포

위의 CG 사진처럼 마치 민들레 씨앗 같은 모양을 한 골세포는 뼈의 90% 이상을 차지하며 서로 견고하게 이어져 있어요.

자세한 내용은 22 쪽에

MOVE THE 제1장 BODY
몸을 움직인다

CONTENTS

골격·················· 20	근육·················· 28
파골 세포와 골아 세포······ 22	지방·················· 30
뼈가 전하는 메시지········ 24	인공 장기와 인공사지····· 32
뼈의 연결·············· 26	뼈 박물관·············· 34

췌장에 드러난 섬

췌장에 있는 랑게르한스섬을 그린 그림이에요. 이곳에서는 혈당치를 조절하는 중요한 호르몬을 만들어요.

자세한 내용은 **44쪽**에

장내에 서식하는 세균

장내에는 병을 일으키는 세균뿐만 아니라 사람의 건강을 지키는 세균도 서식하고 있어요. 그 수가 무려 약 100조 개에 달한다고 해요.

자세한 내용은 **50쪽**에

소장에 난 털

소장 안쪽에 있는, 융모라고 하는 손가락 모양의 갈라져 나온 돌기를 전자 현미경으로 촬영했어요. 십이지장에서 소화된 음식물의 영양분이 빽빽하게 깔린 융모에서 흡수돼요.

자세한 내용은 **46쪽**에

DIGESTIVE 제2장 SYSTEM

먹는다

CONTENTS

소화기 요약 ······ 38	소장 ······ 46
입과 치아 ······ 40	소장과 면역 ······ 48
위 ······ 42	대장 ······ 50
췌장, 담낭, 십이지장 ······ 44	장내 세균과 면역 세포 ······ 52
	간 ······ 54
	소화기 박물관 ······ 56

물과 음식물의 대모험

물과 음식물이 사람의 몸에 들어오면 밖으로 나가기까지의 여행이 시작돼요. 음식물은 여러 장기를 통과하고 차례로 형태를 바꿔 소화·흡수되지요. 그리고 인체는 에너지를 짜내고 필요 없어진 찌꺼기를 배출해요.

자세한 내용은 38쪽에

음식물을 부순다!

잡식 동물인 인간의 치아는 다양한 음식물에 대응하기 위해 다양한 이빨이 조합돼 있어요. 사진은 음식을 부수는 큰어금니예요.

자세한 내용은 40쪽에

150L의 원뇨를 만드는 사구체

위 CG에 그려져 있는, 모세혈관이 뭉친 듯 모여 있는 사구체에서는 하루에 약 150L의 원뇨가 만들어져요. 그중 99%는 혈관으로 재흡수돼요.

자세한 내용은 68쪽에

10만 km의 혈관

CG에 그려진 것처럼, 모세혈관을 포함하면 사람의 몸에는 약 10만 km의 긴 혈관이 흐르고 있어요. 산소와 에너지, 또 몸 안의 세포나 장기가 메시지를 전하는 물질도 혈관을 통해 다른 세포나 장기로 운반돼요.

자세한 내용은 60, 72쪽에

적혈구와 백혈구

혈액 안의 적혈구와 백혈구를 그린 그림이에요. 적혈구는 혈액에 올라 산소를 몸 안의 세포로 운반해요. 백혈구는 혈액뿐만 아니라 혈관에서 나와, 몸에 침입한 세균 등의 병원체와 싸워요.

자세한 내용은 66쪽에

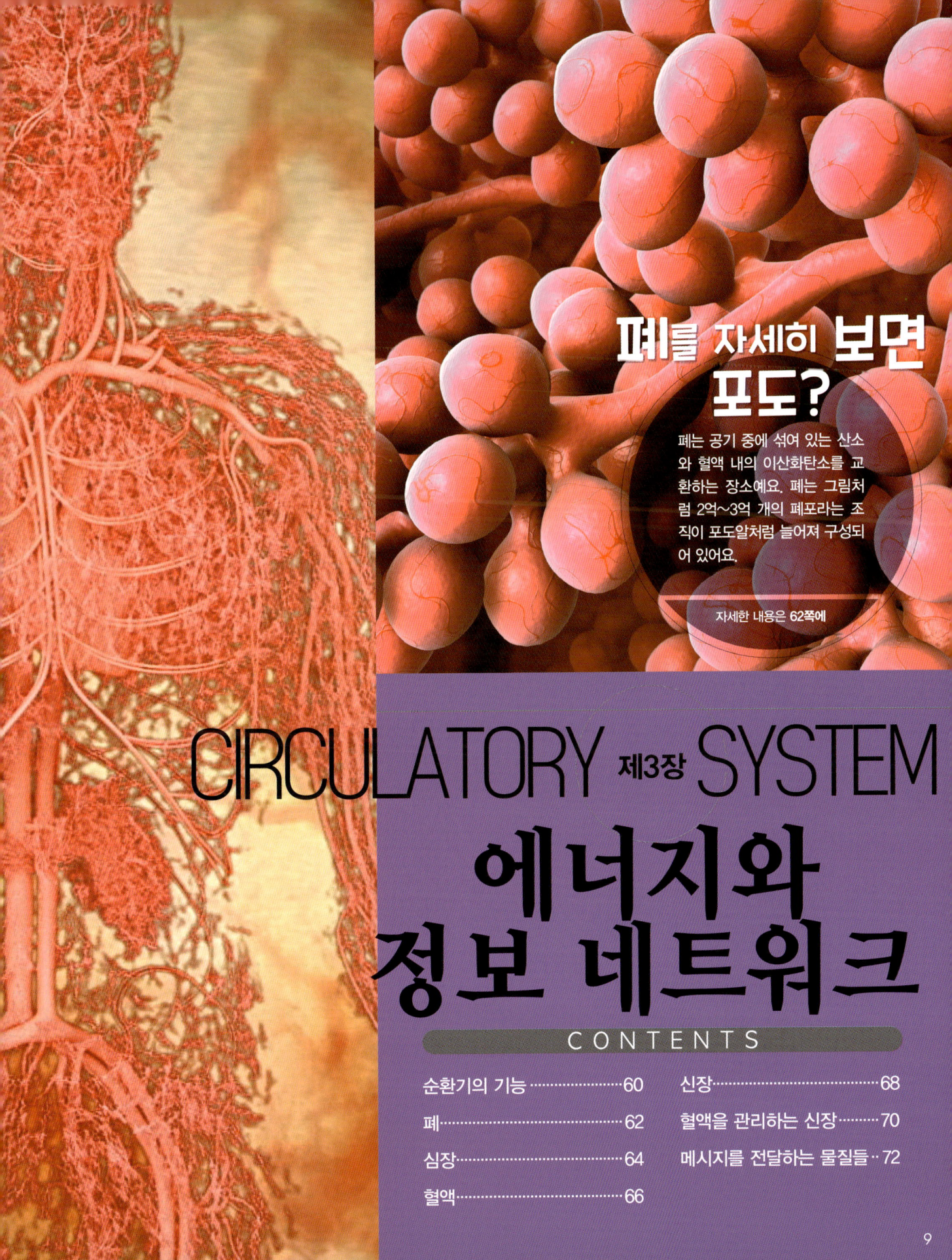

폐를 자세히 보면 포도?

폐는 공기 중에 섞여 있는 산소와 혈액 내의 이산화탄소를 교환하는 장소예요. 폐는 그림처럼 2억~3억 개의 폐포라는 조직이 포도알처럼 늘어져 구성되어 있어요.

자세한 내용은 62쪽에

CIRCULATORY 제3장 SYSTEM
에너지와 정보 네트워크

CONTENTS

순환기의 기능 ········· 60	신장 ······················ 68
폐 ·························· 62	혈액을 관리하는 신장 ······ 70
심장 ······················ 64	메시지를 전달하는 물질들 ·· 72
혈액 ······················ 66	

뉴런을 만드는 네트워크

이 사진처럼 인체는 '뉴런'이라고 불리는 신경 세포가 전신을 잇는 네트워크를 구성하고 있어요. 피부나 눈 등에서 얻은 정보는 뇌로, 뇌에서의 지령은 온몸으로 전기 신호의 형태로 전달하고 있죠.

자세한 내용은 88, 94쪽에

귓속의 달팽이

귓속에 있는 달팽이처럼 보이는 와우를 그린 그림이에요. 와우에서는 소리의 정체인 공기 진동을 전기 신호로 변환해 뇌에 전달해요.

자세한 내용은 80쪽에

머리에 자라는 검?

머리카락 뿌리를 전자현미경으로 촬영한 사진이에요. 피부에서 마치 검이 내밀어지듯 자라고 있어요.

자세한 내용은 86쪽에

SENSE ORGAN

제4장
느끼고 생각하다

정보를 전달하는 수수께끼의 물질

이 그림에서는 뉴런과 뉴런을 잇는 부위인 시냅스를 그렸어요. 뉴런은 정보를 전기 신호로 전달하지만, 시냅스에서는 전기 신호를 신경 전달 물질로 변환해 다음 뉴런으로 전달해요.

CONTENTS

눈	76	뉴런	88
사물을 보는 법 선수권	78	신경	90
귀	80	뇌	92
코	82	뇌의 뉴런	94
혀	84	해마와 기억	96
피부	86	뇌와 인공 지능	98

자세한 내용은 **94쪽**에

1,000억 개의 신경 세포

뇌에는 약 1,000억 개의 신경 세포가 있어요. 이것은 일본의 문학가인 마타요시 나오키 씨의 뇌를 MRI로 스캔한 데이터를 기반으로 그린 CG예요. 빛나는 부분은 뇌 안을 흐르는 전기 신호예요.

자세한 내용은 **94쪽**에

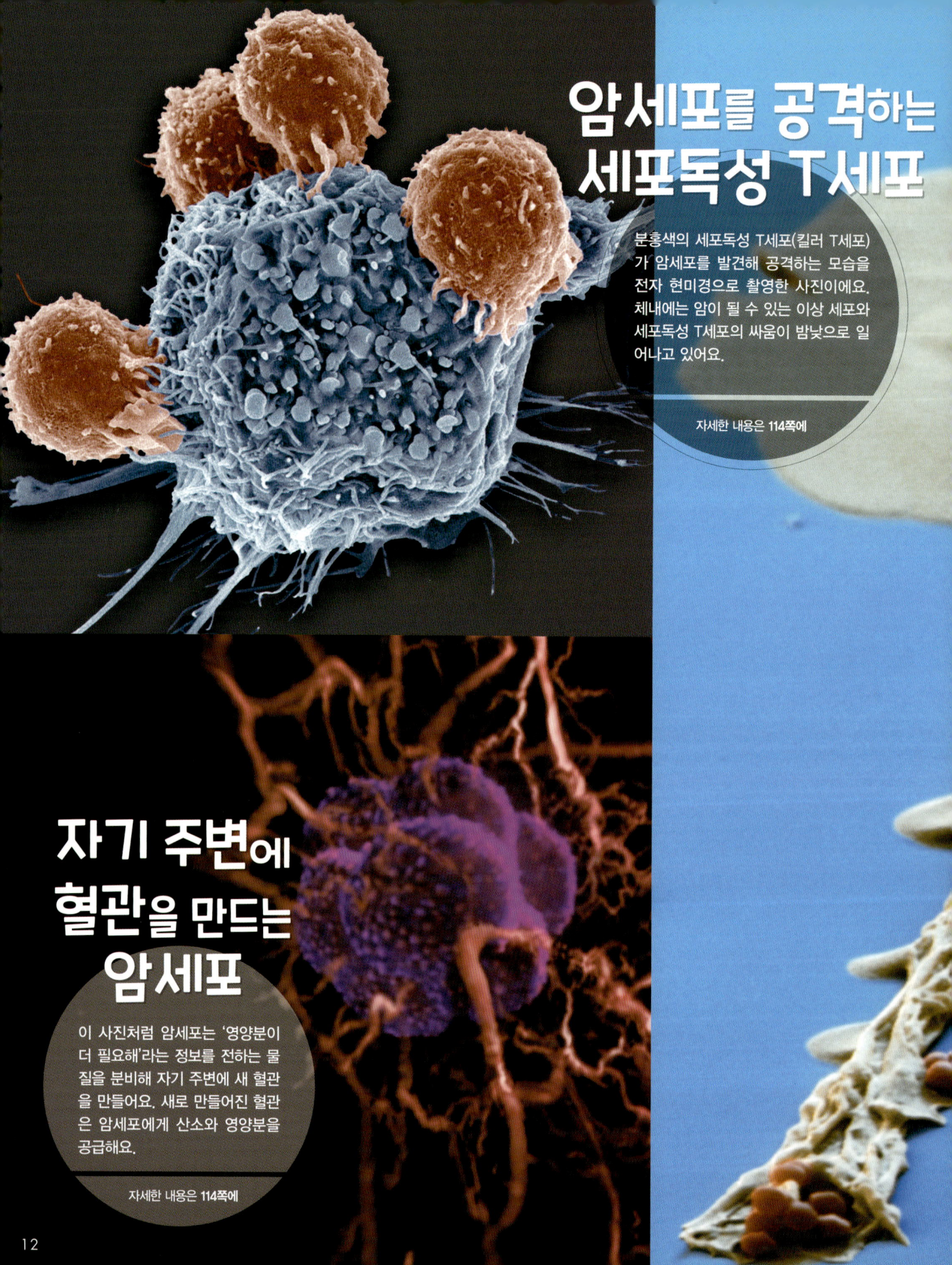

암세포를 공격하는 세포독성 T세포

분홍색의 세포독성 T세포(킬러 T세포)가 암세포를 발견해 공격하는 모습을 전자 현미경으로 촬영한 사진이에요. 체내에는 암이 될 수 있는 이상 세포와 세포독성 T세포의 싸움이 밤낮으로 일어나고 있어요.

자세한 내용은 114쪽에

자기 주변에 혈관을 만드는 암세포

이 사진처럼 암세포는 '영양분이 더 필요해'라는 정보를 전하는 물질을 분비해 자기 주변에 새 혈관을 만들어요. 새로 만들어진 혈관은 암세포에게 산소와 영양분을 공급해요.

자세한 내용은 114쪽에

몸 안의 괴물?

이 전자 현미경 사진은 대식세포라는 세포가 위족을 늘려 포도상구균을 게걸스럽게 먹는 모습이에요. 언뜻 보기에는 괴물처럼 보이지만, 실은 다양한 세포와 힘을 합쳐 위험한 병원체를 퇴치하는 '인체 방위군'의 일원이에요.

자세한 내용은
104, 106쪽에

IMMUNITY 제5장

몸을 지킨다

CONTENTS

림프 ······· 102	바이러스와 세균 ······· 110
인체 방위군 ······· 104	바이러스와 감염증 ······· 112
대식세포 ······· 106	암 vs. 면역 ······· 114
알레르기의 신비 ······· 108	상처 수복 ······· 116

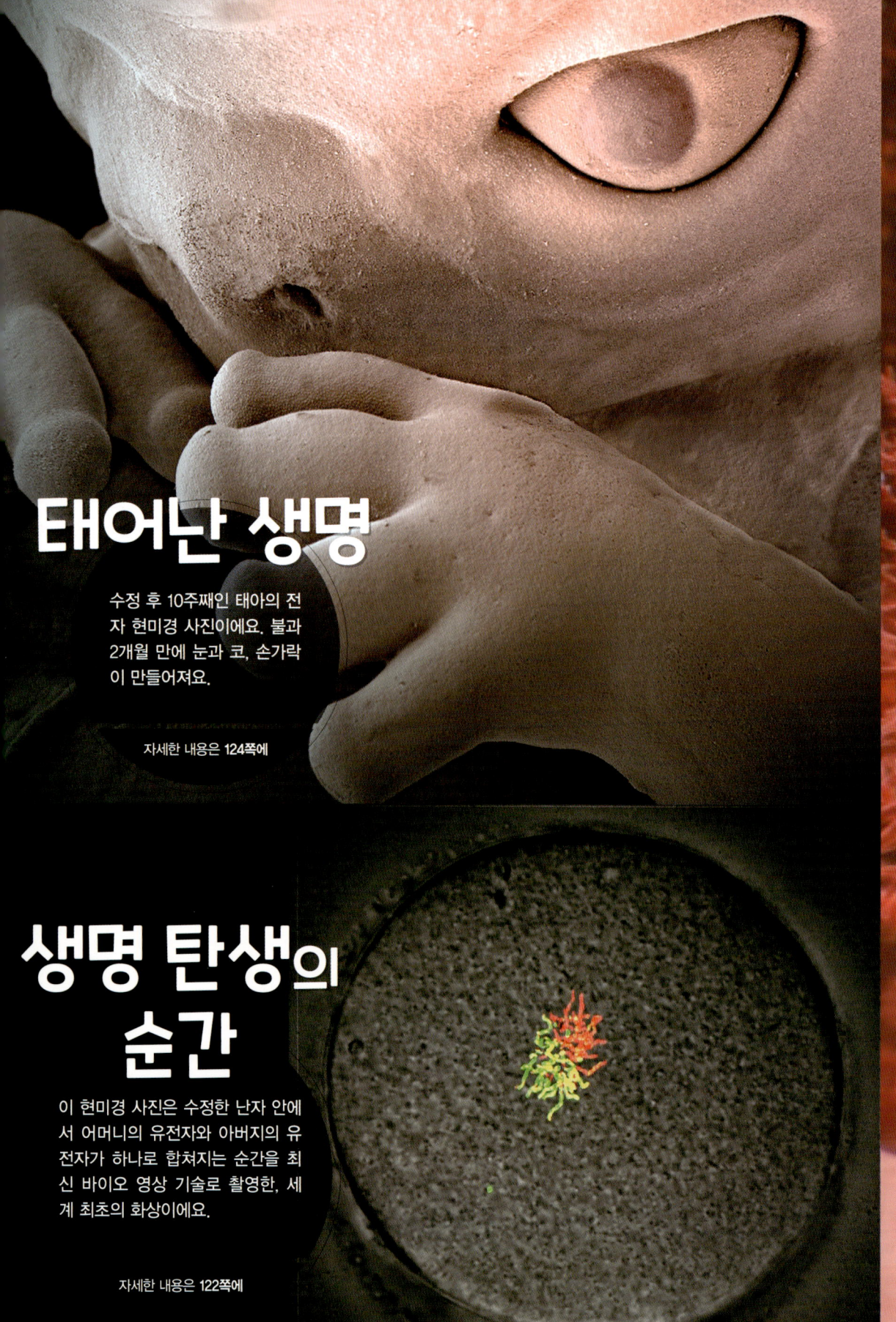

태어난 생명

수정 후 10주째인 태아의 전자 현미경 사진이에요. 불과 2개월 만에 눈과 코, 손가락이 만들어져요.

자세한 내용은 124쪽에

생명 탄생의 순간

이 현미경 사진은 수정한 난자 안에서 어머니의 유전자와 아버지의 유전자가 하나로 합쳐지는 순간을 최신 바이오 영상 기술로 촬영한, 세계 최초의 화상이에요.

자세한 내용은 122쪽에

LIFE SCIENCE 제6장

생명

CONTENTS

남녀의 몸 ······ 120	세포의 구조 ······ 130
수정 ······ 122	염색체와 유전 ······ 132
태아 ······ 124	iPS 세포의 신비 ······ 134
아기와 태반 ······ 126	iPS 세포와 미래의 의료 ····· 136
아기의 초능력 ······ 128	

어머니로부터 메시지를 받는 아기의 나무

이 CG는 태반 안에 있는 융모막 융모예요. 마치 나무 같은 형태를 한 융모를 통해 아기는 산소와 영양분뿐만 아니라 어머니로부터의 메시지를 전달하는 물질을 받아요.

자세한 내용은 126쪽에

인체의 신비함에 도전한 사람들

GREAT JAPANESE DOCTORS

기타사토 시바사부로
【1853 ~ 1931】

다와라 스나오
【1873 ~ 1952】

일본 세균학의 아버지

기타사토 시바사부로는 대학 시절 '의사의 사명은 병을 예방하는 것'이라고 확신해 예방 의학을 생업으로 삼기로 했어요. 졸업 2년 후 독일로 유학해, 로베르트 코흐 연구실에서 세균 연구 결과를 차례차례 발표했지요. 그중에서도 파상풍균만을 따로 배양하는 방법(순수 배양법)의 확립과 혈액 안의 혈청이라고 불리는 성분을 사용한 혈청 치료의 발견은 의학의 역사를 바꿨어요.

심장 자극 전달계의 대발견

심장병 환자 치료에 쓰이는 페이스 메이커로 현재 일본에서 연간 6만 건 이상의 이식 수술이 진행되고 있어요. 다와라 스나오가 발견한 건 페이스 메이커 개발의 계기가 된, 심장이 뛰는 원리인 '자극 전도계'(64쪽)예요. 심장에는 심방에서 발생한 전기 자극을 일정한 리듬으로 심실에 전달하는 특수 심근 경로(자극 전도계)가 있어, 심실 전체를 움직이게 하고 있다는 대발견이었어요.

▲파상풍균의 전자 현미경 사진이에요. 밭 등의 땅속에 서식하고 상처 등으로부터 유입돼 독소를 내뿜어요.

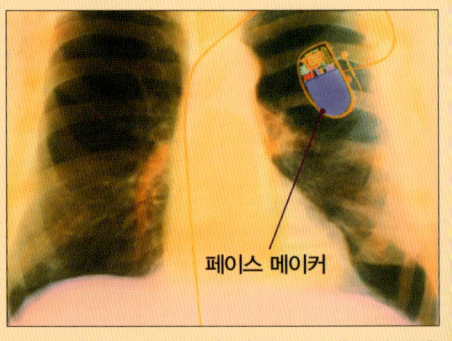

▲페이스 메이커는 심장의 근육(심근)에 전기 자극을 가해 일정한 리듬으로 심장을 박동시켜요.

인류는 '인체'라는 신비로운 세계를 탐색해 다양한 발견을 했어요. 지금은 당연한 사실도 마이크로의 세계에서 찾아낸 큰 발견의 축적이지요. 여기에서는 위대한 과학자들의 연구를 소개할게요.

노구치 히데요
【1876 ~ 1928】

목숨을 걸고 감염증과 싸운다

노구치 히데요는 세균학에 종사하면서 감염증이었던 매독과 황열병을 연구했어요. 위험한 감염증이 유행했던 남아메리카와 아프리카에도 찾아가, 현지에서 연구하여 많은 생명을 구하는 성과를 올렸죠. 노벨 생리학·의학상 후보로 세 번이나 거론됐지만, 1928년 아프리카에서 황열병에 걸려 목숨을 잃었어요.

야마나카 신야
【1962 ~ 】

iPS 세포 기술의 발전

정형외과 의사를 지망했으나 손재주가 없어 꿈을 포기했던 야마나카 신야 교수는 중증 류머티즘 환자를 보고 난치 의료 연구를 시작했어요. 그중에서 다양한 세포로 분화하는 능력을 지닌 인공 다능성 간(줄기)세포 'iPS 세포'를 세계 최초로 제작하는 데에 성공하여, 일본인 중에서는 2번째로 노벨 생리학·의학상을 수상한 업적을 남겼어요(135쪽).

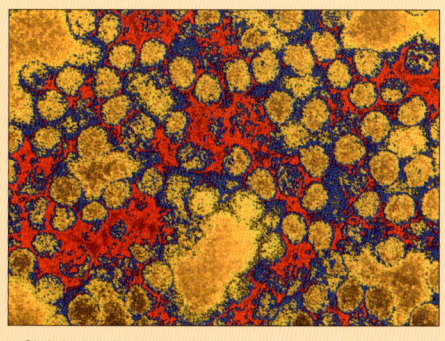

▲황열병 바이러스의 전자 현미경 사진. 당시에는 전자 현미경이 없어 바이러스를 볼 수 없었어요.

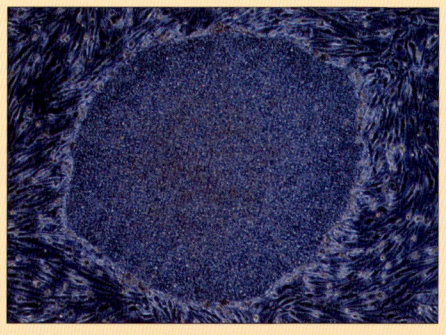

▲인간의 피부 세포로부터 만든 수백 개의 iPS 세포 전자 현미경 사진. 중앙에 있는 것이 iPS 세포예요.

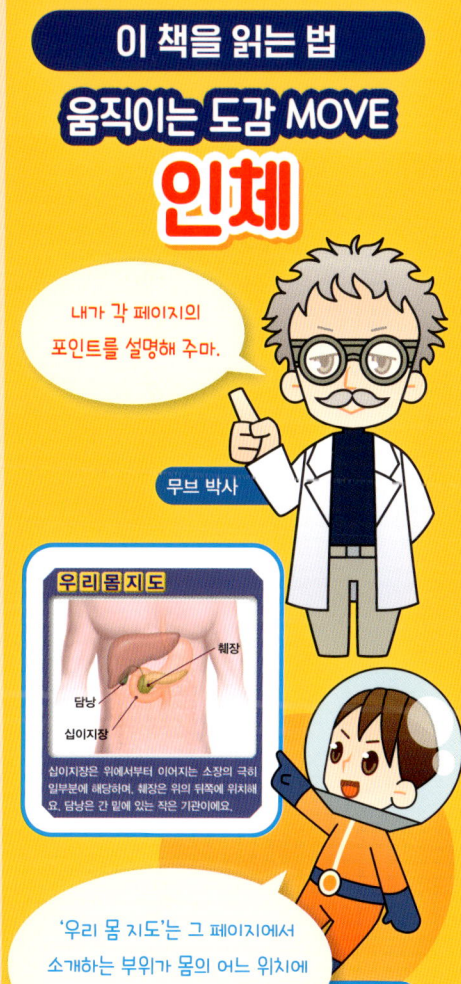

이 책을 읽는 법
움직이는 도감 MOVE
인체

내가 각 페이지의 포인트를 설명해 주마.

무브 박사

'우리 몸 지도'는 그 페이지에서 소개하는 부위가 몸의 어느 위치에 있는지를 알려 줘.

무브 소년

'Q&A'에는 모두가 궁금해할 만한 질문이 실려 있어. 명쾌한 답으로 호기심을 해결하는 건 물론, 한층 더 인체의 불가사의에 다가가 보자!

무브 소녀

제1장
몸을 움직인다

몸을 지탱하는 골격, 그리고 그것을 움직이는 근육. 우리의 몸을 결정하는 중요한 요소지요. 이들은 몸을 구성하는 것만이 아니라 뇌에 명령을 내리거나 생식 능력, 젊음과도 연관되어 있다고 알려져 있어요. 뼈나 근육, 그리고 그들의 주변에 있는 지방도 포함해서 서로 다양한 물질을 분비해, 온몸의 세포나 장기와 의사소통해요.

인류는 '인체'라는 신비로운 세계를 탐색해 다양한 발견을 했어요. 지금은 당연한 사실도 마이크로의 세계에서 찾아낸 큰 발견의 축적이지요. 여기에서는 위대한 과학자들의 연구를 소개할게요.

노구치 히데요
【1876 ~ 1928】

목숨을 걸고 감염증과 싸운다

노구치 히데요는 세균학에 종사하면서 감염증이었던 매독과 황열병을 연구했어요. 위험한 감염증이 유행했던 남아메리카와 아프리카에도 찾아가, 현지에서 연구하여 많은 생명을 구하는 성과를 올렸죠. 노벨 생리학·의학상 후보로 세 번이나 거론됐지만, 1928년 아프리카에서 황열병에 걸려 목숨을 잃었어요.

야마나카 신야
【1962 ~ 】

iPS 세포 기술의 발전

정형외과 의사를 지망했으나 손재주가 없어 꿈을 포기했던 야마나카 신야 교수는 중증 류머티즘 환자를 보고 난치 의료 연구를 시작했어요. 그중에서 다양한 세포로 분화하는 능력을 지닌 인공 다능성 간(줄기)세포 'iPS 세포'를 세계 최초로 제작하는 데에 성공하여, 일본인 중에서는 2번째로 노벨 생리학·의학상을 수상한 업적을 남겼어요(135쪽).

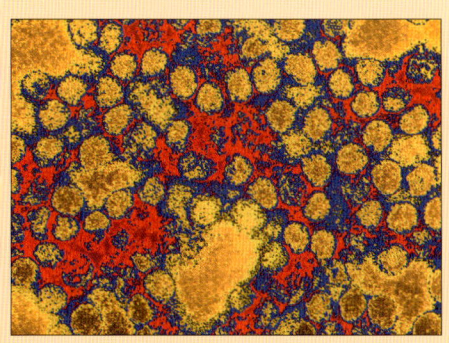

▲황열병 바이러스의 전자 현미경 사진. 당시에는 전자 현미경이 없어 바이러스를 볼 수 없었어요.

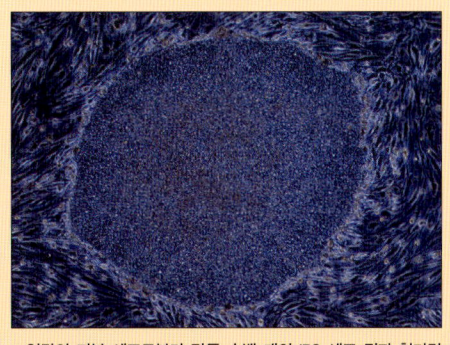

▲인간의 피부 세포로부터 만든 수백 개의 iPS 세포 전자 현미경 사진. 중앙에 있는 것이 iPS 세포예요.

이 책을 읽는 법
움직이는 도감 MOVE
인체

내가 각 페이지의 포인트를 설명해 주마.

무브 박사

'우리 몸 지도'는 그 페이지에서 소개하는 부위가 몸의 어느 위치에 있는지를 알려 줘.

무브 소년

'Q&A'에는 모두가 궁금해할 만한 질문이 실려 있어. 명쾌한 답으로 호기심을 해결하는 건 물론, 한층 더 인체의 불가사의에 다가가 보자!

무브 소녀

제1장
몸을 움직인다

몸을 지탱하는 골격, 그리고 그것을 움직이는 근육. 우리의 몸을 결정하는 중요한 요소지요. 이들은 몸을 구성하는 것만이 아니라 뇌에 명령을 내리거나 생식 능력, 젊음과도 연관되어 있다고 알려져 있어요. 뼈나 근육, 그리고 그들의 주변에 있는 지방도 포함해서 서로 다양한 물질을 분비해, 온몸의 세포나 장기와 의사소통해요.

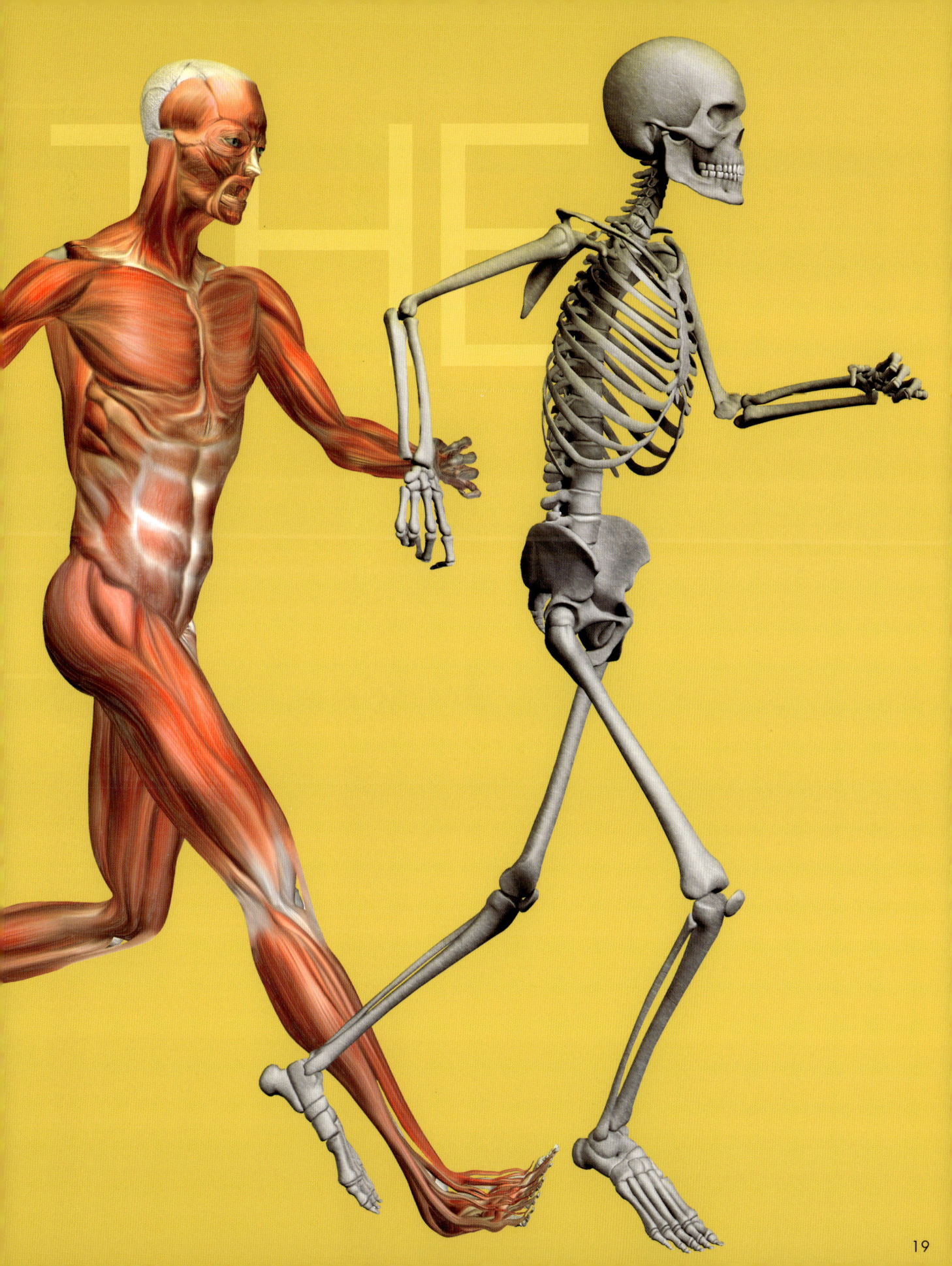

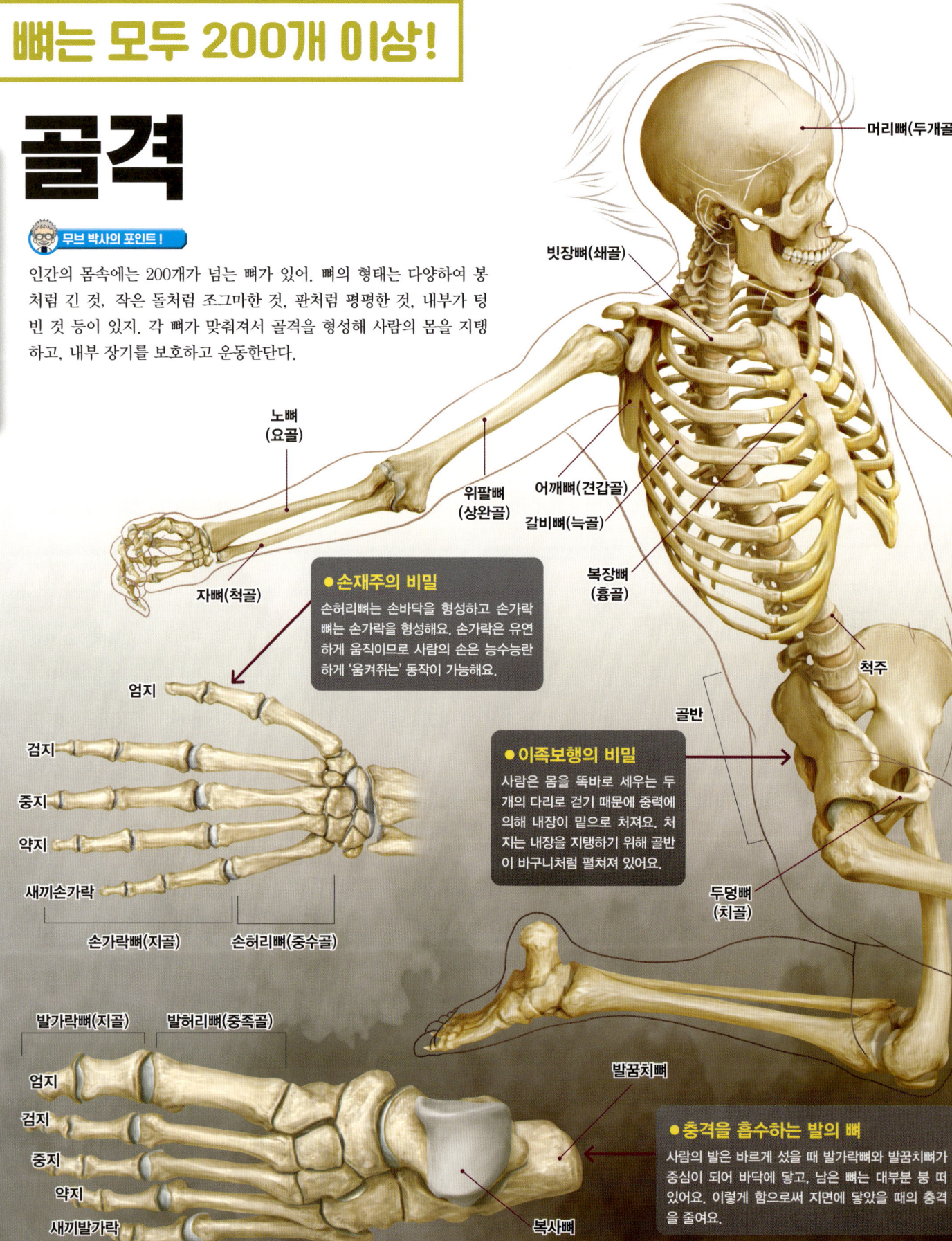

가장 작은 뼈는 어디에?

A 귓구멍 안에 망치뼈, 모루뼈, 등자뼈라는 뼈 3개로 이루어진 '귓속뼈'(80쪽)가 있어요. 고막에서 소리의 진동을 받아들이는 뼈로, 모두 크기가 몇 mm에 불과해요.

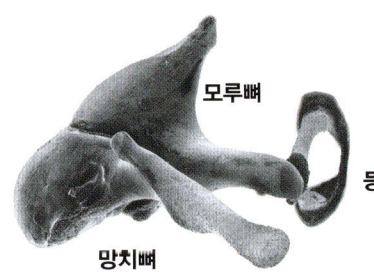

모루뼈
등자뼈
망치뼈

뇌두개
- 마루뼈 (두정골)
- 이마뼈 (전두골)
- 관자뼈 (측두골)

안면두개
- 광대뼈 (협골)
- 위턱뼈 (상악골)
- 아래턱뼈 (하악골)

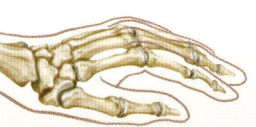

● 관절로 연결되어 움직이는 뼈

어릴 때는 300개 이상의 뼈가 있지만, 성장하면서 합쳐져서 성인이 되면 200개 정도가 돼요. 각 뼈는 관절로 연결되어 운동의 중심이 돼요.

어릴 때는 뼈가 300개 넘게 있구나!

● 뇌를 보호하고 얼굴을 구성하는 머리뼈

머리뼈는 15종류 23개의 뼈가 조립돼 이루어져요. 커다란 뇌가 들어가는 관자뼈 등의 뇌두개와 얼굴을 만들고 있는 위턱뼈 등의 안면두개로 구성돼요.

- 넙다리뼈(대퇴골)
- 무릎뼈(슬개골)
- 정강이뼈(경골)
- 종아리뼈(비골)

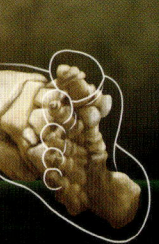

21

매일 신생해 교체된다

파골 세포와 골아 세포

몸을 움직인다

 무브 박사의 포인트!

뼈에는 다양한 힘이 가해지지. 힘이 가해지는 방법에 따라서는 부러지기도 해. 그래서 뼈 내부에서는 '파골 세포'가 부러지기 쉬운 부분의 뼈를 한번 부순 후, '골아 세포'가 견고하게 다시 만든단다. 그 '공사'의 속도는 골세포가 분비하는 물질이 컨트롤하고 있어!

Q 뼈의 구조는 어떻게 돼 있나요?

A 뼈는 바깥쪽부터 치밀질, 해면질, 골수강(골수 공간)으로 이루어져 있어요. 치밀질은 조직이 꽉 들어차 있고, 칼슘을 저장해요. 골수강에 있는 골수에서는 혈액이 생산돼요.

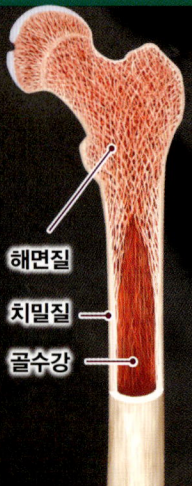

해면질
치밀질
골수강

넙다리뼈

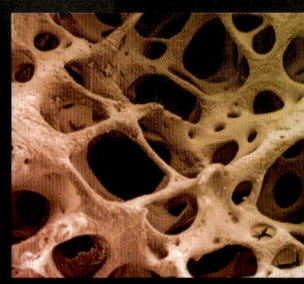

해면질의 전자 현미경 사진. 해면질에는 빈 구멍이 많이 뚫려 있어요.

매일 꾸준히 부수고 지으면서 뼈가 단단해지는 거구나!

스클레로스틴

BMP(골 형성 단백질)

● 뼈를 만드는 골아 세포

뼈가 단단해야 할 필요가 있는 곳에서 골아 세포가 콜라겐 섬유를 형성하여 몸소 골세포가 돼요. 골아 세포는 혈액 속 칼슘 농도를 감지해 흡수하거나 방출하기도 해요. 또한, 오스테오칼신이나 오스테오폰틴 등의 물질을 분비해 기억력, 근력, 생식 능력, 면역력을 조절해요. (24쪽)

뼈는 어떻게 성장하나요?

A 뼈의 성장에는 여성이 약 15~16년, 남성이 약 18년 정도 걸린다고 해요. 뼈 길이의 성장은 뼈의 양 끝에 위치한 골단판이라고 불리는 연골에 의해 이뤄져요. 골단판은 사람마다 시기의 차이가 있지만 16~18살 경이 되면 닫혀 성장이 멈춰요.

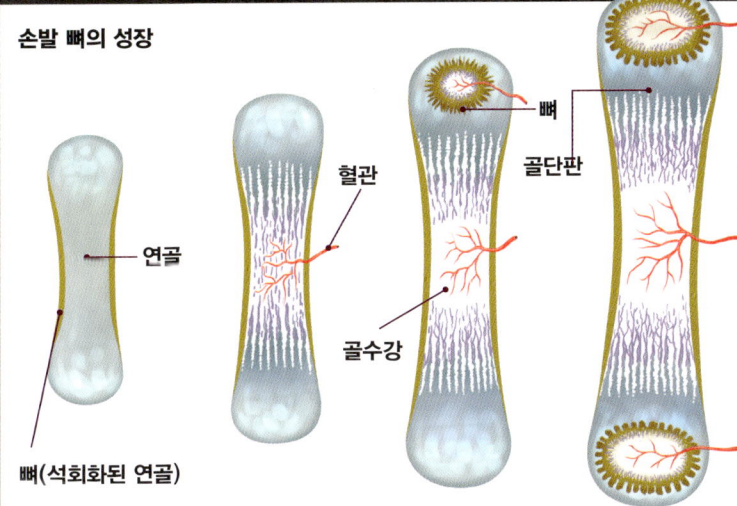

손발 뼈의 성장

어머니 배 속에 있는 동안, 머리뼈 외에는 부드러운 연골로 골격이 만들어져요.

연골 표면이 석회화되고 눌려 연골 내부가 부서져요. 그 부분에 혈관이 들어가요.

연골이 계속해서 늘어나요. 동시에 파골 세포가 내부 연골을 부수고, 그 자리에 골아 세포가 나타나 뼈를 만들어요.

뼈의 양 끝에 있는 골단판에서도 마찬가지로 연골이 뼈로 대체되고, 뼈의 성장이 진행돼요. 텅 빈 부분이 골수강이 돼요.

● **뼈를 부수는 파골 세포**
뼈를 교체하기 위해 파골 세포가 일단 골조직을 녹여요. 여러 개의 핵을 지닌 거대한 세포로, 뼈 조직을 녹이고 흡수하죠. 뼈의 표면을 돌아다니면서 부술 장소를 찾아다녀요.

● **뼈의 90% 이상을 차지하는 골세포**
뼈를 만든 일부 골아 세포는 그대로 골세포가 돼요. 골세포는 뼈를 만들라는 메시지를 담은 BMP(골 형성 단백질)라고 불리는 물질이나 뼈를 만드는 것을 억제하는 스클레로스틴이라는 물질을 분비해 뼈 형성을 조절해요.

기억과 면역 조절
뼈가 전하는 메시지

몸을 움직인다

무브 박사의 포인트!

뼈는 다양한 물질을 분비하고 뇌나 조혈 간세포와 의사소통하며, 기억력과 면역력을 높여 주는 역할을 해. 또 근력이나 생식 능력도 높이지!

오스테오칼신

  뼈가 면역력을 높이나요?

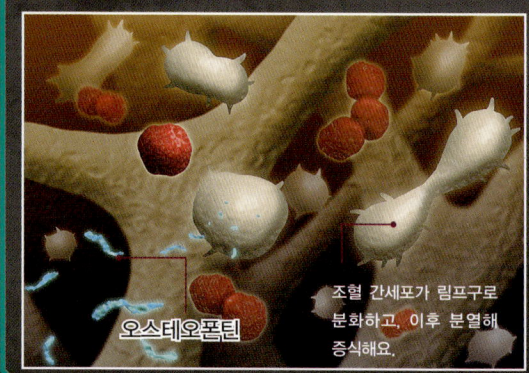

A 뼈의 중심부에 있는 골수에는 조혈 간세포라고 불리는 적혈구나 혈소판, 백혈구 등을 만드는 세포가 있어요. 골아 세포가 분비하는 오스테오폰틴이라는 물질은 조혈 간세포에 작용해 림프구(백혈구의 일종)를 늘린다고 해요.

오스테오폰틴

조혈 간세포가 림프구로 분화하고, 이후 분열해 증식해요.

뼈가 기억력을 좋게 하나요?

A 뼈를 만드는 역할을 하는 골아 세포는 오스테오칼신(73쪽)이라는 작은 단백질을 분비해요. 오스테오칼신은 혈액의 흐름에 실려 뇌까지 운반돼요. 뇌의 해마(93쪽)라는 기억을 담당하는 부위가 오스테오칼신과 접촉하면 해마의 활동이 활발해진다고 해요.

혈액의 흐름에 실려 운반되는 오스테오칼신.

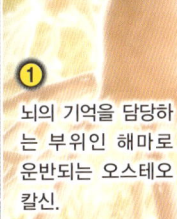

❶ 뇌의 기억을 담당하는 부위인 해마로 운반되는 오스테오칼신.

오스테오칼신

❷ 해마의 뉴런(94쪽) 표면에 있는 수용체가 오스테오칼신을 받아들여요.

오스테오칼신은 근육을 강화하고 정자 생산 능력을 향상한다고 해.

골아 세포(22쪽)

자유롭게 움직일 수 있는 비밀
뼈의 연결

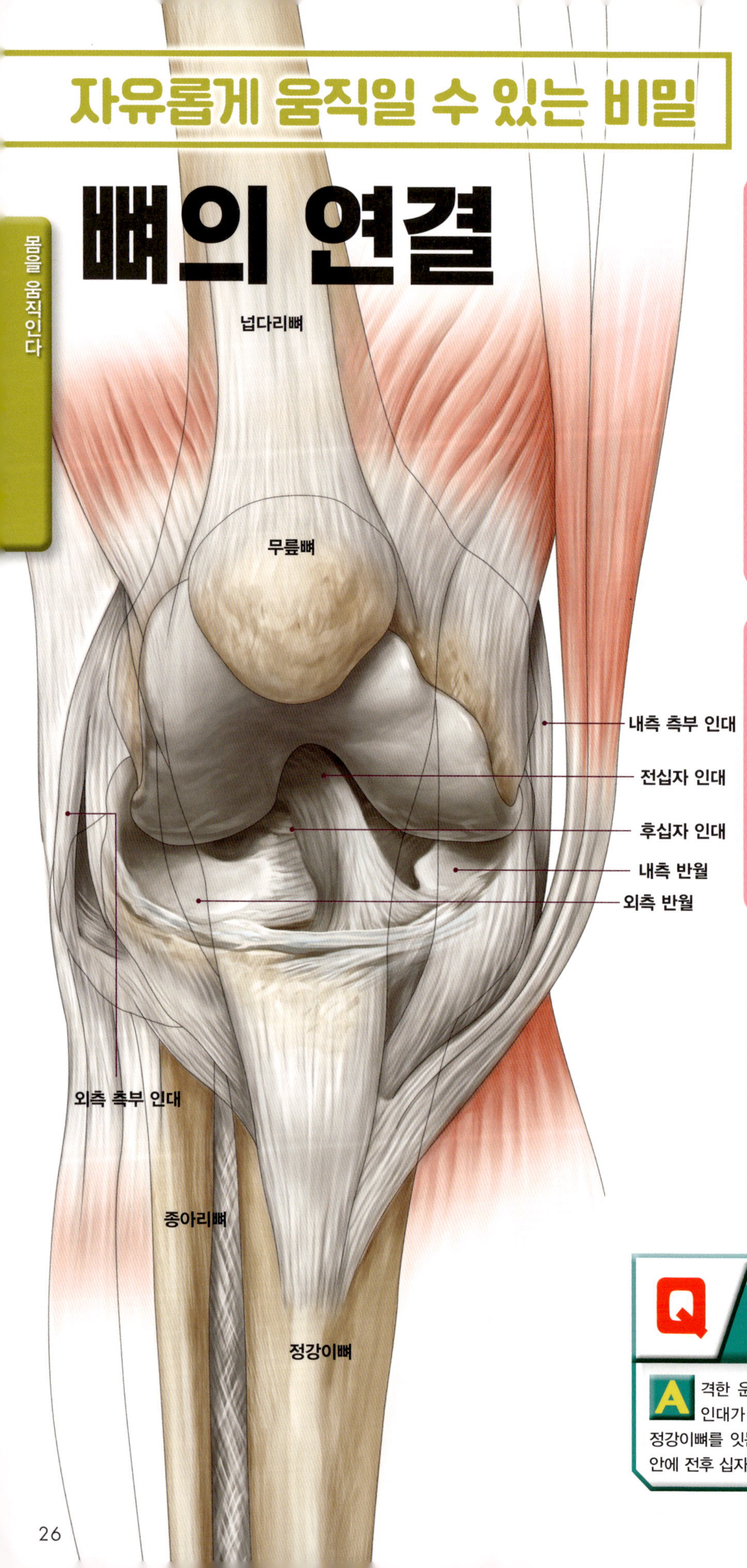

몸을 움직인다

- 넙다리뼈
- 무릎뼈
- 내측 측부 인대
- 전십자 인대
- 후십자 인대
- 내측 반월
- 외측 반월
- 외측 측부 인대
- 종아리뼈
- 정강이뼈

어깨
어깨에는 어깨뼈와 위팔뼈를 잇는 관절이 있고, 위팔뼈의 둥근 머리 부분이 어깨뼈의 움푹 팬 곳에 끼워져 있어요. 이로써 팔을 다양한 방향으로 움직일 수 있죠. 고관절도 비슷한 역할을 해요.

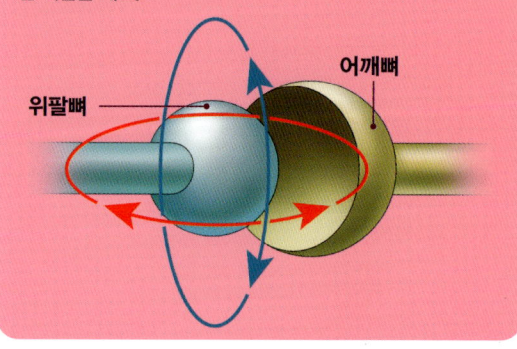

위팔뼈 / 어깨뼈

팔꿈치
위팔뼈와 자뼈 사이에 경첩 같은 관절이 있고, 팔꿈치의 굽힘이나 늘림을 담당해요. 더불어 노뼈와 자뼈 사이에도 관절이 있고, 노뼈의 머리를 축으로 회전 운동을 할 수 있어요.

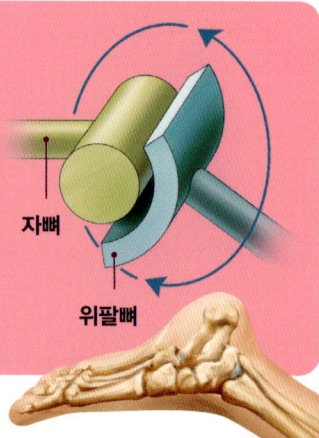

자뼈 / 위팔뼈

무브 박사의 포인트!
뼈와 뼈를 잇는 걸 연결이라고 해. 움직이는 연결과 움직이지 않는 연결이 있는데, 움직이는 걸 관절이라고 부르지. 유연하게 움직이는 관절이 있기에 우리가 자유롭게 움직일 수 있단다. 사람의 몸에는 300개 이상의 관절이 있는데, 각각 특징이 있어 다른 움직임을 할 수 있어.

Q 인대는 어떤 역할을 하나요?
A 격한 운동을 해도 빠지지 않도록 관절에는 뼈와 뼈를 강하게 잇는 인대가 있어요. 왼쪽 그림은 오른쪽 무릎 관절이에요. 넙다리뼈와 정강이뼈를 잇는 내외측 측부 인대가 있고, 무릎이 바들거리지 않도록 관절 안에 전후 십자 인대가 있어요.

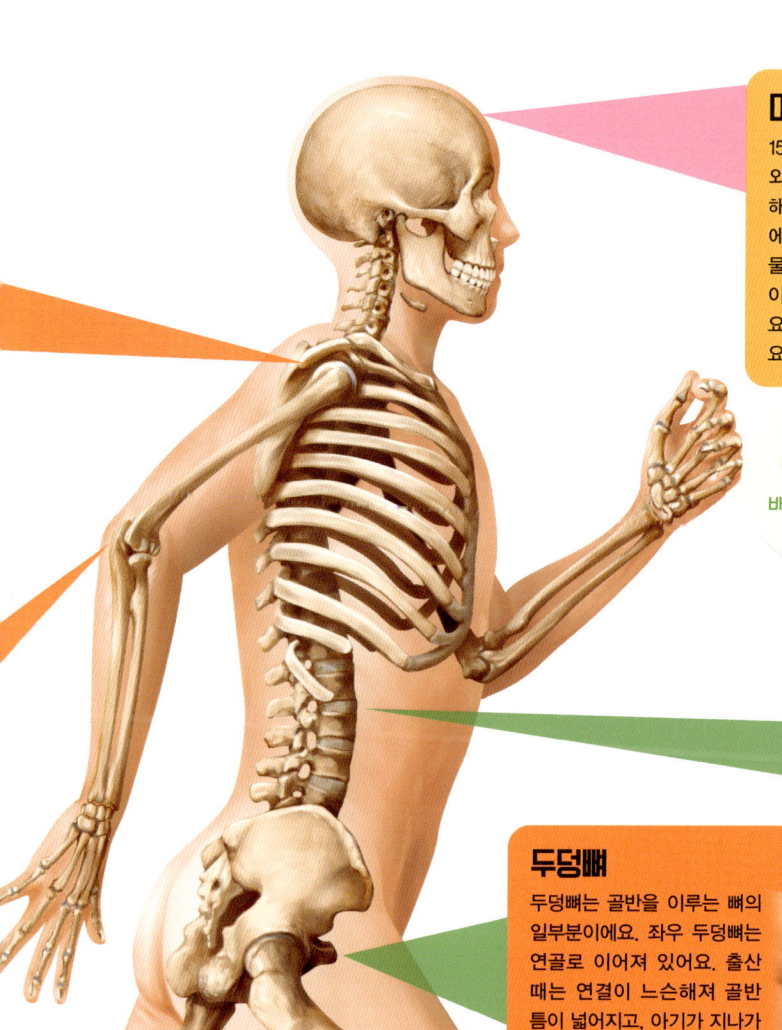

머리뼈

15종류 23개의 뼈가 조합돼 외부 충격으로부터 뇌를 보호해요. 머리 위의 뼈와 뼈 사이에는 울퉁불퉁한 면이 딱 맞물려 있어 움직이지 않아요. 이 연결을 봉합이라고 불러요. 움직이지 않는 연결이에요.

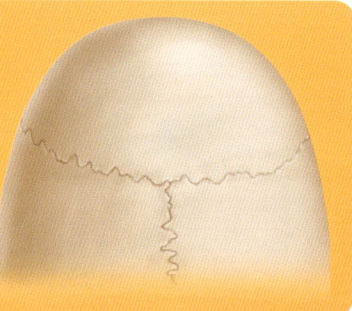

아기일 때는 머리뼈가 꽉 맞물려 있지 않아. 어머니의 배 속에서 나올 때 머리 형태가 바뀌기 때문이야.

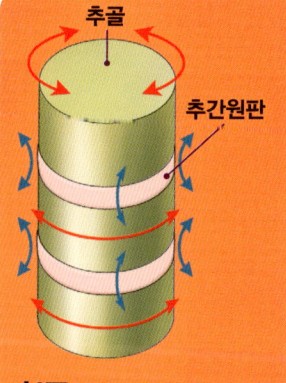

척주

척주는 각 뼈가 붙어 구성돼요. 이 뼈를 추골이라고 부르며, 각 틈에는 추간원판이라고 불리는 연골이 끼워져 있어요. 26~27개의 추골 조합으로 전후좌우 구부리거나 늘이거나 회전 운동이 가능해요.

두덩뼈

두덩뼈는 골반을 이루는 뼈의 일부분이에요. 좌우 두덩뼈는 연골로 이어져 있어요. 출산 때는 연결이 느슨해져 골반 틈이 넓어지고, 아기가 지나가기 쉽게 바뀌어요.

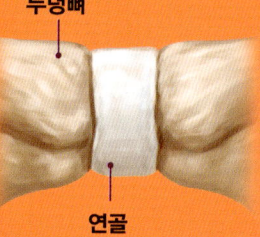

발목

발목의 관절은 2층 구조로 돼 있어요. 위층은 정강이뼈와 종아리뼈, 아래층은 복사뼈와 발꿈치뼈 등의 뼈로 이뤄져 있어요. 발끝을 위아래로 움직이거나 발등을 안팎으로 기울이는 움직임에 관여해요.

무릎

넙다리뼈와 정강이뼈를 잇는 관절이 무릎의 굽힘을 조절해요. 무릎뼈는 앞쪽으로의 움직임을 제한해요. 서 있을 때 무릎 관절에는 큰 중력이 가해지는데, 이를 지탱하기 위해 정강이뼈 위에 관절반월이 있어요.

발등

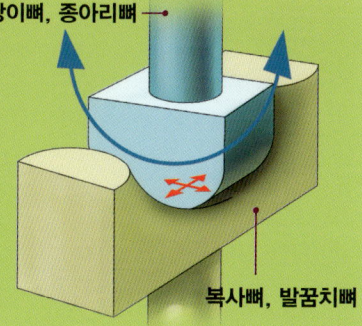

발목에서 발끝까지, 한쪽 발에만 26개의 뼈가 존재해요. 발등 관절은 작게 움직여 발의 형태를 만들고 있어요. 걸을 때 용수철과 같은 역할을 하고 몸을 지탱해요.

힘의 원천을 대해부!

근육

몸을 움직인다

근육의 구조

근육은 '근섬유'라는 가느다란 세포 다발로 이루어지며, 근섬유는 더 가느다란 '근원섬유' 다발로 이루어져요. 근원섬유는 신축하는 구조를 지녀서 그 힘이 근육 전체를 움직여요.

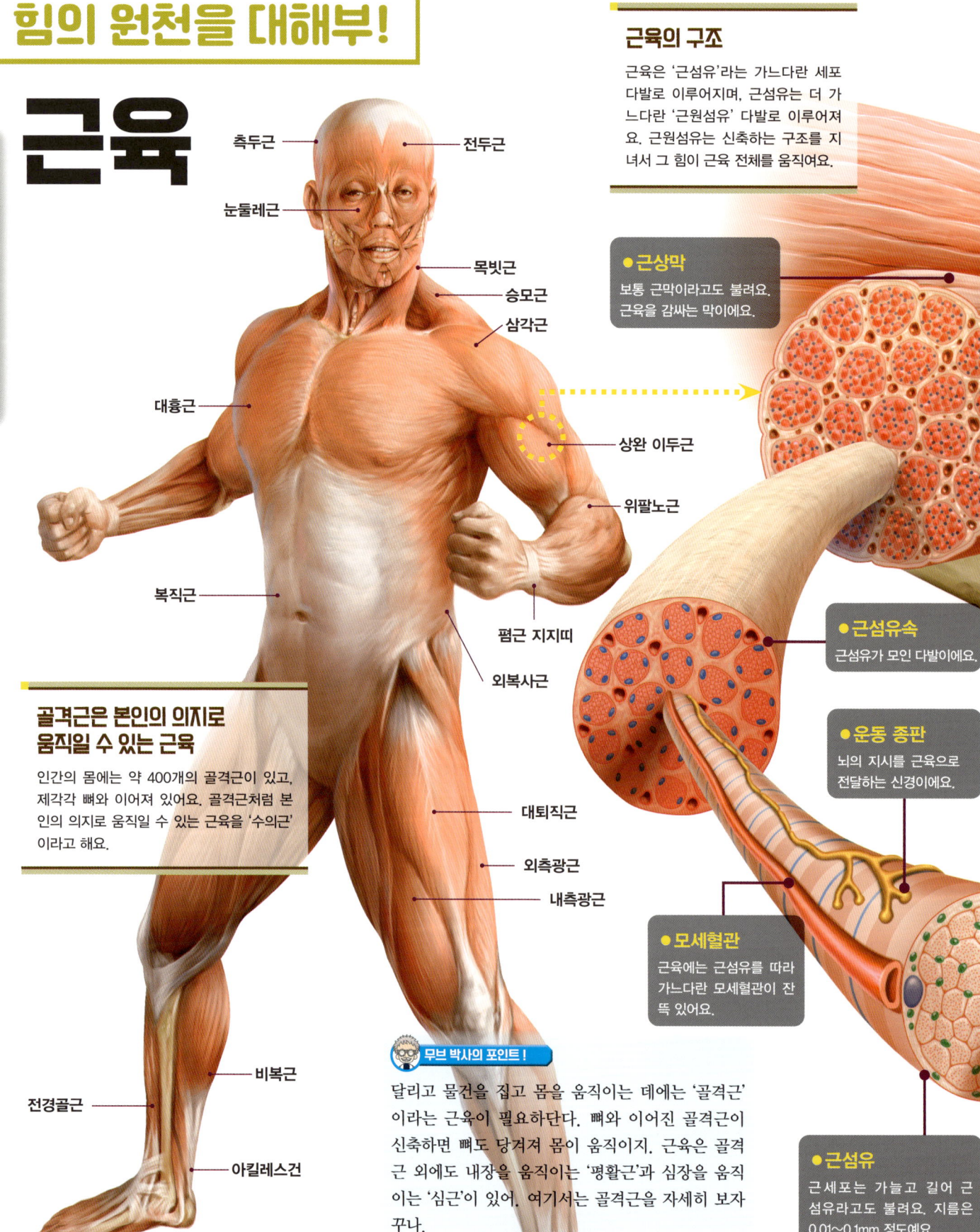

- 측두근
- 전두근
- 눈둘레근
- 목빗근
- 승모근
- 삼각근
- 대흉근
- 상완 이두근
- 위팔노근
- 복직근
- 폄근 지지띠
- 외복사근
- 대퇴직근
- 외측광근
- 내측광근
- 비복근
- 전경골근
- 아킬레스건

골격근은 본인의 의지로 움직일 수 있는 근육

인간의 몸에는 약 400개의 골격근이 있고, 제각각 뼈와 이어져 있어요. 골격근처럼 본인의 의지로 움직일 수 있는 근육을 '수의근'이라고 해요.

● **근상막**
보통 근막이라고도 불려요. 근육을 감싸는 막이에요.

● **근섬유속**
근섬유가 모인 다발이에요.

● **운동 종판**
뇌의 지시를 근육으로 전달하는 신경이에요.

● **모세혈관**
근육에는 근섬유를 따라 가느다란 모세혈관이 잔뜩 있어요.

● **근섬유**
근세포는 가늘고 길어 근섬유라고도 불려요. 지름은 0.01~0.1mm 정도예요.

무브 박사의 포인트!

달리고 물건을 집고 몸을 움직이는 데에는 '골격근'이라는 근육이 필요하단다. 뼈와 이어진 골격근이 신축하면 뼈도 당겨져 몸이 움직이지. 근육은 골격근 외에도 내장을 움직이는 '평활근'과 심장을 움직이는 '심근'이 있어. 여기서는 골격근을 자세히 보자꾸나.

Q 단거리 선수와 장거리 선수의 근육 차이는 무엇일까요?

A 단거리 선수와 장거리 선수는 다른 근육이 발달해 있어요. 단거리 선수의 경우 많은 근원섬유를 지닌 백근(속근)이 발달해 순간적인 힘을 낼 수 있어요. 한편 장거리 선수의 경우 산소를 담아 둘 수 있는 미오글로빈을 많이 포함한 적근(지근)이 발달해 있어요. 적근은 산소가 필요한 대신 장시간 동안 힘을 낼 수 있어요. 동물도 고래나 참치는 적근을 가졌고, 도미나 복어는 백근을 지녔어요. 붉은 색소를 지닌 미오글로빈의 양에 따라 근육 색이 달라져요.

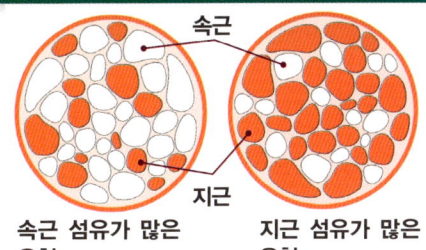

속근
지근
속근 섬유가 많은 유형
지근 섬유가 많은 유형

● 힘줄(건)
골격근을 뼈와 잇는 콜라겐 섬유예요.

Q 근육에는 어떤 종류가 있나요?

A 근육은 이와 같은 종류가 있어요.

수의근	골격근
자신의 의지로 움직일 수 있는 근육.	뼈와 이어져 있는 근육.
불수의근	심근
자신의 의지로 움직이지 못하는 근육.	심장 근육.
	평활근
	내장과 혈관의 근육.

근원섬유가 묶이면 근섬유가 돼.

근섬유는 세포의 모임이구나.

● 근원섬유
신경으로부터 명령을 전달받으면 늘었다 줄었다 해요. 지름은 0.001m 정도예요.

● 미토콘드리아
세포 안에서 호흡하여 에너지를 만들어요.

● 근소포체
근원섬유를 감싸는 그물막 같은 구조로 칼슘을 포함하고 있어요.

근원섬유 필라멘트

근원섬유를 전자 현미경으로 보면 '필라멘트'라고 불리는 규칙적인 구조가 관찰돼요. 필라멘트는 두꺼운 미오신 필라멘트와 가느다란 액틴 필라멘트가 교차로 늘어서 있고, 이들이 멀어졌다 가까워졌다 하면서 골격근의 길이가 변화해요.

늘어났을 때

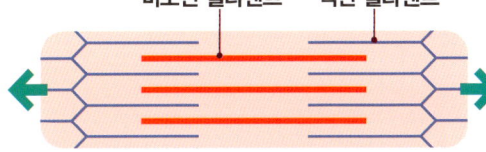

미오신 필라멘트   액틴 필라멘트

줄어들었을 때

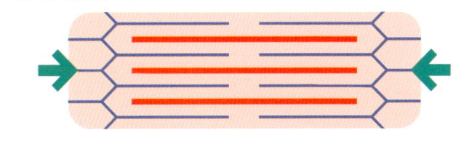

에너지의 저장고
지방

몸을 움직인다

 무브 박사의 포인트!

지방은 체중에서 많은 비율을 차지하고, 간과 지방 세포에 잔뜩 분포하고 있지. 공복일 때 에너지가 되거나 체온을 유지하는 등 다양한 역할을 한단다.

Q 지방의 역할은 무엇인가요?

A 몸에 들어온 음식물 중, 에너지로 쓰이지 않고 남은 당질이나 지질이 중성 지방으로 변환되어 지방 세포의 기름방울로 축적돼요. 운동할 때나 공복일 때 저장된 중성 지방이 분해되어 에너지원으로 쓰여요. 또 지방은 체온을 유지하거나 내장을 올바른 위치에서 지탱하고, 외부로부터의 충격을 줄이는 등 다양한 역할을 해요.

두 개의 지방 세포

지방 세포는 두 종류가 있어요. 하나는 백색 지방 세포로, 기름방울에 에너지를 비축하는 것이 주된 역할이에요. 다른 하나는 갈색 지방 세포로, 에너지를 이용해 열을 만들어 내는 대형 미토콘드리아를 세포 내에 잔뜩 가지고 있어요. 갓난아기에게는 갈색 지방 세포가 많다고 알려져 있어요.

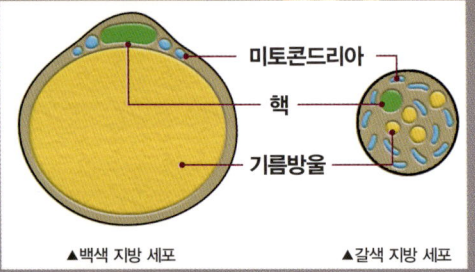

▲백색 지방 세포　　▲갈색 지방 세포

피부밑 지방 (피하 지방)

복부 단면도

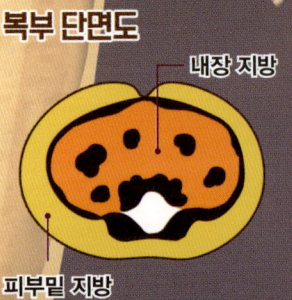

내장 지방

피부밑 지방

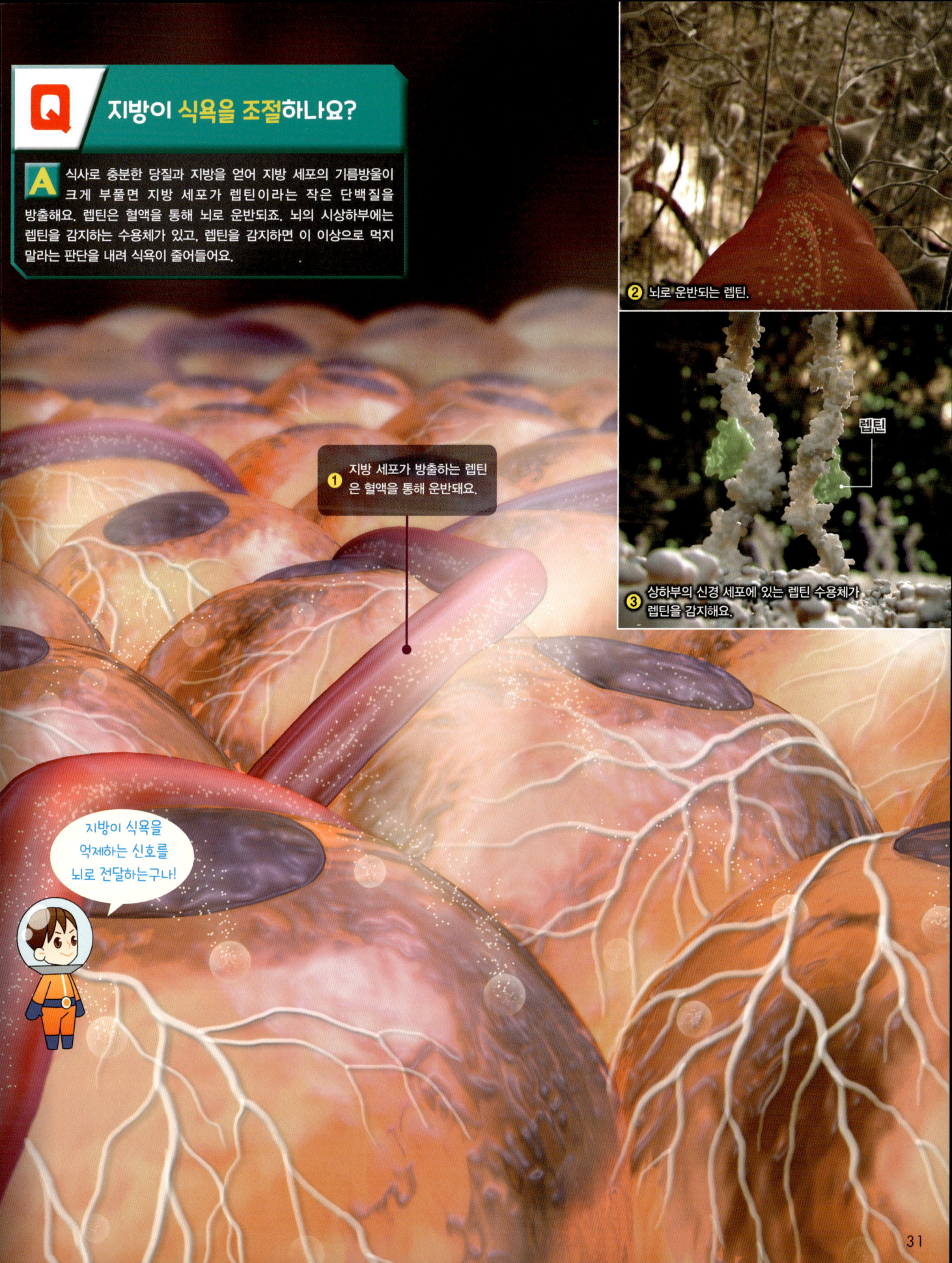

의학의 힘!
인공 장기와 인공사지

몸을 움직인다

Q 의족에는 어떤 종류가 있나요?

A 다리를 잃은 사람이 착용하는 것이 의족이에요. 겉보기에 평범하게 보이기 위한 것과 보행을 목적으로 하는 것이 있어요. 전 세계 공통 규격이 있고 다양한 나라에서 의족을 개발하고 있어요.

무브 박사의 포인트!

태어날 때부터 몸이 불편한 사람이 있고, 사고나 병으로 몸이 불편해진 사람도 있어. 하지만 과학자들의 노력으로 이를 극복하는 장치가 개발되고 있지! 손발을 대신하는 장치를 의수 또는 인공사지라고 한단다. 의수의 기술적인 진보는 눈부신 속도로 진행되어, 의수를 착용한 달리기 선수가 올림픽에서 높은 성적을 냈을 정도야. 그런 최신 의수와 인공 장기의 세계를 알아보자꾸나.

의족의 시초는 고대 이집트야. 유적에서 여성이 착용하고 있던 의족이 발견됐어.

지금보다 2000년 이상은 더 됐네!?

의족의 발전은 눈부실 정도예요. 사진은 경기용으로 개발된 의족을 장착하고 달리는 선수예요.

● 장기 프린팅

잉크 대신 세포를 사용해 사람의 기관이나 장기를 입체적으로 '인쇄'해 만든 물질을 '장기 프린팅'이라고 해요. 피부나 혈관, 방광, 귀 등의 장기 프린팅은 이미 실현되었어요. 장래에는 간이나 심장 등의 복잡한 장기도 인공적으로 만들어 이식할 수 있게 연구를 진행하고 있어요.

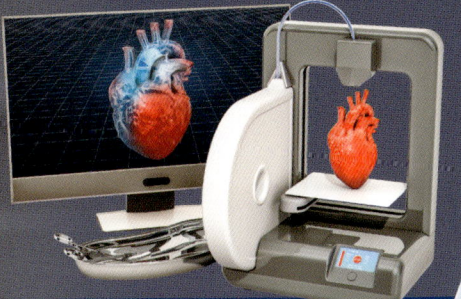

2014년에 장기 프린팅으로 만든 네덜란드 화가 빈센트 반 고흐의 왼쪽 귀.

● HAL(장착형 사이보그)

뇌나 신경, 근육에 병이 생겨 걷기 어려워지는 경우가 있어요. 다리나 허리를 전극으로 연결해 HAL을 장착함으로써 생각하는 대로 걷기 쉽게 하고 몸의 움직임을 개선하는 것을 목표해요. HAL을 사용한 치료는 일본 각지의 병원에서 이뤄지고 있어요.

▶실제 치료 시에는 HAL과 함께 사진처럼 넘어짐 방치 징치를 장착해요.

사이버다인㈜ 제공

● 인공 내이

청력을 잃거나 심한 난청일 때 '인공 내이'를 사용해요. 현재 사용되고 있는 인공 내이는 귓바퀴나 머리에 다는 장치도 필요하지만, 귀 내부에 미세한 장치(압전 소자)를 다는 것만으로도 청각을 개선하는 인공 내이 연구가 진행되고 있어요.

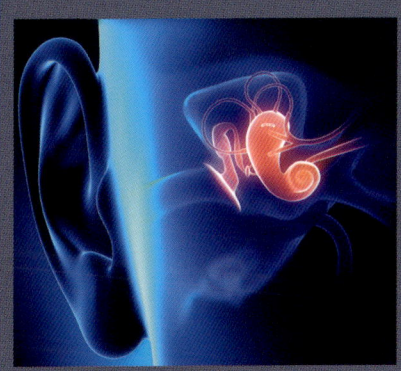

● 근전 의수

'근전 의수'는 남은 팔의 근육 움직임(전기 신호)을 센서로 손목이나 손가락을 움직이는 의수예요. 최근에는 다섯 개의 손가락을 자유자재로 움직이는 근전 의수가 제작되어 요리, 노동, 취미 활동 등 일상생활의 범위가 넓어졌어요.

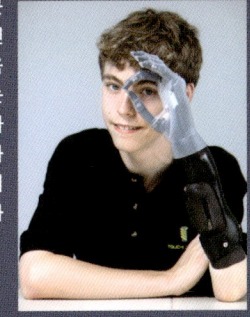

● 보조 인공 심장

심장 이식을 기다리는 환자들의 심장에는 '보조 인공 심장'이 달려요. 이 장치로 혈액의 순환을 돕고 생명을 유지할 수 있어요. 기술의 진보와 더불어 장비는 더욱 작아졌어요. 또 모든 장치를 몸 안에 심을 수 있는 보조 인공 심장도 개발 중이에요.

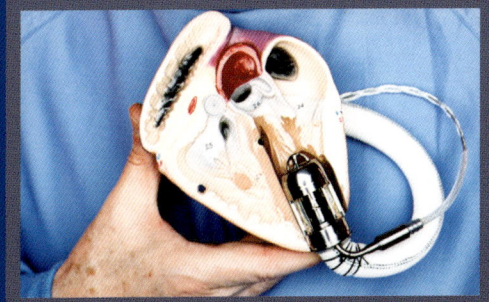

● 인공 안구

인간의 안구는 빛을 감지하는 센서가 둥근 그릇 모양으로 수없이 늘어서 있어요. 이러한 구조를 인공적으로 재현하는 연구가 진행되고 있지요. 실현되면 인간의 안구보다 높은 성능을 보이는 '인공 안구'가 개발되어 이식에 쓰일지도 몰라요.

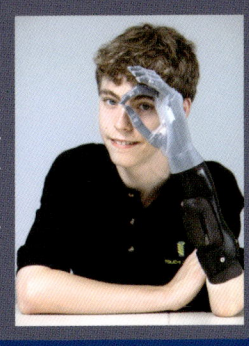

닮았을까!? 안 닮았을까!?
뼈 박물관

몸을 움직인다

침팬지 등의 유인원도 꼬리는 없고 꼬리뼈가 있어.

무브 박사의 포인트!

바다에 어류가 탄생하고 양서류, 파충류, 포유류, 조류 등 다양한 동물이 지구상에 태어났지. 이들은 척추동물이라 불리며 모두 척추(등뼈)를 지닌 동물이야. 그런데 이러한 동물들의 뼈는 한눈에 보면 사람과 전혀 달라 보이지만, 사실은 많이 닮았어. 거기에 어류에서부터 진화한 생물의 역사가 녹아 있는 거지. 그럼 슬슬 뼈 박물관에 입장해 볼까?

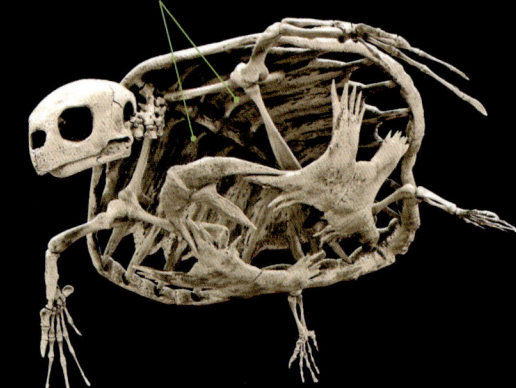

붉은바다거북의 갈비뼈를 닮은 뼈

● **거북이의 등껍질과 사람의 갈비뼈**

거북이의 등껍질은 부드러운 몸을 보호하기 위해 갈비뼈가 변화한 구조예요. 자세히 보면 등껍질 안쪽에 갈비뼈와 비슷한 모양의 뼈가 있어요.

다람쥐원숭이의 꼬리

● **원숭이의 꼬리와 사람의 꼬리뼈**

원숭이는 꼬리로 중심을 잡거나 나무에 거꾸로 매달릴 수 있어요. 사람의 꼬리는 퇴화했지만, 꼬리뼈라는 뼈가 남아 있어요.

● **순록의 다리와 사람의 다리**

순록은 발굽으로 몸을 지탱하는 듯한 골격이에요. 이는 적으로부터 재빨리 도망칠 수 있게 발달한 구조예요. 순록의 발굽은 사람 발가락의 중지와 약지에 해당하며, 발뒤꿈치는 지면에서 떨어져 있어요.

순록의 발굽

순록의 발뒤꿈치

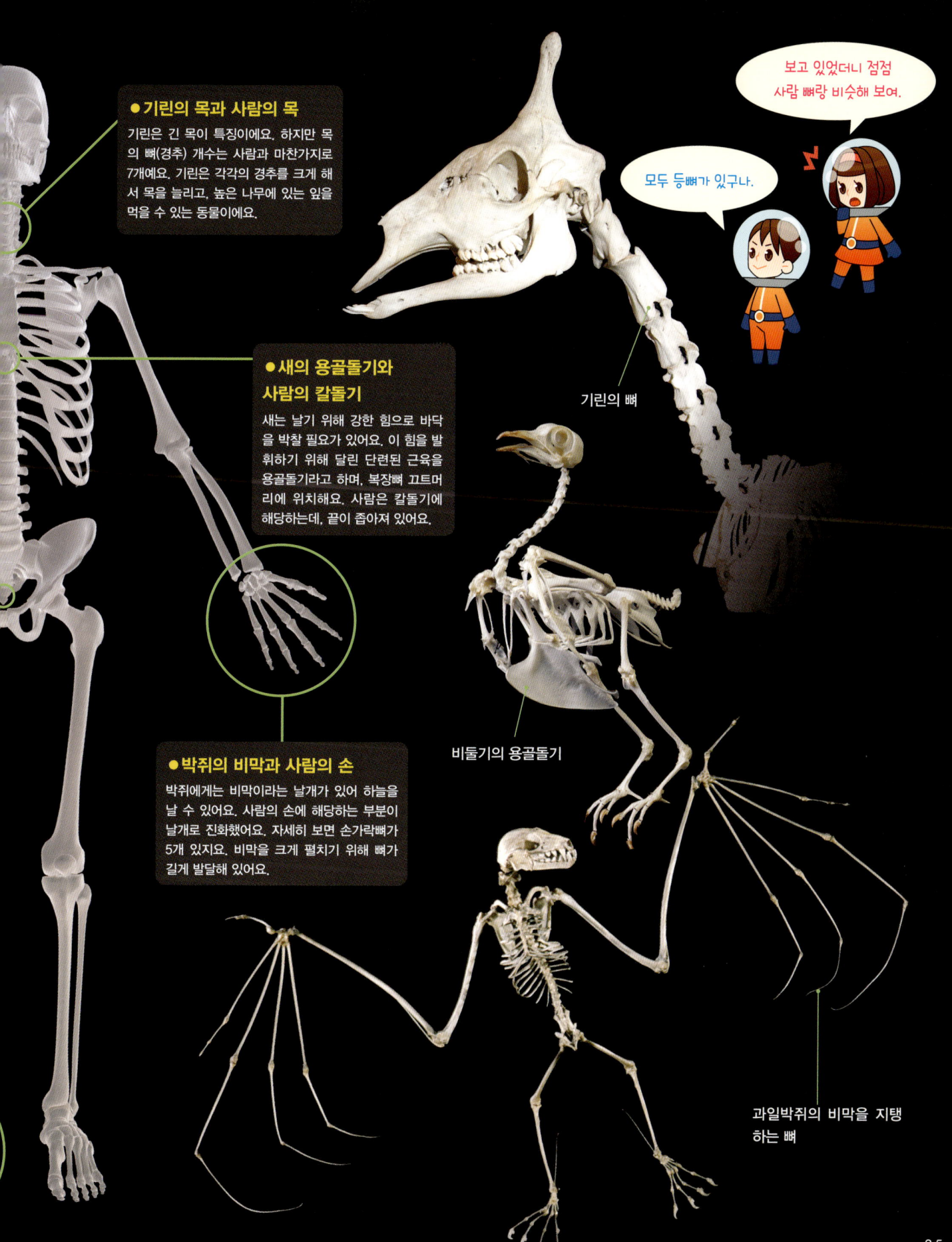

제2장

먹는다

사람의 몸에는 음식을 소화하고 영양분을 흡수하는 다양한 구조가 갖춰져 있어요. 그리고 영양분을 흡수하고 남은 찌꺼기를 몸 밖으로 배출하는 시스템도 같이 작동해요. 이러한 구조를 '소화계'라고 해요. 또 소화 기관의 일부인 소장이나 대장에 서식하는 장내 세균은 온몸의 면역에도 크게 관여한다는 사실이 최근 연구로 알려졌어요.

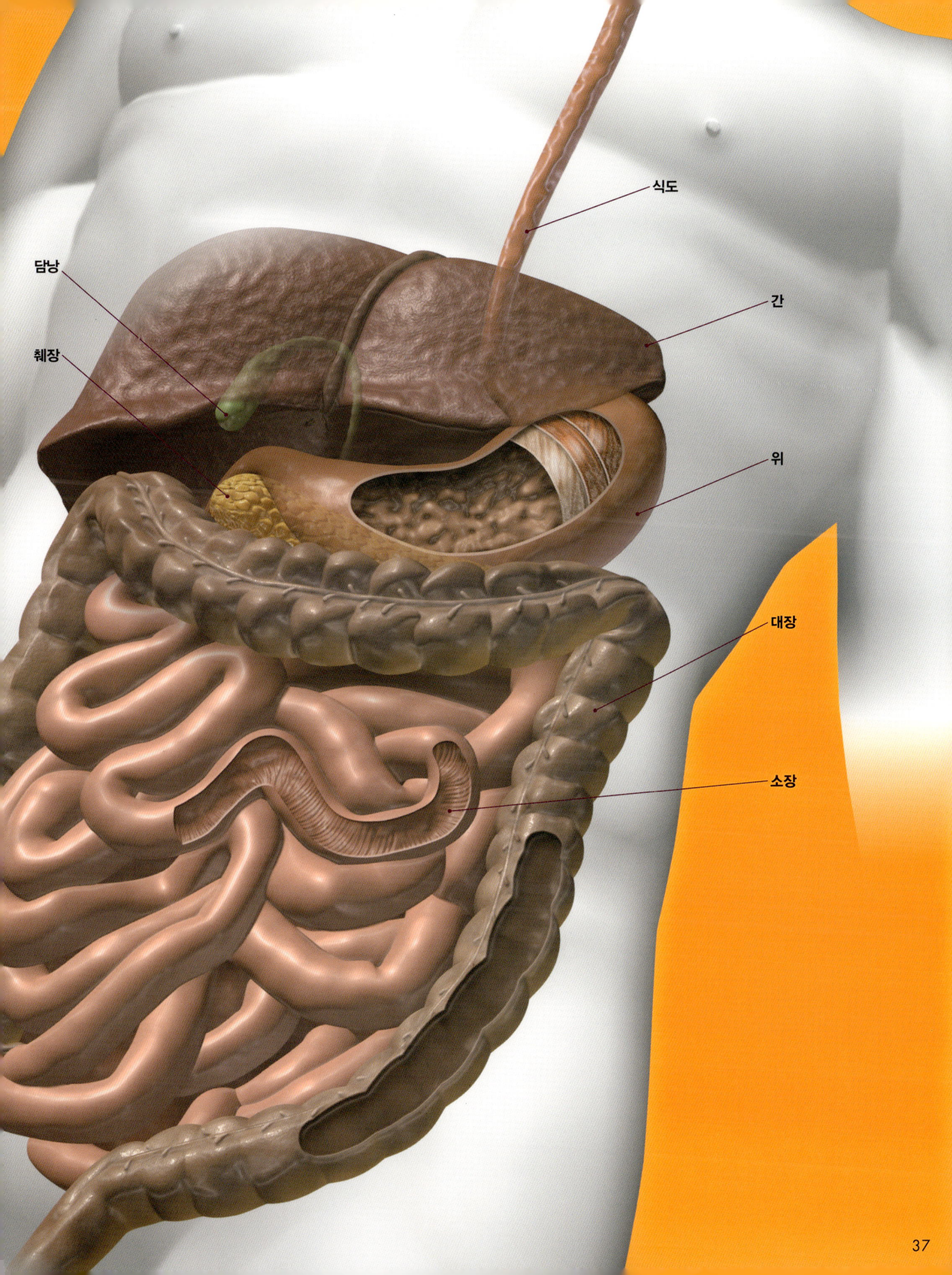

소화와 영양
음식을 에너지로 바꾼다!

음식을 에너지로 바꿔주는 데에는 수많은 장기가 관여하고, 이들을 합쳐 소화기라고 부른단다. 음식물은 입으로 들어가 이빨에 의해 잘게 쪼개지고, 위나 소장을 지나면서 에너지로 쓰일 수 있는 형태로 바뀌지. 영양분은 충분히 흡수하면 남은 찌꺼기는 대변이 되어 몸 밖으로 배출돼!

모범 박사의 포인트

침샘
자작이 시작되면 침샘에서 타액(침)이 입안으로 분비돼요. 타액에는 탄수화물을 분해하는 역할이 있는 효소, 타액 아밀라아제를 포함하고 있어요.

위
음식을 일시적으로 모아 두고 산성 위액(침)을 분비하여 음식을 분해해요. 단백질(소고기나 생선 등)은 위에 더욱 오래 물질로 분해돼요. 밥 등의 탄수화물 또는 지방, 고기나 생선 등의 단백질, 약해서는 가장 잘이 위에 오래 머물러요. 약해진 죽은 반죽처럼 통과해요.

인두
입 안쪽부터 식도까지를 인두라고 해요.

식도
식도는 근육으로 이루어져 있는 관으로, 길이는 25cm 정도예요. 잘게 쪼개진 음식을 인두에서 위까지 근육에서 운반해요. 식도는 '연동 운동'이라는 근육을 사용한 수축 작용으로 음식을 운반해요.

입과 치아
음식을 입으로 잘게 쪼개는 행위를 '자작'이라고 해요. 자작은 음식을 삼키기 쉽고 타액에 의해 분해하는 효과가 있어, 씹을수록 음식물을 소화하기 쉬워요.

간
영양분을 저장하고 필요할 때 몸이 이용하기 쉬운 물질로 바꿔 전신으로 보내요. 그 밖에도 몸에 해로운 우물을 분해해 무해하게 만들거나 담즙(쓸개즙)을 만드는 등의 역할이 있어요. 뭇천 개의 효소를 사용해 복잡한 화학 변화를 일으키는 중요한 기관이에요.

- 단백질→아미노산
- 탄수화물→포도당
- 지방
- 지방산
- 글리세린
- 수분 액체
- 타액·위액·췌장액·담즙 장액
- 음식
- 찌꺼기

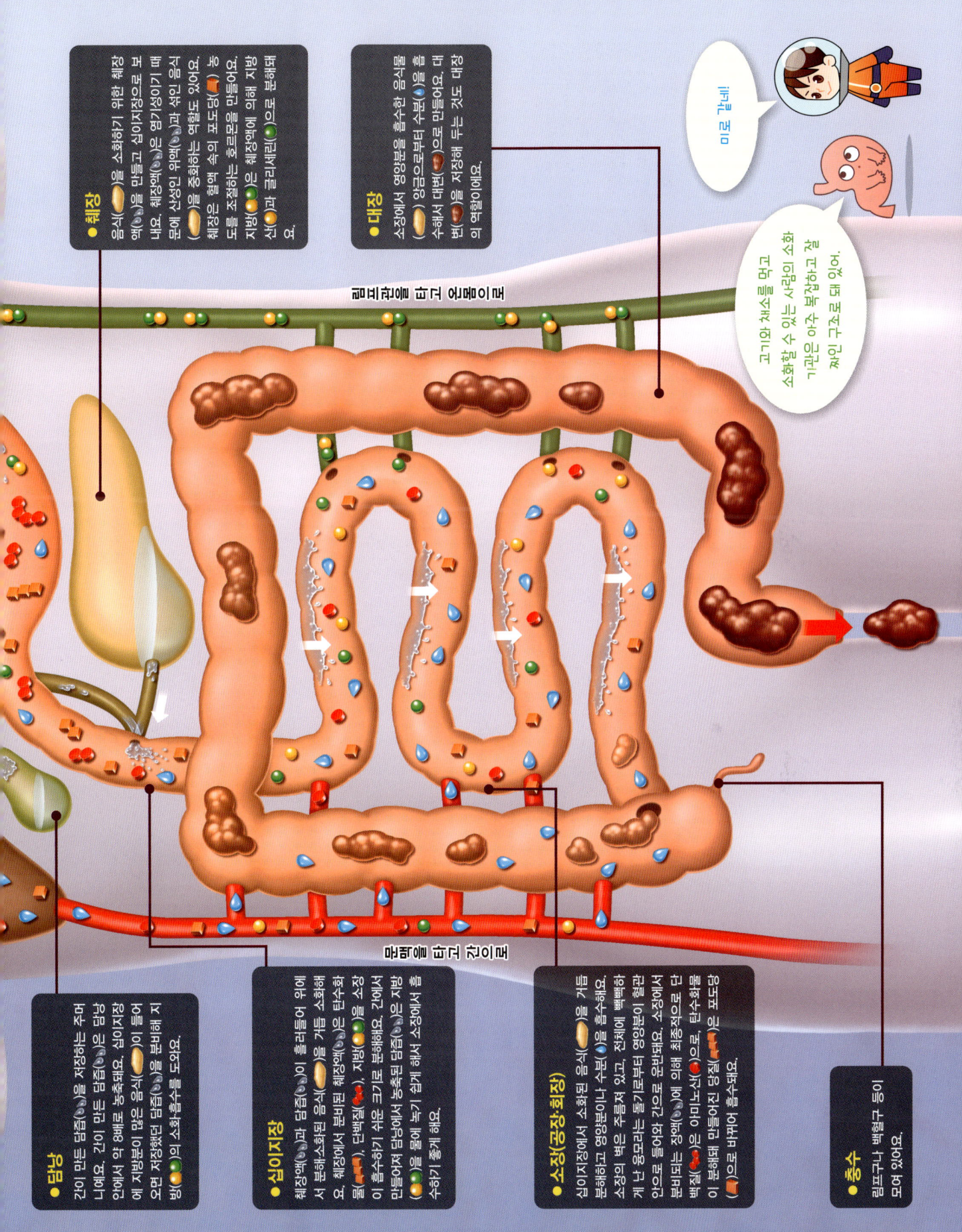

잘게 부숴 삼킨다

입과 치아

무브 박사의 포인트!

음식이 처음 들어오는 장소는 입이야. 입안을 구강이라 부르지. 구강에서는 타액이 하루에 1L나 분비돼. 타액에는 타액 아밀라아제라는 소화 효소가 포함돼 있어서, 빵이나 밥에 들어 있는 탄수화물을 분해할 수가 있단다. 이빨은 몸에서 가장 단단하며 음식물을 잘게 부숴 소화하기 쉬운 크기로 만들지. 또 음식을 씹을 때는 타액이 잔뜩 나와. 그래서 음식을 잘 씹는 건 아주 중요한 일이야.

먹는다

- 앞니
- 송곳니
- 앞어금니
- 큰어금니
- 연구개
- 경구개
- 귀밑샘
- 턱밑샘
- 혀밑샘

침샘의 구조

침샘은 구강에 타액을 분비하는 샘 세포들의 집합이에요. 세 개의 커다란 침샘(귀밑샘, 턱밑샘, 혀밑샘)이 좌우로 위치하고, 각각의 관이 구강에 이어져 있어요. 타액은 음식을 삼키기 쉽게 하거나 입안을 깨끗하게 하는 기능이 있어요.

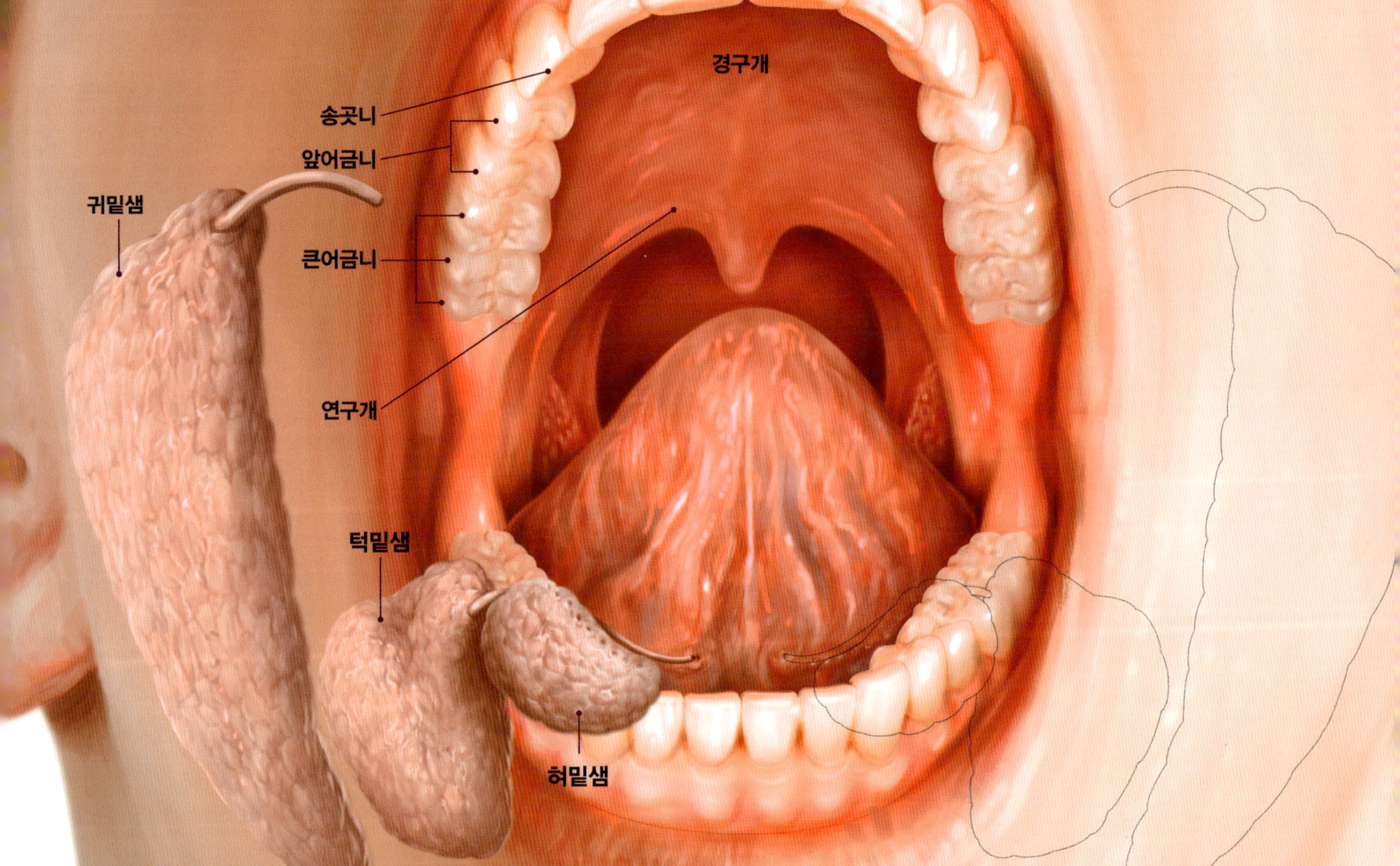

입안의 구조

구강의 안쪽은 점막으로 덮여 있어요. 그 천장 부분을 구개라고 해요. 앞쪽의 딱딱한 부분은 경구개, 뒤쪽의 부드러운 부분은 연구개예요. 또 혀는 음식물과 타액을 섞거나 맛을 느끼는 역할을 담당해요.

에나멜질
상아질
시멘트질
치수
잇몸
치근막
치조골
혈관

치관
치경
치근
신경

치아의 구조

치아는 치관, 치경, 치근으로 구분돼요. 단면을 보면 이빨 대부분이 상아질이고, 바깥쪽 체내에서 가장 딱딱한 에나멜질로 덮인 부위가 치관, 시멘트질로 덮인 부분이 치근, 그 경계 부분이 치경이에요. 안쪽의 치수에는 혈관과 신경이 있어요. 치아를 치조골과 단단하게 잇는 부분은 치근막이에요.

Q 사람은 잡식성?

A 육식 동물의 입에는 예리한 이빨이 가득 나 있어요. 초식 동물의 입에는 풀을 잘게 자르기 위해 납작한 이빨이 나요. 사람은 고기와 채소를 모두 먹기 때문에 왼쪽에서 소개한 다양한 이가 조합돼 있어요.

▼육식 동물인 악어의 이빨.

◀초식 동물인 말의 이빨.

치아의 종류와 역할

앞니	송곳니	앞어금니	큰어금니
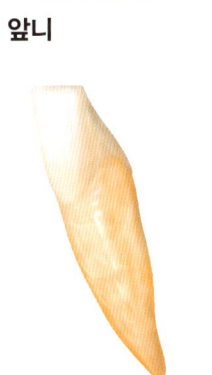	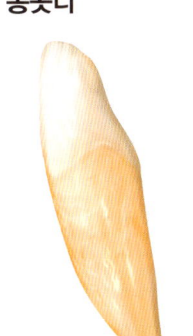		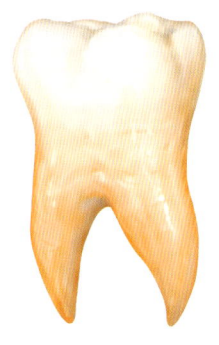
치열 중앙 부분에 위치해 음식물을 자르는 역할을 해요.	앞니 바깥쪽에 위치해 음식물을 잡아 찢는 역할을 해요.	음식물을 부수고 치아가 맞물리는 위치와 턱의 움직임을 조절하는 역할을 해요.	음식물을 갈아 으깨는 일을 해요. 치아가 맞물리는 걸 안정시키는 역할도 있어요.

이가 새로 나는 순서

6살 무렵에는 턱 안에서 성인의 치아인 영구치의 기원이 되는 치배가 생기고, 교체할 준비가 시작되어 치배가 성장해요. 이후 유치의 뿌리를 녹이는 세포가 나타나 유치가 빠져요. 그 자리에서 새 이가 자라는 거죠.

유치 밑에는 이미 영구치가 자라고 있구나.

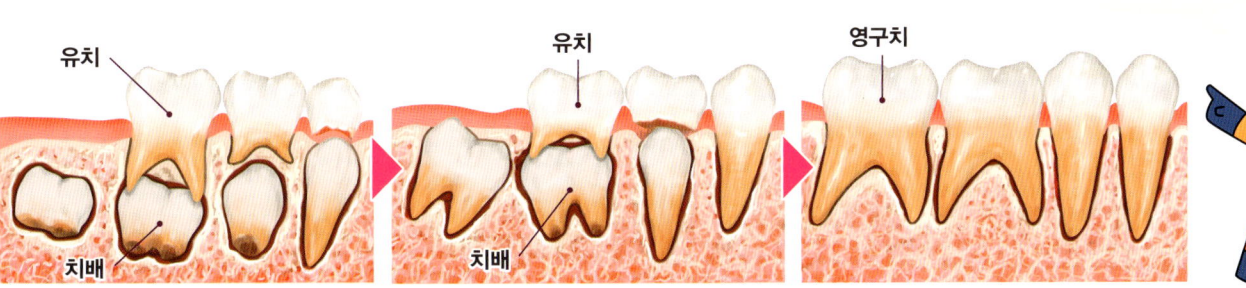

산성 바다로 소화와 살균까지!

위

먹는다

무브 박사의 포인트!

이와 타액으로 잘게 부숴 삼킨 음식물은 인두, 식도를 통해 위로 운반돼. 여기서는 강한 산성 액체인 위액이 만들어지고 있어서, 고기나 생선에 포함된 단백질을 분해해 소화하지. '고기가 위액에 녹는다면, 위도 녹는 거 아니야?'라고 생각할 수 있는데, 좋은 지적이야! 위는 위액에 녹지 않는 구조라서 안전하단다.

우리몸지도

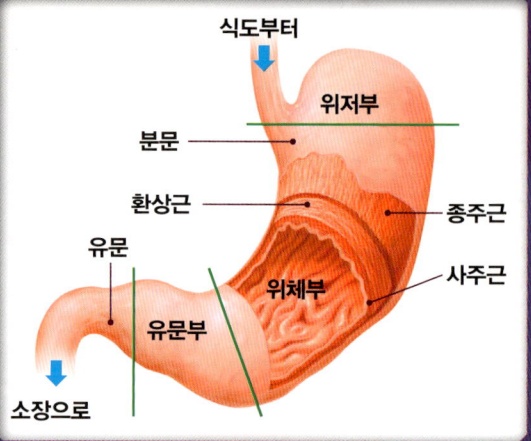

위는 입구(분문)와 출구(유문)가 좁고 중간이 부푼 주머니 모양으로, 위저부, 위체부, 유문부의 세 부위로 구분돼요. 또 위의 운동은 사주근, 환상근, 종주근 세 층으로 이루어진 근육에 의해 일어나요.

● **위점막**
위의 안쪽 표면에서 근육층 위까지가 항상 닫혀 있는 점막이에요.

● **부세포**
점액을 분비함으로써 위액에 의해 위가 녹지 않도록 보호해요.

● **벽세포**
위에 들어온 세균을 죽이는 역할을 하는 염산을 분비해요.

● **주세포**
펩시노겐이라는 물질을 분비해요.

위액에는 어떤 역할이 있나요?

A 위액은 점액, 염산, 펩시노겐 세 가지 성분으로 구성되며 각각 부세포, 벽세포, 주세포로부터 분비돼요. 염산에 의해 펩시노겐이 펩신으로 바뀌며 이 성분이 단백질을 소화해요. 한편 점액은 끈적한 물질로 위점막의 표면을 덮고 있어요. 위액이 아주 강한 산성인 것에 비해 점액은 염기성 성분이 섞여 있어서, 위액을 중화하여 위점막을 보호해요. 위점막이 손상되지 않는 것은 부세포로부터 분비되는 점액 덕분이에요.

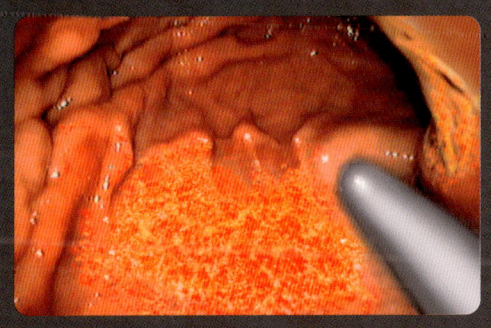

점막이 얇아지면 위가 손상돼요.

● 분문

식도와 위의 경계에 분문이 있어요. 여기에는 기능적 식도 괄약근이라는 평활근이 있어 위액이 식도로 역류하는 것을 방지해요.

● 위소와

전자 현미경으로 본 위소와의 모습이에요. 사람의 위에는 수많은 위소와가 존재하며 이곳에서 위액이 분비돼요.

위의 운동

위는 세 층으로 이루어진 평활근(29쪽)에 의해 복잡하게 움직일 수 있어요. 유문 괄약근이 닫혀 있는 동안 흐물흐물해질 때까지 음식물과 위액이 섞이죠. 충분히 섞이면 유문 괄약근이 열려, 음식물이 십이지장으로 운반돼요.

유문 괄약근

음식물이 위에 도달하면 위액이 분비돼요.

위의 근육이 수축함으로써 쥐어짜는 듯한 운동(연동 운동)이 일어나요. 이 운동으로 음식물이 위액과 섞여요.

충분히 섞인 후에는 유문 괄약근이 열리고 음식물이 위에서 다른 곳으로 운반돼요.

먹는다

소화를 착실하게 보조
췌장, 담낭, 십이지장

무브 박사의 포인트!

음식물이 위를 통과한 후 도착하는 곳이 소장의 첫 부분인 십이지장이야. 여기서는 췌장액과 담즙이라는 두 가지 액체가 소화를 도와주지. 각각 췌장액은 췌장에서, 담즙은 담낭에서 분비돼. 또 췌장은 혈액 속 포도당의 양을 조절하는 호르몬의 분비로 몸 상태를 조절하는 데 중요한 기능을 담당하고 있단다.

담낭의 역할
간에서 생성된 담즙을 보관하는 장소예요. 보관하는 동안 담즙이 농축돼요. 음식을 먹으면 담낭이 수축해서 담즙이 십이지장으로 분비돼요.

우리몸지도

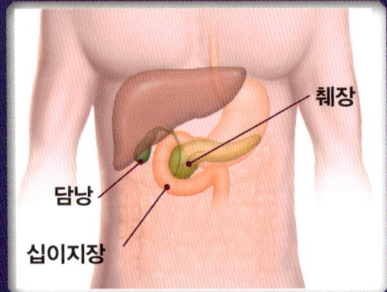

담낭 / 췌장 / 십이지장

십이지장은 위에서부터 이어지는 소장의 극히 일부분에 해당하며, 췌장은 위의 뒤쪽에 위치해요. 담낭은 간 밑에 있는 작은 기관이에요.

●총담관
농축된 담즙이 담낭에서 이곳을 통해 운반돼요.

●부췌관
주췌관에서 갈라져 나와 췌장액을 소십이지장 유두로 운반해요.

●췌장액을 옮기는 관

●소십이지장 유두
부췌관이 열려 췌장액이 방출돼요.

●주췌관
췌장액을 대십이지장 유두로 운반해요.

십이지장의 역할
손가락 열두 개를 옆으로 늘어놓은 길이 정도인 크기라서 십이지장이라고 불리게 됐어요. 위에서 소화된 음식물을 췌장액, 담즙 등과 섞어 공장으로 운반해요. 또 췌장액의 분비량을 늘리는 세크레틴, 담낭의 수축을 일으키는 콜레시스토키닌이라는 호르몬을 분비해요.

●대십이지장 유두
주췌관과 총담관이 열리고 췌장액과 담즙이 섞여 나와요.

췌장에는 섬이 있다?

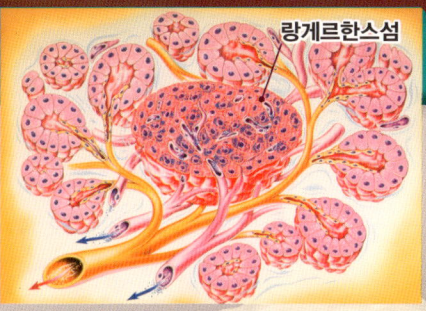
랑게르한스섬

A 랑게르한스섬은 췌장 곳곳에 있는 내분비 세포의 집합이에요. 내분비 세포는 혈액 속 포도당의 비율(혈당치)를 높이는 글루카곤이나 혈당치를 낮추는 인슐린(73쪽)이라는 호르몬을 분비해요. 인슐린은 몸 안의 세포에 작용해 혈액 속의 포도당을 끌어들여 에너지 부족을 방지해요.

● **위로부터**
위에서 소화된 음식물이 들어와요.

췌장액의 흐름

 **담낭에 돌이 생긴다고?**

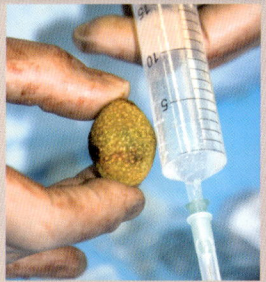

A 담낭에 생긴 돌을 담석이라고 해요. 담즙에는 간에서 생성되는 콜레스테롤이 포함되어 있고, 이것이 결정을 만들면 담석이 돼요. 큰 건 5cm에 달하기도 해요.

췌장액과 담즙의 역할

십이지장에서는 췌장에서 생성된 췌장액과 담낭에 보관된 담즙이 소화를 도와요. 췌장액에는 단백질을 분해하는 소화 효소가 든 트립신이나 키모트립신, 지방을 분해하는 리파아제, 탄수화물을 분해하는 아밀라아제가 들어 있어요. 담즙에 포함된 담즙산은 지방을 수분과 섞이기 쉽도록 크림 형태로 만들어, 췌장액의 리파아제의 역할을 도와요. 또 췌장액과 담즙 모두 염기성이기 때문에 위액으로 산성이 된 음식물을 중화해요.

아밀라아제 · 트립신, 키모트립신 · 리파아제
췌 장 액

십이지장 안에는 주름이 잔뜩 있구나!

소장(공장·회장)으로

45

길이와 주름으로 흡수한다!

소장

무브 박사의 포인트!

소장은 몸 안에서 가장 긴 기관이야. 곧게 펴면 6~7m에 달해 사람의 키보다 훨씬 크지. 소장의 역할은 음식물의 영양분을 흡수하는 것. 즉, 소장이야말로 소화계의 주인공인 셈이야. 잘 소화하고 흡수하기 위해 놀랄 만큼 많이 노력하고 있단다.

우리몸지도

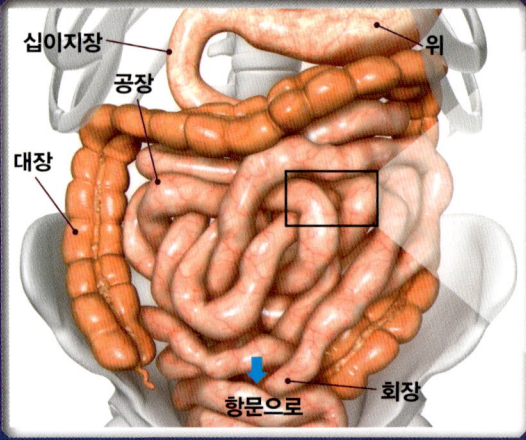

십이지장 · 위 · 공장 · 대장 · 항문으로 · 회장

소장은 십이지장, 공장, 회장의 세 부분으로 나뉘어요. 공장은 대략 소장의 좌측 위에, 회장은 소장의 우측 아래에 위치하는데, 명확한 경계는 없어요. 음식물은 소장을 거쳐 영양분을 흡수한 후 대장으로 이동해요.

● **윤상 주름**
고리 모양의 주름으로 되어 있어요.

 소장에는 흡수하기 쉬워지는 비밀이 있다?

A 소장의 안쪽 면에는 흡수하는 표면적을 넓히기 위한 고리 모양 주름이 수없이 나 있어요. 이를 전자 현미경으로 보면 표면에는 무수한 융모가 있고, 융모 하나하나가 미세 융모로 덮여 있어요. 이러한 구조로 소장의 표면적은 보이는 것의 120배에 달해요.

소장을 펼치면 배드민턴 코트의 절반 넓이가 돼요.

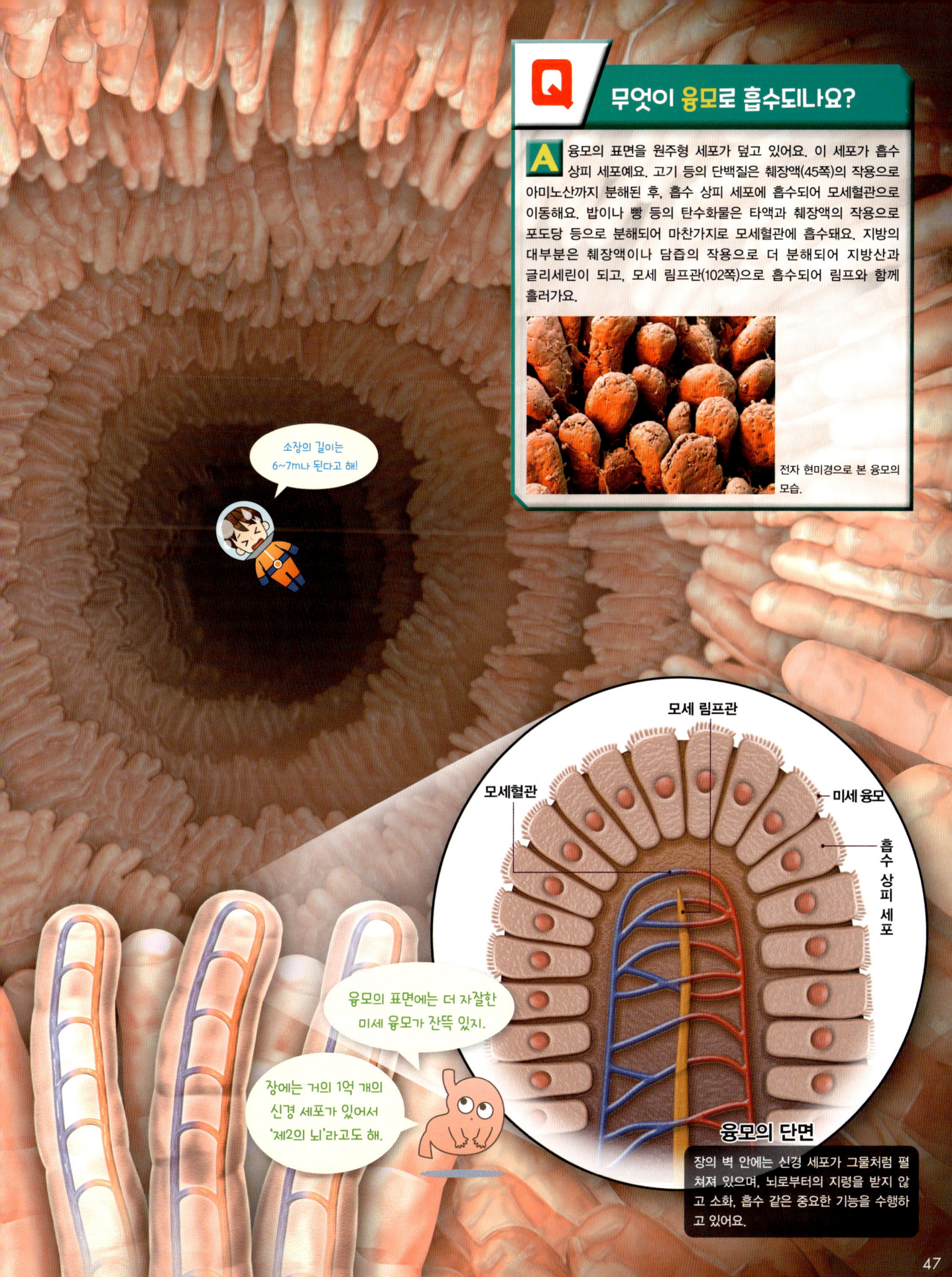

Q 무엇이 융모로 흡수되나요?

A 융모의 표면을 원주형 세포가 덮고 있어요. 이 세포가 흡수 상피 세포예요. 고기 등의 단백질은 췌장액(45쪽)의 작용으로 아미노산까지 분해된 후, 흡수 상피 세포에 흡수되어 모세혈관으로 이동해요. 밥이나 빵 등의 탄수화물은 타액과 췌장액의 작용으로 포도당 등으로 분해되어 마찬가지로 모세혈관에 흡수돼요. 지방의 대부분은 췌장액이나 담즙의 작용으로 더 분해되어 지방산과 글리세린이 되고, 모세 림프관(102쪽)으로 흡수되어 림프와 함께 흘러가요.

전자 현미경으로 본 융모의 모습.

소장의 길이는 6~7m나 된다고 해!

융모의 표면에는 더 자잘한 미세 융모가 잔뜩 있지.

장에는 거의 1억 개의 신경 세포가 있어서 '제2의 뇌'라고도 해.

융모의 단면

- 모세 림프관
- 모세혈관
- 미세 융모
- 흡수 상피 세포

장의 벽 안에는 신경 세포가 그물처럼 펼쳐져 있으며, 뇌로부터의 지령을 받지 않고 소화, 흡수 같은 중요한 기능을 수행하고 있어요.

면역 세포의 트레이닝 센터
소장과 면역

먹는다

무브 박사의 포인트!

장은 음식물과 함께 세균이나 바이러스 등이 침입하기 쉬운 장기지. 그 때문에 장에는 온몸에 있는 면역 세포의 약 7할이 모여 있어. 면역 세포는 다른 세포와 다양한 메시지를 주고받으면서 병원체 등의 외적으로부터 몸을 보호한단다.

면역 세포와 상피 세포는 인터류킨22로 대화하는구나!

● **항균 펩타이드**
인터류킨22를 수용한 상피 세포는 항균 펩타이드라는 항균 물질을 분비해요.

흡수 상피에 존재하는 보조 T세포가 인터류킨22를 분비해요.

● **살균 물질로 외적을 격퇴!**
장벽 안쪽에는 대량의 면역 세포가 모여 있어요. 외부 적의 침입을 감지한 면역 세포는 "병원체를 공격하라!"라는 메시지를 전달하는 물질인 인터류킨22를 방출해요. 소장의 융모 표면에 늘어선 흡수 상피 세포는 인터류킨22를 감지하면 항균 펩타이드라는 항균 물질을 분비해, 장 내부에 침입한 병원체를 격퇴해요.

● **M세포**
세균 등을 들여와요.

● **수지상 세포**
면역 세포의 일종으로, 세균 등을 포식해 얻은 병원체의 정보를 보조 T세포로 전달해요.

세균

● **B세포**
면역 세포의 일종이에요. 보조 T세포로부터 공격 명령을 받으면 항체라는 물질을 만들어 내는 세포로 분화(변화)해요.

면역 세포는 트레이닝하고 있나요?

A 페이에르판의 표면에는 'M세포'라고 불리는 특수한 세포가 존재해요. M세포는 대장균 등의 세균이나 바이러스를 감싸서 안에 들여요. M세포 안에는 면역 세포의 일종인 보조 T세포가 모여 있어 세균 등 병원체의 정보를 얻을 수 있어요. 면역 세포는 그 정보를 바탕으로 그 세균이 '아군'인지 '적'인지 판단할 수 있어요.

● **항체**
세균이나 바이러스 등을 공격해요. 또 장내 세균의 균형을 조절하는 데 필요해요.

 페이에르판이 뭔가요?

A 소장의 안쪽 면에는 융모가 잔뜩 나 있는데, 융모 사이사이에 융모가 없는 돔형 장소가 존재해요. 이곳은 페이에르판이라고 불리는 면역 세포의 집합 장소예요. 페이에르판의 안쪽에는 보조 T세포, B세포 등의 면역 세포가 밀집해 있어요.

세균

훈련된 면역 세포는 혈액을 타고 온몸으로 운반돼서 몸 안의 병원체와 싸운대!

보조 T세포의 지령을 받고 분화한 B세포가 항체를 만들고 분비해요.

● **보조 T세포**
면역 세포의 일종이에요. 페이에르판의 내부, 흡수 상피 세포나 M세포의 안에는 수많은 보조 T세포가 모여 있어요.

● **면역 세포의 연계 플레이**
보조 T세포는 '이 병원체는 적이다'라는 항원 정보를 얻으면 B세포에게 "외부 적을 공격하라!"라는 공격 명령을 전달해요. 그러면 B세포는 항체라는 물질을 분비하도록 분화(변화)해요. 항체는 장 내부로 분비되어 병원체를 공격해요.

면역 세포는 다양한 물질을 사용해 세포끼리 메시지를 주고받는구나!

음식물의 종착역

대장

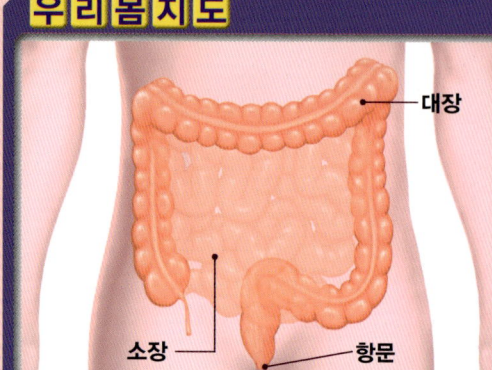

우리몸지도

대장은 1.5m가량의 길이로 소장보다 짧고, 지름이 두꺼워요. 맹장, 상행 결장, 횡행 결장, 하행 결장, S자 결장, 직장 순으로 이어져요.

 무브 박사의 포인트!

식도로 들어온 음식물이 위나 소장을 지나서 마지막에 도달하는 곳이 대장이야. 대장은 주로 수분을 흡수하는 기능을 수행하고 있지. 소장으로부터 전달된 내용물에서 수분을 흡수해, 음식물 찌꺼기에서 대변을 만든단다. 또 대장에는 수많은 장내 세균이 존재해서 대장의 역할을 도와주고 있어.

 Q 대변의 정체는 무엇인가요?

A 대변은 약 75~80%의 수분과 약 20~25%의 고형 성분으로 이루어져 있어요. 고형 성분의 약 절반은 장내 세균이며, 남은 절반은 음식물의 찌꺼기와 장벽으로부터 떨어져 나온 점막이에요. 1g의 대변에는 약 1조 개의 장내 세균이 포함되어 있다고 해요.

● **횡행 결장**
장내 세균의 활동으로 대변이 대변답게 되어 가요.

● **상행 결장**
수분 흡수가 일어나고 대변이 점차 딱딱하게 변해요.

● **회맹판**

● **맹장**
대장의 첫 부분이에요. 입구에 있는 회맹판은 내용물의 역류를 방지해요.

● **충수**
충수의 점막 밑에는 수많은 림프구와 백혈구(66쪽) 등이 모여 있어 장내 면역에 관여해요. 이곳에 음식물이 쌓이면 충수염에 걸리기도 해요.

● **직장**
대장의 마지막 부분이에요. 이곳에 대변이 들어오면 대변이 마렵게 돼요.

● **결장끈**
결장의 표면에 있으며 종주근이 끈 모양으로 모인 모습이에요.

● **하행 결장**
수분 흡수는 거의 일어나지 않고, 대변을 밑으로 보내는 일을 수행해요.

● **S자 결장**
대변이 저장돼 있어요.

Q 장내 세균총은 무엇인가요?

A 인간의 장 내부, 주로 대장에는 약 1,000종, 약 100조 개의 다양한 세균이 공생하고 있어요. 장내 세균 중에는 인간이 소화하지 못하는 성분의 분해나 비타민 합성 등 인체에 유익한 역할을 하는 세균도 있어요. 또 면역 작용에도 중요한 역할을 한다고 해요. 장내 세균 덩어리는 '장내 세균총'이라고 하며, 장 내부에 펼쳐진 꽃밭이라고도 하여 '장내 플로라'라고도 불려요.

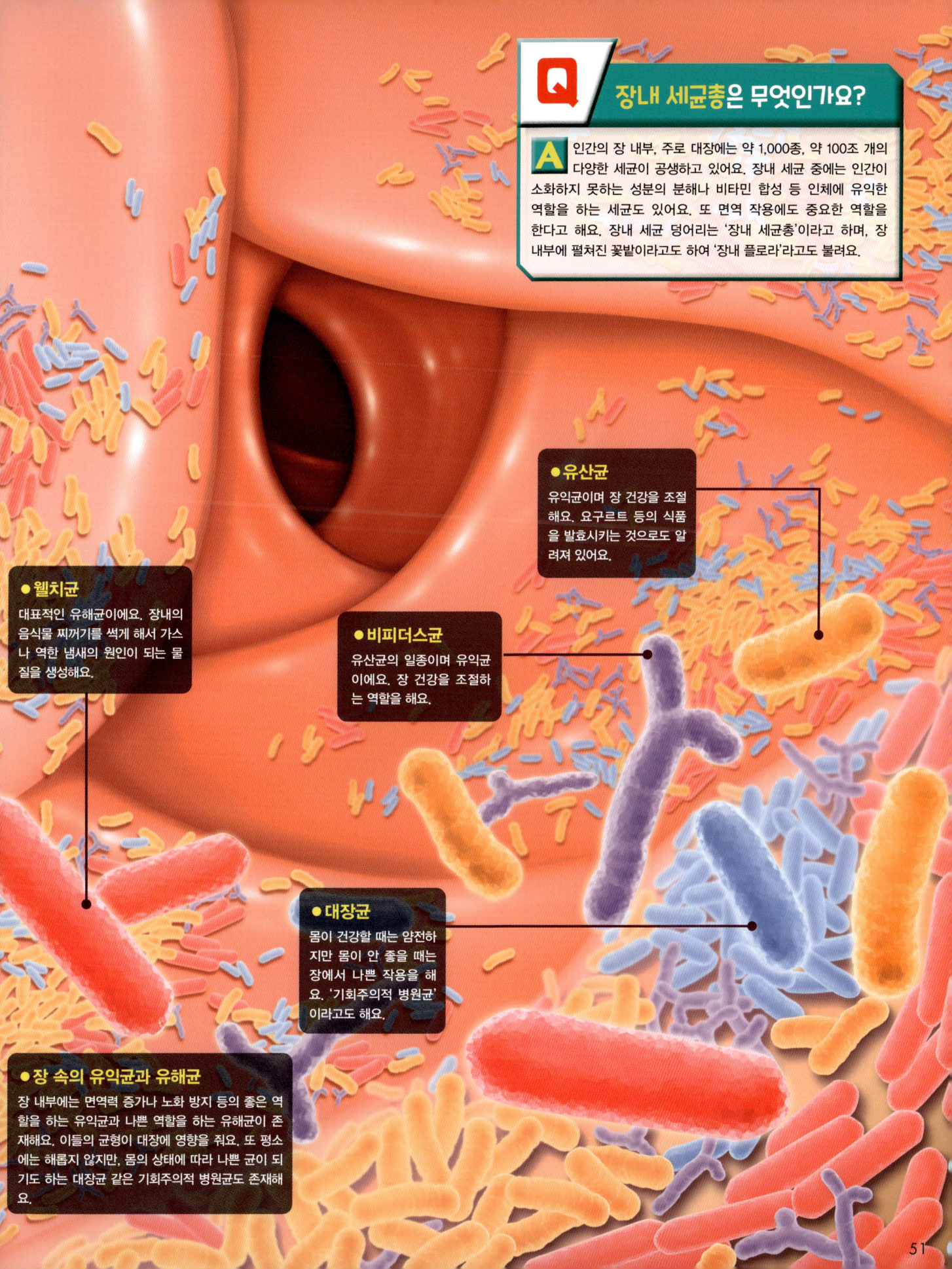

● **유산균**
유익균이며 장 건강을 조절해요. 요구르트 등의 식품을 발효시키는 것으로도 알려져 있어요.

● **웰치균**
대표적인 유해균이에요. 장내의 음식물 찌꺼기를 썩게 해서 가스나 역한 냄새의 원인이 되는 물질을 생성해요.

● **비피더스균**
유산균의 일종이며 유익균이에요. 장 건강을 조절하는 역할을 해요.

● **대장균**
몸이 건강할 때는 얌전하지만 몸이 안 좋을 때는 장에서 나쁜 작용을 해요. '기회주의적 병원균'이라고도 해요.

● **장 속의 유익균과 유해균**
장 내부에는 면역력 증가나 노화 방지 등의 좋은 역할을 하는 유익균과 나쁜 역할을 하는 유해균이 존재해요. 이들의 균형이 대장에 영향을 줘요. 또 평소에는 해롭지 않지만, 몸의 상태에 따라 나쁜 균이 되기도 하는 대장균 같은 기회주의적 병원균도 존재해요.

몸을 지킨다!
장내 세균과 면역 세포

무브 박사의 포인트!

병원체를 해치우는 면역 세포(104쪽)도 폭주하면 자신의 몸을 공격해 상처를 입히기도 해. 이것이 알레르기 반응이야. 면역 세포 중에는, 면역 세포의 폭주를 억제하는 브레이크 역할을 하는 세포인 조절 T세포가 존재하는 것도 알려져 있지. 그리고 조절 T세포의 탄생에는 장내 세균의 활동이 연관되어 있다고 해!

●면역의 아군, 유산균

조절 T세포를 늘리는 것을 돕는 건 클로스트리듐균뿐만이 아니에요. 유산균도 면역을 강화하거나 억제하는 역할을 하는 것으로 알려져 있어요. 유산균도 T세포를 자극하여 조절 T세포를 늘려요. 또 B세포를 자극해 항체(49, 108쪽)의 분비를 증가시켜요. 장내 세균총 안에 유산균이 균형 있게 존재하는 게 중요해요.

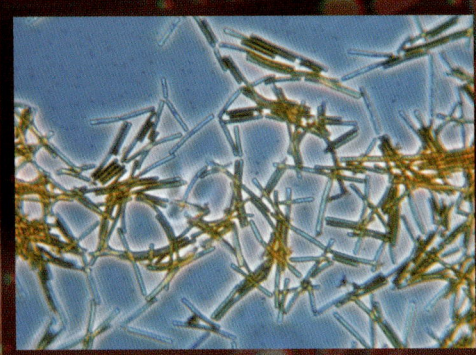

Q 조절 T세포의 면역 브레이크 역할이 뭔가요?

A 면역 세포의 작용이 과하면 병원체뿐만이 아니라 우리 몸도 다칠 수 있어요. 면역 시스템에는 기능을 강화하는 액셀뿐만 아니라 기능을 억제하는 브레이크도 필요해요. 그러한 브레이크를 담당하는 게 조절 T세포라는 면역 세포예요. 조절 T세포는 자신의 몸을 공격하는 면역 세포에 대항해 '진정해'라는 메시지를 전달하는 물질을 분비하여 면역의 폭주를 억제해요.

면역의 폭주를 억제하는 물질을 분비하는 조절 T세포.

Q 조절 T세포는 장에서 탄생하나요?

A 장내 세균의 일종인 클로스트리듐균 중에는 면역에 관여하는 작용을 하는 종이 있다는 것이 알려져 있어요. 클로스트리듐균은 음식물 찌꺼기(음식 섬유)를 분해해 낙산이라는 물질을 방출해요. 낙산이 일부 T세포에 갇히면 T세포는 조절 T세포로 분화(변화)해요. 이렇게 태어난 조절 T세포는 혈액 흐름을 타고 온몸으로 운반돼요.

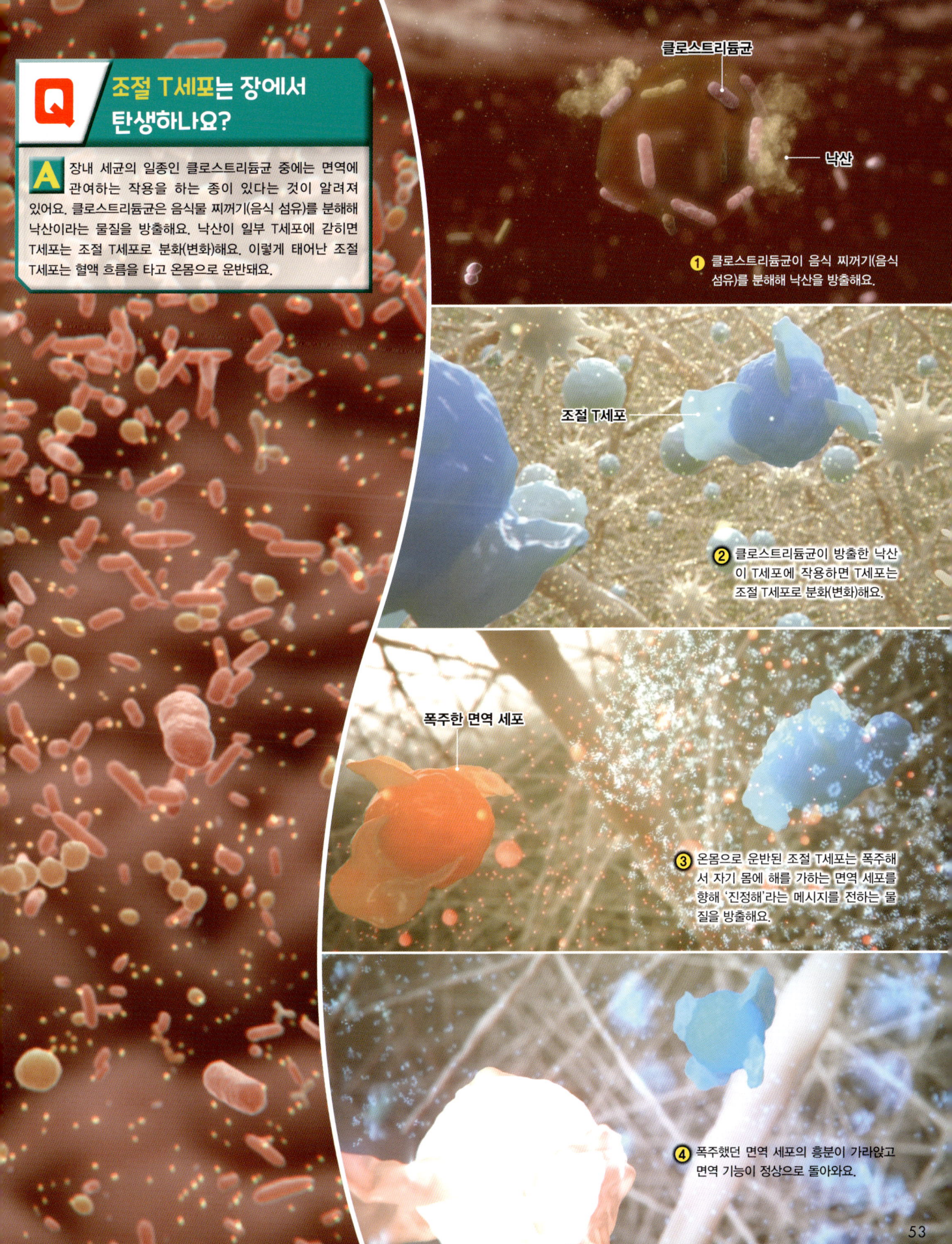

클로스트리듐균
낙산

❶ 클로스트리듐균이 음식 찌꺼기(음식 섬유)를 분해해 낙산을 방출해요.

조절 T세포

❷ 클로스트리듐균이 방출한 낙산이 T세포에 작용하면 T세포는 조절 T세포로 분화(변화)해요.

폭주한 면역 세포

❸ 온몸으로 운반된 조절 T세포는 폭주해서 자기 몸에 해를 가하는 면역 세포를 향해 '진정해'라는 메시지를 전하는 물질을 방출해요.

❹ 폭주했던 면역 세포의 흥분이 가라앉고 면역 기능이 정상으로 돌아와요.

53

인체의 화학 공장

간

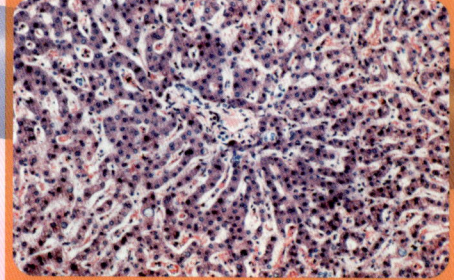

간세포와 간소엽

간을 구성하는 작은 세포가 모여 1mm가량의 육각형 모양 간소엽을 만들어요. 간소엽 하나하나가 작은 화학 공장인 거죠. 아래 그림은 간소엽을 알기 쉽게 그린 그림이에요.

 무브 박사의 포인트!

사람의 몸에서 가장 큰 장기인 간은 말하자면 인간의 화학 공장이야. 단백질을 만들고 암모니아를 분해하는 등 500가지가 넘는 기능을 지니고 있지. 아무리 뛰어난 현대 기술을 사용해도 인공적인 장치로 간의 모든 기능을 재현하는 건 어렵다고 해. 즉 없어서는 안 되는 슈퍼 장기인 거지!

간의 주된 기능

●**혈당치 조절**
혈액 속에 포함된 영양분의 양(혈당치)을 조절해요. 포도당을 글리코젠이라는 물질로 변환해 저장하거나, 포도당으로 다시 되돌려 내보내는 역할을 해요.

← 포도당 / 글리코젠 →

●**대사**
위나 소장에서 흡수된 영양분은 문맥을 따라 간에서 단백질, 당질, 지질 등으로 변환돼요. 이를 대사라고 부르며, 이때 나오는 열이 체온을 유지한다고 해요.

36.0℃

●**담즙을 만든다**
간은 지방을 크림 형태로 만들어 물과 섞이기 쉬운 담즙으로 만들어요. 담즙은 담관을 통해 담낭에 일단 저장된 후, 십이지장으로 분비돼요.

●**문맥**
위나 소장 등의 소화 기관으로부터 오는 정맥이에요. 흡수된 수많은 영양분을 포함하고 있어요.

●**암모니아 분해**
소장과 대장, 신장으로부터 배출되는 해로운 물질인 암모니아가 문맥에서 보내져 오면 해로움이 적은 요소로 바뀌어요. 요소는 신장으로 운반되어 오줌이 돼요.

위험

●**오래된 적혈구의 재활용**
비장(103쪽)에서 오래된 적혈구(67쪽)는 파괴되어 문맥을 통해 운반돼요. 간은 헤모글로빈을 분해해 빌리루빈과 철분으로 나눠요. 철분은 체내로 흡수되고, 빌리루빈은 담즙이 되어 재활용돼요.

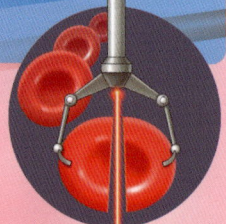

●**담관**
간에서 만들어진 담즙은 담낭으로 향해요.

← 담즙

→ 영양

→ 산소

●**간동맥**
간에 산소(동맥혈)를 운반하는 혈관이에요. 간소엽 근처에 있는 건 '소엽 간동맥'이라고 불러요.

여기서 소개한 것 이외에도 간은 500가지 이상의 역할을 하고 있어.

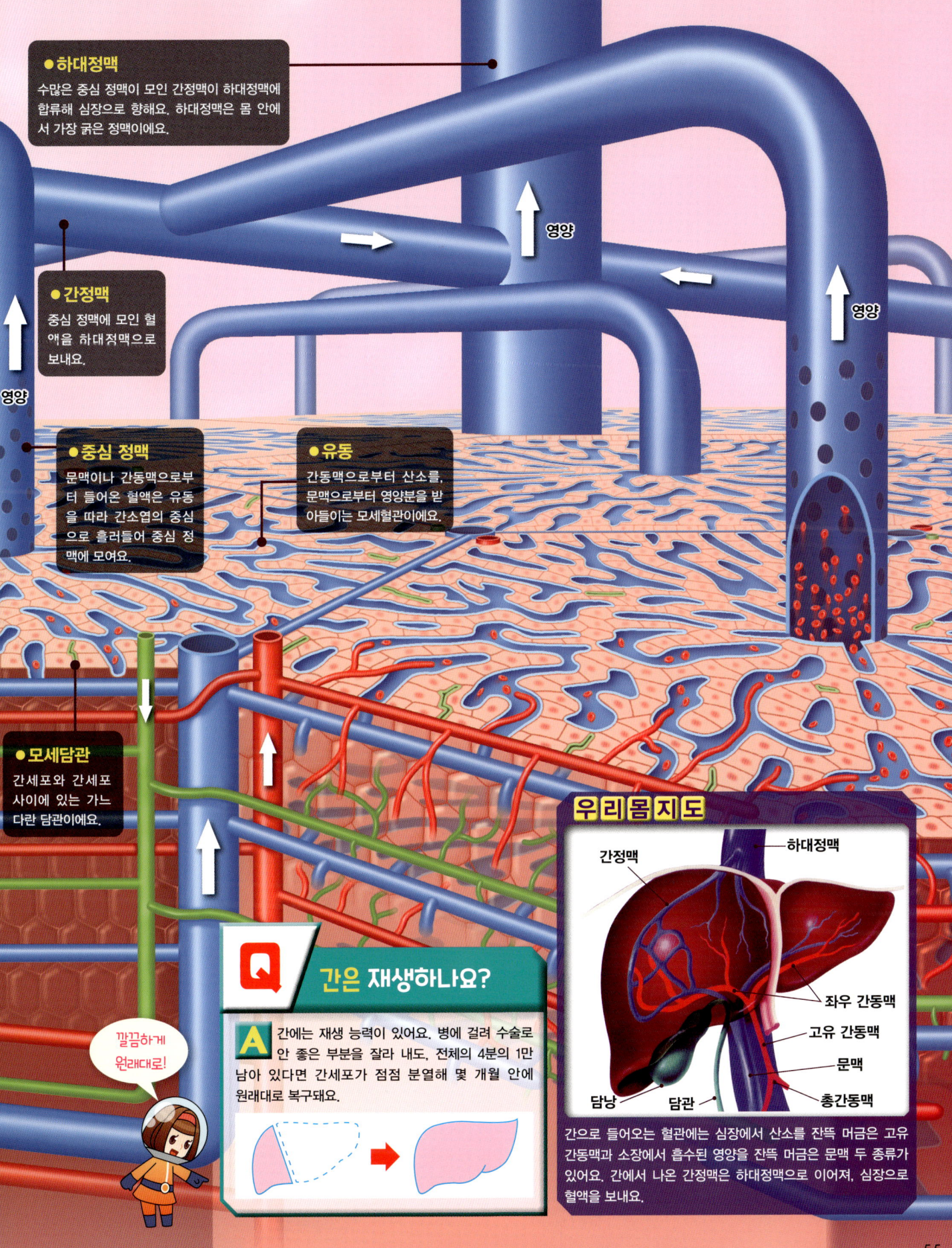

우리와 어떻게 다를까?

소화기 박물관

무브 박사의 포인트!

동물은 먹이에 따라 위나 장의 구조, 길이가 다르단다. 먹이에 맞춘 소화 기능을 제각각 지니는 거지. 또 몸의 크기나 활동량에 따라 먹는 양, 대변의 양이나 형태도 달라. 동물들이 각각 무엇을 먹고 어떻게 소화하는지 살펴보도록 하자.

요리해서 먹는 인간

인간은 고기나 채소 등 다양한 음식을 먹는 잡식성이에요. 여러 식재료를 스스로 요리해 먹기 쉬운 형태로 섭취하죠. 하루에 평균 1~2회 대변을 봐요.

인간

하루에 300kg이나 먹는다!? 아프리카코끼리

아프리카코끼리는 초식 동물이에요. 몸이 큰 수컷의 경우 하루에 300kg에 달하는 풀을 먹기도 해요. 먹이로 쓰이는 풀은 리어카 3대 분량도 돼요.

소

뱉고 다시 먹는다!? 소의 반추

소는 반추 동물이에요. '반추'는 위에 들어온 음식물을 입안으로 게워 다시 씹고, 또다시 위로 돌려보내는 동작을 반복하는 걸 말해요. 풀의 섬유는 소화하기 어려워서 몇 번이고 씹어 섬유를 분해할 필요가 있죠.

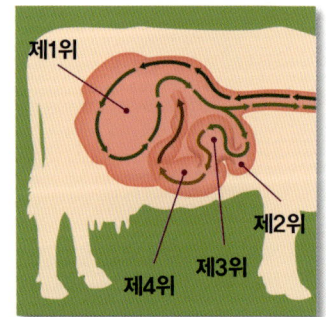

제1위 / 제2위 / 제3위 / 제4위

코끼리

Q 소는 위를 4개 가졌나요?

A 소는 위가 4개 있어요. 제1위는 미생물의 힘으로 풀의 섬유를 분해해요. 제2위는 이를 보조하고, 제3위, 제4위에서 잘게 소화해 장으로 보내죠. 소는 하루에 20kg~50kg의 대변을 10회 정도로 나누어 봐요.

모래로 소화한다!? 비둘기

비둘기 등의 새는 이빨이 없어서, 모래주머니라는 기관에서 음식물과 함께 삼킨 모래를 이용해 음식을 잘게 쪼개요. 소화된 음식물은 몸을 가볍게 만들기 위해 금방 배출돼요.

경운기 한 대 분량의 대나무!? 대왕판다

판다는 주로 대나무를 먹어요. 사육되는 판다는 대나무의 두꺼운 부분을 포함하여 하루에 30kg가량을 먹죠. 이는 소형 운반 트럭의 짐칸을 고봉 형태로 채울 수 있는 양이에요. 판다의 대변은 하루에 20kg 정도예요. 녹색이며 대나무 냄새가 나요.

Q 동물에 따라 장 길이가 다른가요?

A 고기에 반해 풀은 소화하기 어려워요. 그래서 양과 같은 초식 동물은 기다란 장을 지녔고, 오랜 시간에 걸쳐 소화해요. 그런데 대나무만 잔뜩 먹고 있는 판다는 사자와 마찬가지로 짧은 장을 지녔어요. 이는 판다가 곰의 친척으로, 원래는 육식 동물이었기 때문이에요. 진화한 결과 짧은 장이면서도 식물에서 영양분을 얻을 수 있게 된 거예요.

몸길이의 25배
몸길이의 4배
몸길이의 4배

식물을 전혀 먹지 않는다!? 사자

사자는 육식 동물이라 주로 고기를 섭취해요. 고기는 소화하기 쉬워서 초식 동물과 비교해 장이 짧아요. 대변은 초식 동물보다도 적고, 하루에 700g 정도예요.

제3장

에너지와 정보 네트워크

인간의 몸에는 온몸에 혈관이 빼곡하게 지나고 있어요. 붉은 혈액은 호흡으로 얻은 산소와 식사로 얻은 에너지를 온몸으로 운반하고, 불필요한 것을 곳곳에서 모으고 있죠. 혈액이 운반하는 건 그것뿐만이 아니에요. 몸 안의 세포나 장기가 내보내는 다양한 메시지를 전달하는 물질도 옮기고 있죠. 혈액의 흐름은 정보 네트워크인 셈이에요.

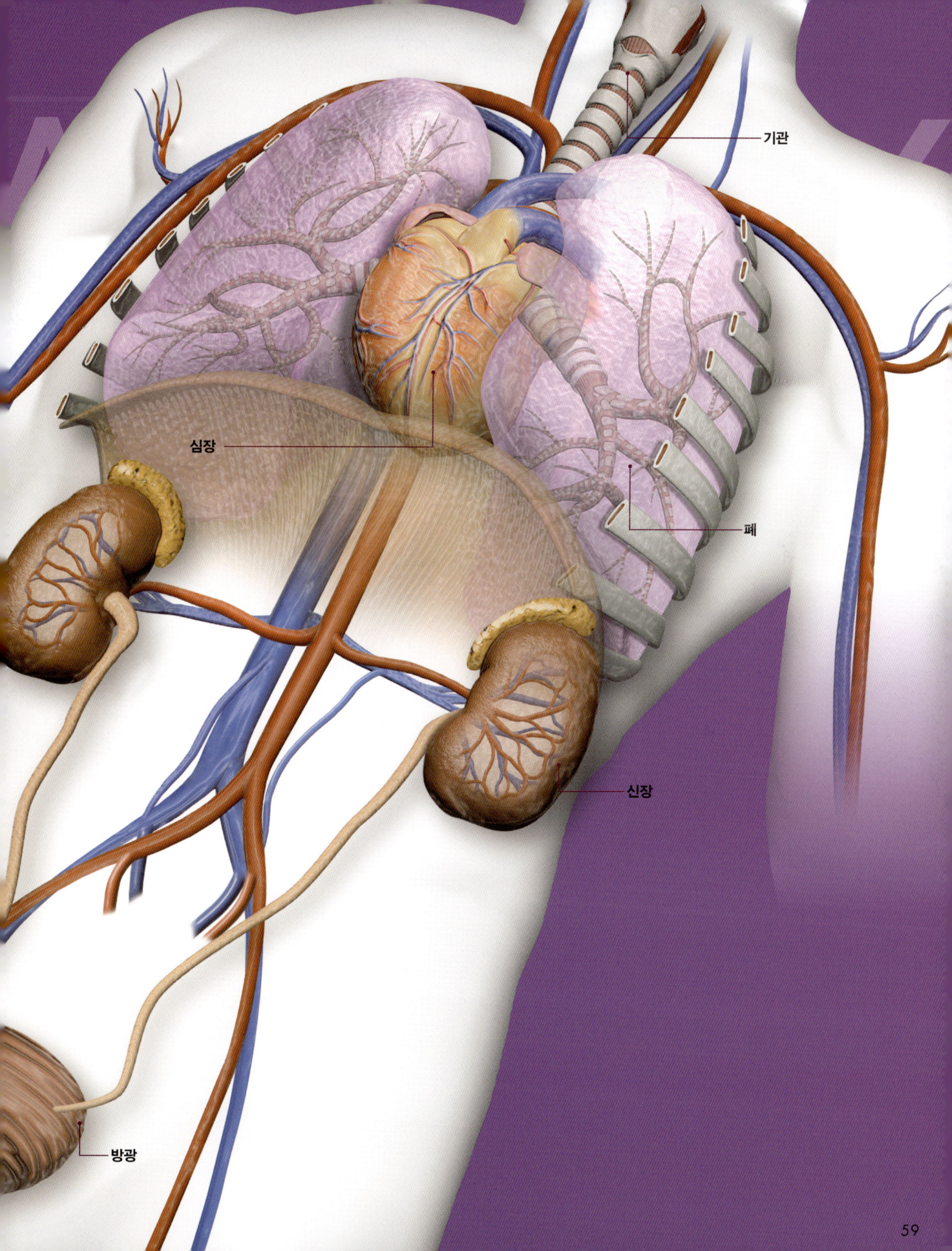

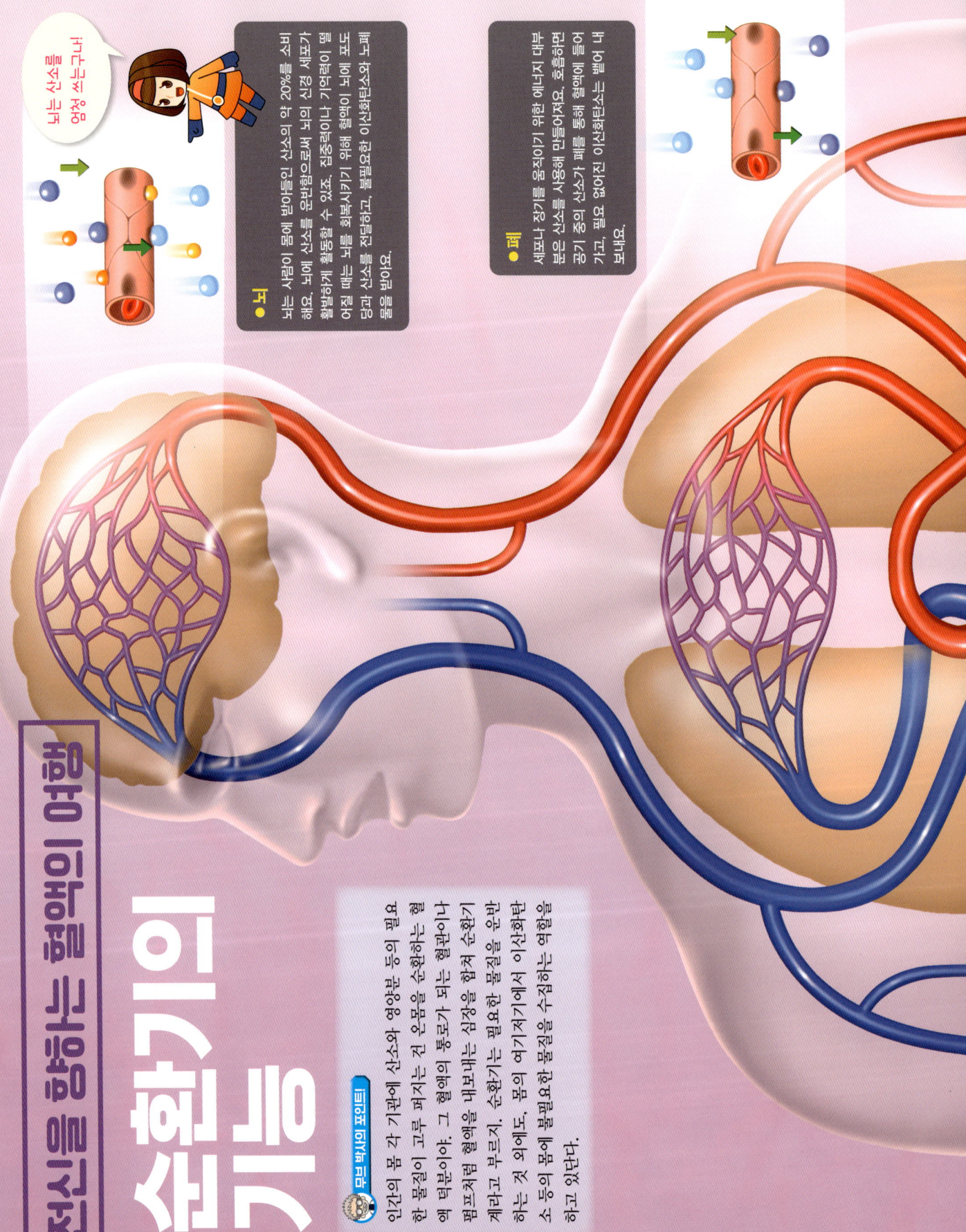

순환기의 기능

전신을 향하는 혈액의 여행

꼬마 박사의 포인트

인간의 몸 각 기관에 산소와 영양분 등의 필요한 물질이 고루 퍼지는 건 온몸을 순환하는 혈액 덕분이야. 그 혈액이 통로가 되는 혈관이나 펌프처럼 혈액을 내보내는 심장을 합쳐 순환기 계라고 부르지. 순환기는 필요한 물질을 운반하는 것 외에도, 몸의 여기저기에서 이산화탄소 등의 몸에 불필요한 물질을 수집하는 역할을 하고 있단다.

● **뇌**

뇌는 사람이 몸에 받아들인 산소의 약 20%를 소비해요. 뇌에 산소를 운반함으로써 뇌의 신경 세포가 활발하게 활동할 수 있죠. 집중력이나 기억력이 열 이 될 때는 뇌를 혹사시키기 위해 혈액이 뇌에 포도 당과 산소를 전달하고, 불필요한 이산화탄소와 노폐 물을 받아요.

● **폐**

세포나 장기를 움직이기 위한 에너지를 대부 분은 산소를 사용해 만들어지죠. 호흡하면 공기 중의 산소가 폐를 통해 혈액에 들어 가고, 필요 없어진 이산화탄소는 밖에 내 보내요.

나는 산소를 엄청 쓰는구나!

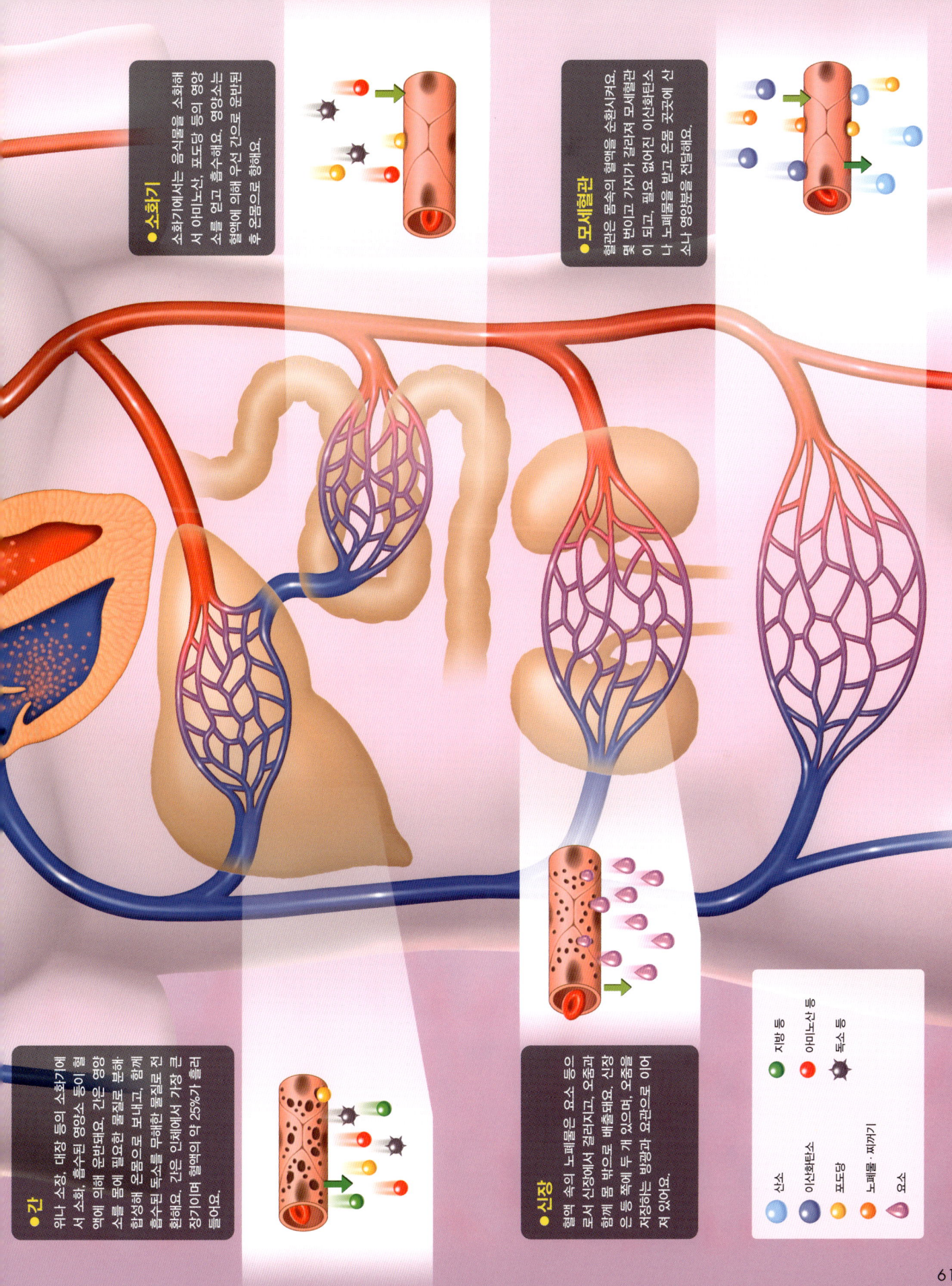

산소를 혈액에 전달한다

폐

무브 박사의 포인트!

공기 중에서 얻은 산소는 온몸에 쓰이고 마지막에는 이산화탄소가 돼. 즉 이산화탄소는 쓰레기와 비슷한 셈이지. 몸이 필요로 하는 산소와 필요로 하지 않는 이산화탄소를 교환하는 장소가 폐인 거야. 이 교환을 원활하게 진행하기 위해 폐에는 '폐포'라는 기관이 있지. 또 공기 중에는 병의 원인이 되는 바이러스나 세균이 있기도 해서 이들을 거르는 구조도 갖춰져 있단다.

에너지와 정보 네트워크

Q. 한숨을 쉬어도 행복은 도망가지 않는다?

A. '한숨을 쉬면 행복이 달아난다'는 말이 있는데, 사실 한숨은 스트레스 등으로 얕아진 호흡을 원래대로 돌리는 효과가 있어요. 크게 숨을 쉬는 행위로 이산화탄소를 몸 밖으로 배출하고 새로운 공기를 들이는 거예요.

우리몸지도

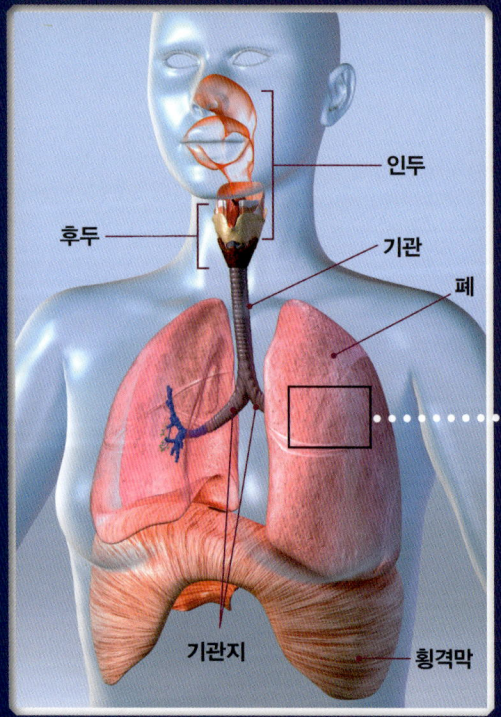

라벨: 인두, 후두, 기관, 폐, 기관지, 횡격막

공기는 입과 코 → 인두 → 후두 → 기관 → 기관지 → 폐의 흐름으로 몸에 들어오고, 같은 길을 반대 방향으로 거슬러 몸 밖으로 배출돼요. 이러한 호흡을 돕는 근육이 갈비뼈와 갈비뼈 사이를 잇는 늑간근이나 횡격막이에요.

●기관

기관은 좌우 기관지로 나뉘어 폐로 들어가고, 이후 약 20번 정도 가지로 갈라지기를 반복해 세기관지가 돼요. 그 끝에는 둥근 형태의 폐포가 달려 있어요. 기관이나 기관지는 연골이 지탱해요.

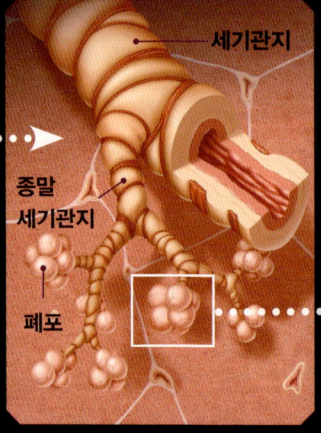

라벨: 세기관지, 종말 세기관지, 폐포

▲ 기관지 말단의 모습.

이산화탄소를 많이 포함한 혈액이 지나는 모세혈관

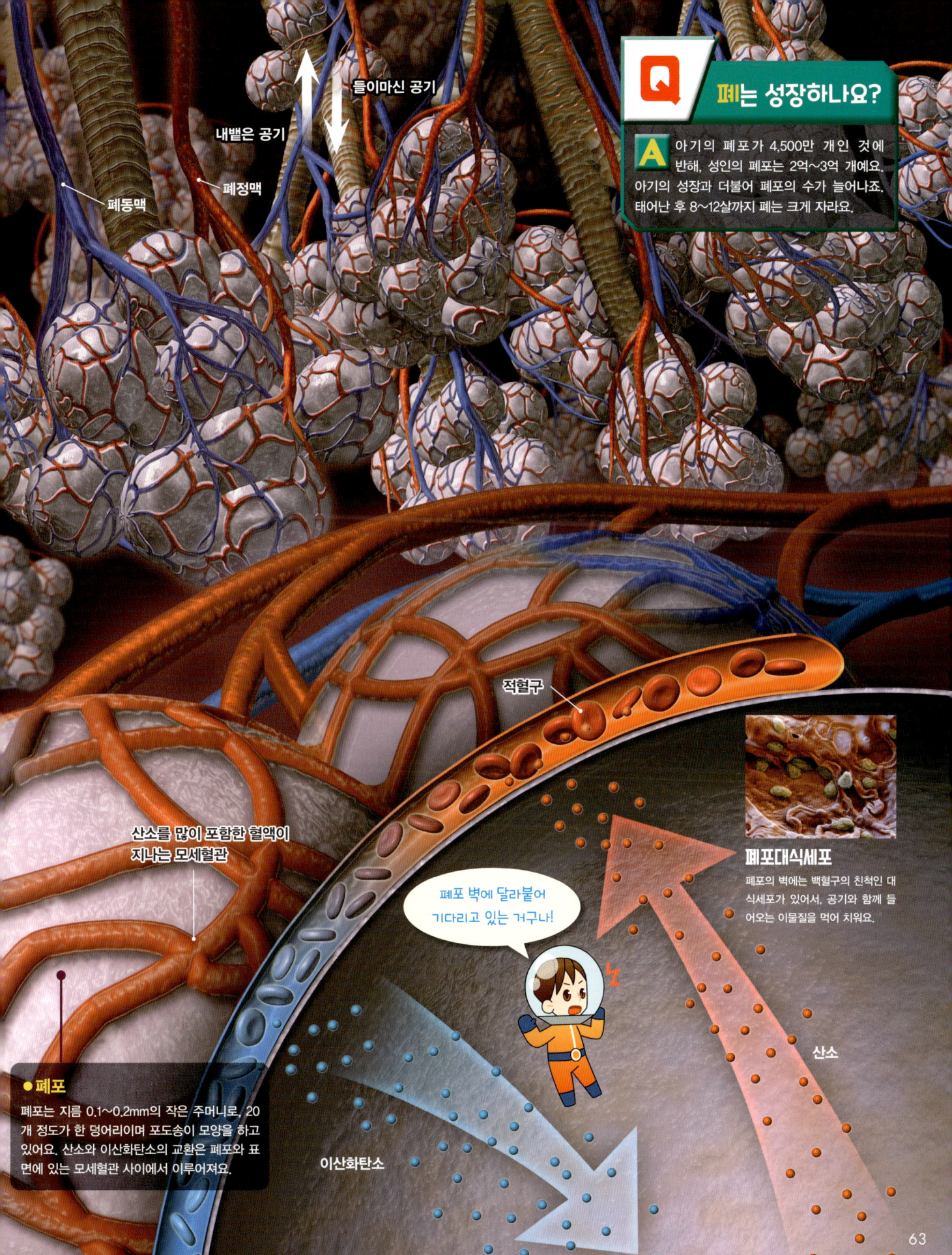

지칠 줄 모르고, 쉬지 않고
심장

에너지와 정보 네트워크

 무브 박사의 포인트!

폐를 통과한 후인 혈액에는 산소가 잔뜩 들어 있지. 이 산소를 온몸으로 보내기 위해서, 혈액은 앞으로 긴 여행을 떠나야 해. 그 혈액을 온몸에 돌게 하는 게 심장의 역할이야. 근육 덩어리인 심장은 평생 쉬지 않고 수축과 이완을 반복해서, 펌프처럼 혈액을 온몸으로 보내는 거란다. 횟수는 1분에 약 60~120회. 지치는 것도 모르고 일하는 일꾼이지!

판은 혈액의 역류를 막고 있어.

상대정맥
폐정맥
우심방
삼첨판
우심실
하대정맥

우리몸지도

심장의 크기는 그 사람의 주먹보다 조금 큰 크기예요. 가슴의 거의 중앙에 있으며, 좌우 폐에 낀 듯한 위치예요.

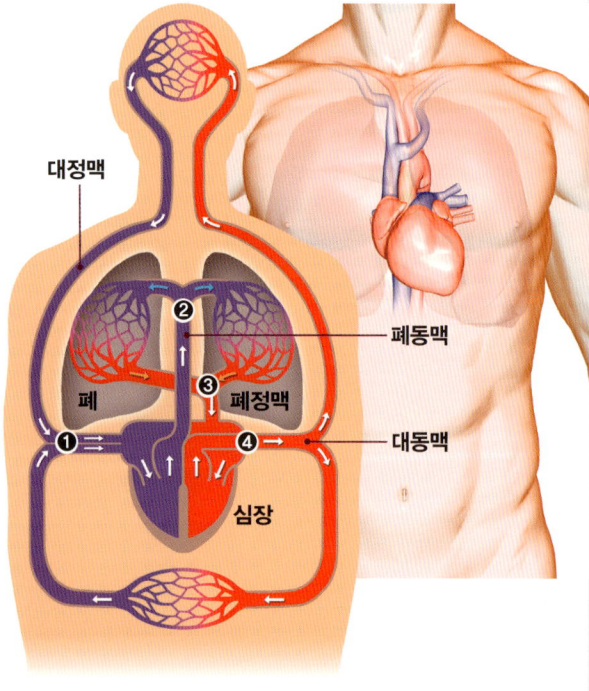

대정맥
① 폐
② 폐동맥
③ 폐정맥
④ 대동맥
심장

온몸을 순환하고 온 혈액은 ①대정맥이라고 부르는 혈관을 따라 심장으로 들어와요. 그다음 ②폐동맥을 지나 폐로 흘러가, 이산화탄소와 산소의 교환을 진행해요. 이후 다시 ③폐정맥을 따라 심장으로 돌아와요. 그리고 ④대동맥을 따라 온몸으로 보내져요. 심장에 들어오는 혈관을 '정맥', 심장에서 나오는 혈관을 '동맥'이라고 불러요.

● 자극 전도계

심장에는 네 개의 방이 있어요. 처음에 위쪽 부분(좌심방과 우심방)이 수축하고, 그 직후 아래쪽 부분(우심실과 좌심실)이 수축해요. 수축하는 타이밍이나 속도는 좌심방에 있는 '동방 결절'이라는 특수한 심근이 결정해요. 동방 결절의 명령은 심장에 펼쳐진 특수 심근의 길(자극 전도계)을 통해 순식간에 심실로 퍼져요.

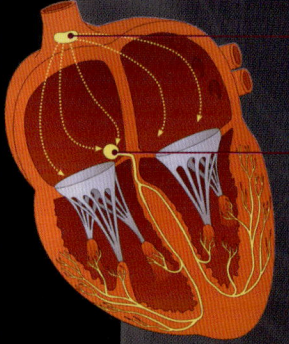

동방 결절
방실 결절

※노란 선이 자극 전도계예요.

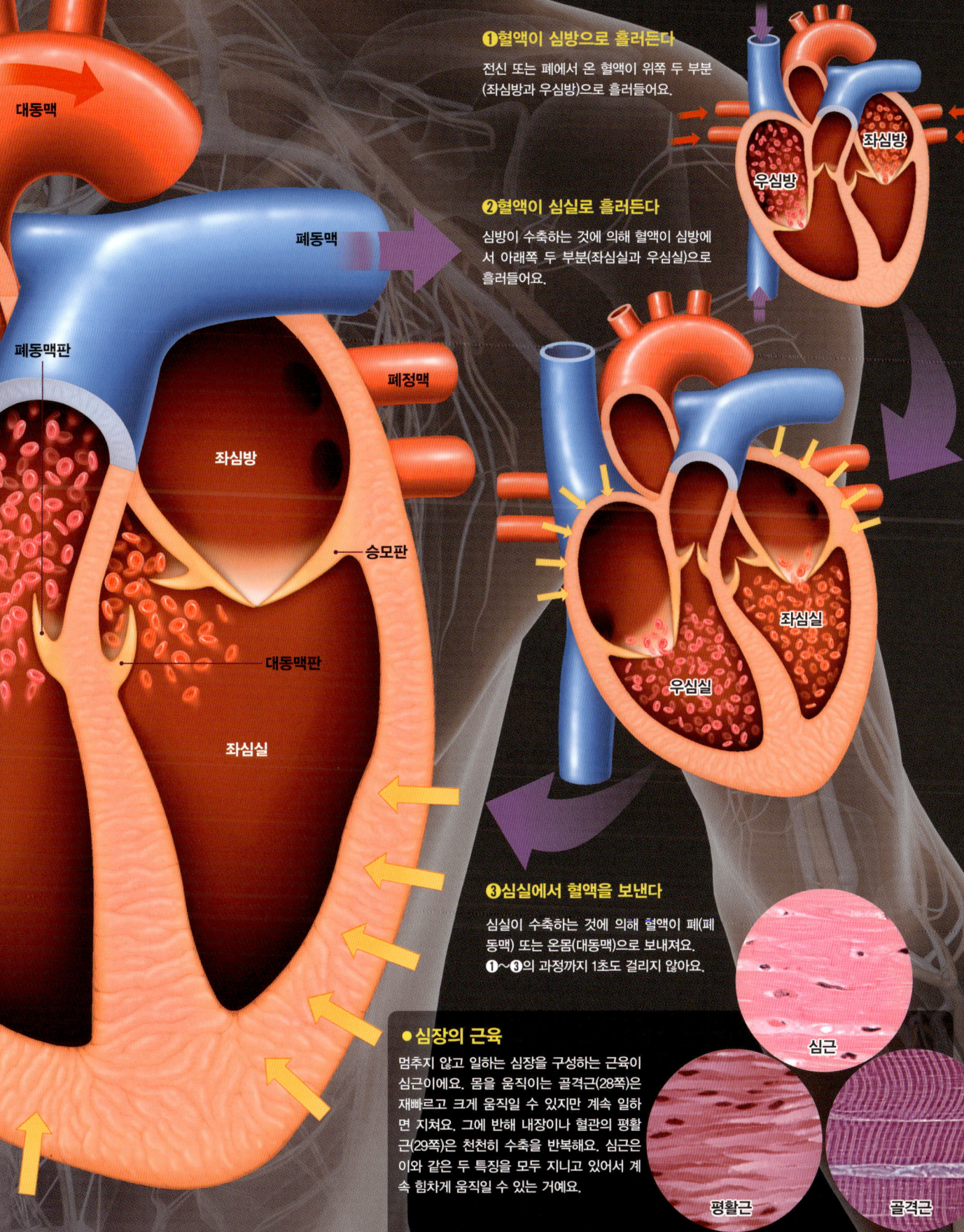

인체의 여행자

혈액

에너지와 정보 네트워크

무브 박사의 포인트!

성인 한 명분의 혈관을 모두 합친 길이는 10만 km에 달하지. 지구 2개를 이어 붙인 것보다 긴 거야! 그 혈관을 흐르는 혈액은 거의 1분 만에 온몸을 돌고 있어. 산소나 영양분을 온몸으로 보내고, 필요 없는 물질은 내보내는 거지. 인체에 있어 혈액은 아주 소중한 물질이지만 인공적으로 만드는 건 상당히 어려운 일이야. 큰 상처나 수술 때 필요한 혈액은 다른 사람에게서 기증받는 수밖에 없단다.

Q 동맥과 정맥은 구조가 다른가요?

A 동맥과 정맥 모두 내막(내피세포), 중막(평활근), 외막(아교 섬유)의 세 층으로 구성돼 있어요. 혈액이 흐르는 힘이 센 동맥은 평활근(29쪽)이 발달해 있어요. 한편 흐르는 힘이 약한 정맥에는 역류를 방지하는 판이 있어요.

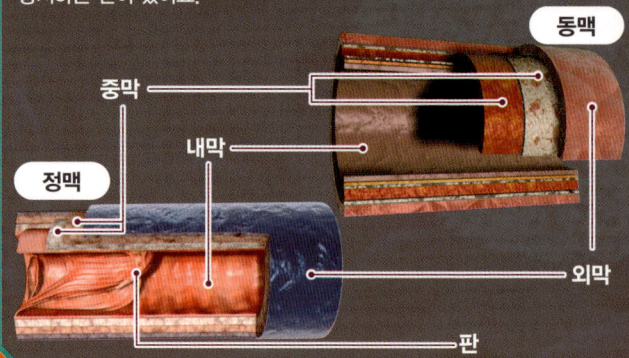

나는 적과 싸우는 백혈구!

나는 산소를 온몸으로 운반하는 적혈구야!

● 혈구는 뼛속에서 만들어진다

혈구는 뼈의 깊은 곳에 있는 골수에서 만들어져요. 나이를 먹어 가면서 지방이 늘고 혈구를 만들 수 있는 골수는 줄지만, 복장뼈나 골반에서는 혈구를 계속 만들어요. 태아는 간과 비장(103쪽)에서도 혈구를 만들어요.

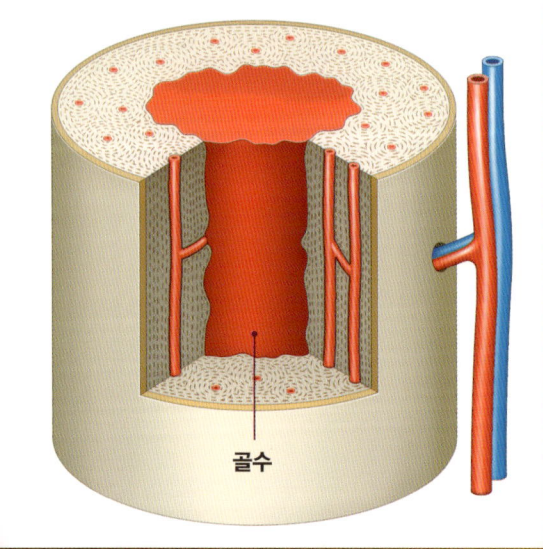
골수

● 백혈구
몸 안에 들어온 바이러스나 세균을 무찔러요. 혈관이나 림프관 안에 있으며 온몸을 순찰해요.

● **헤모글로빈**

폐로 받아들인 산소는 적혈구 안의 헤모글로빈이라는 단백질과 결합해요. 혈액이 붉은 건 헤모글로빈이 붉은 색소를 지녔기 때문이에요. 적혈구가 온몸으로 산소를 운반할 수 있는 건 이 헤모글로빈 덕분이에요.

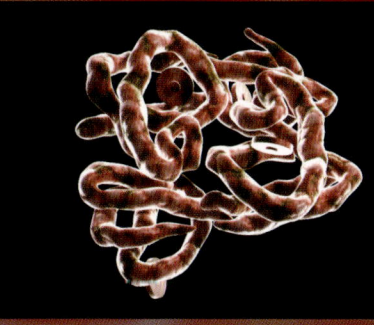

▲헤모글로빈.

● **혈소판**

상처가 나 출혈이 일어나면 우선 혈소판이 상처 부위에 모여들어요. 그리고 상처 부위를 막아 출혈을 멈춰요.

● **혈구와 혈장**

혈액의 거의 절반은 혈구(적혈구, 백혈구, 혈소판)로 구성돼요. 남은 절반은 액체인 혈장이에요. 혈장은 이산화탄소나 영양분, 필요 없는 찌꺼기 등을 운반해요.

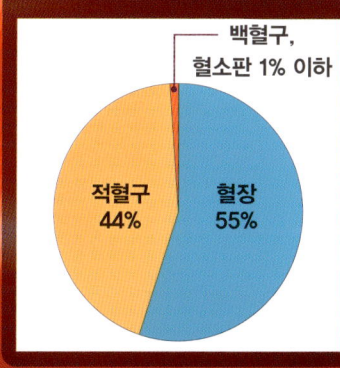

● **적혈구**

혈액의 약 40%는 적혈구예요. 폐로 받아들인 산소를 온몸으로 운반하고, 이산화탄소를 폐로 옮겨요.

깨끗한 혈액을 만드는 체

신장

에너지와 정보 네트워크

우리몸지도

- 신동맥
- 신장
- 신장
- 신정맥
- 요관
- 방광
- 요도

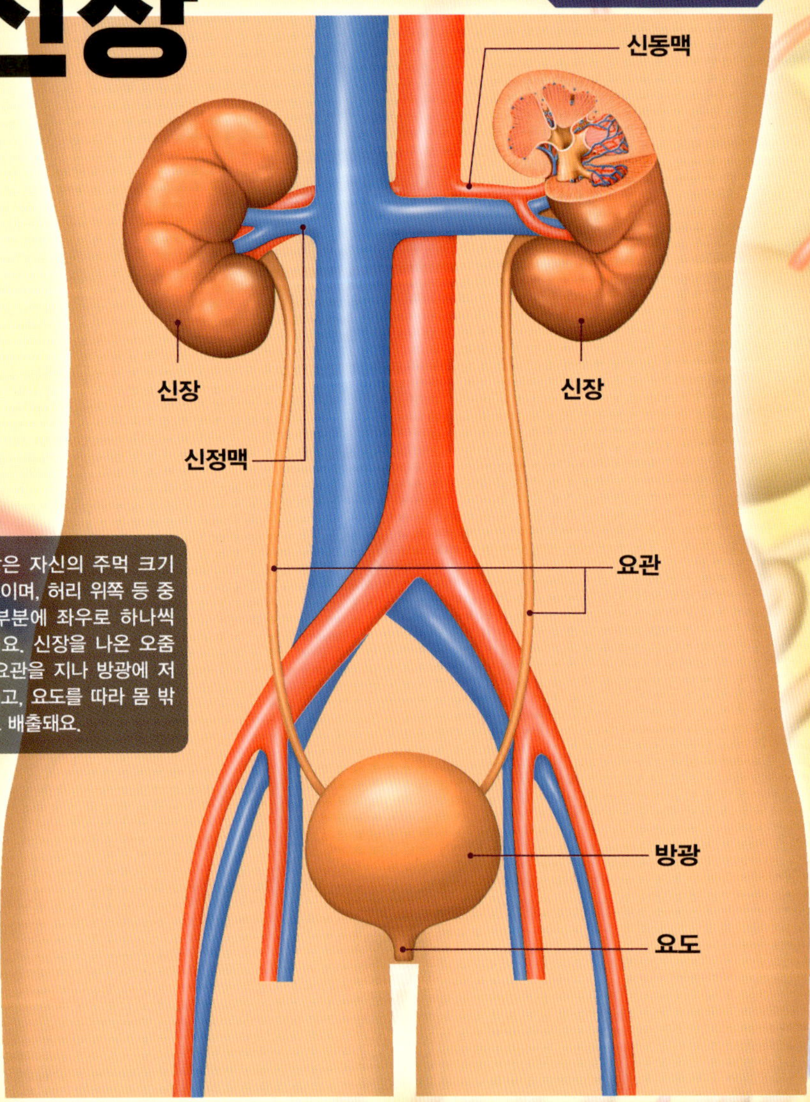

신장은 자신의 주먹 크기 정도이며, 허리 위쪽 등 중앙 부분에 좌우로 하나씩 있어요. 신장을 나온 오줌은 요관을 지나 방광에 저장되고, 요도를 따라 몸 밖으로 배출돼요.

무브 박사의 포인트!

혈액이 온몸을 도는 동안 혈액 안에는 몸에 필요 없어진 것(노폐물)이 쌓이지. 이 노폐물을 걸러 제거하는 일을 하는 게 신장이야. 하나의 신장에 약 100만 개 있는 네프론이라는 조직이 노폐물을 제거하고 있어. 신장의 노폐물과 여분의 수분은 오줌으로서 방광에 보내지고, 깨끗해진 혈액은 심장으로 보내지는 원리란다.

●오줌의 흐름

신소체에서 만들어진 원뇨는 근위 세뇨관을 지나, 헨레 고리라는 부분에서 유턴하여 원위 세뇨관을 지나요. 최종적으로 집합관에 오줌이 모이고, 요관으로 흘러가요. 이러한 길을 더듬어 가면서 수분, 나트륨 등은 다시금 모세혈관에 흡수되고 오줌이 만들어져요. 원뇨의 여과와 재흡수를 담당하는 기본 단위를 네프론이라고 해요.

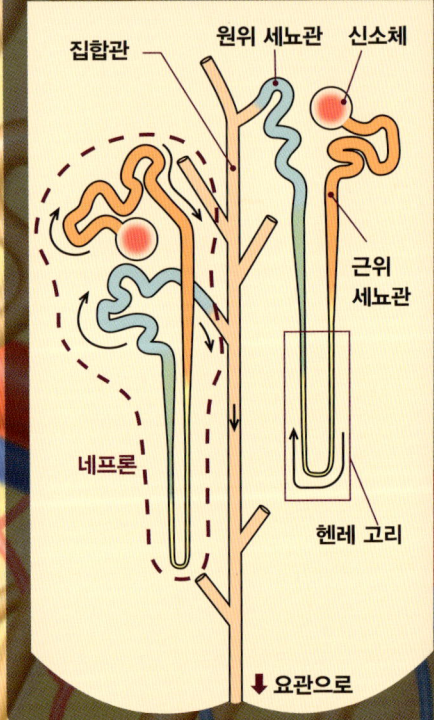

- 집합관
- 원위 세뇨관
- 신소체
- 네프론
- 근위 세뇨관
- 헨레 고리
- ↓ 요관으로

 세뇨관과 미세 융모

A 원뇨가 지나는 근위 세뇨관은 안쪽 벽에 자잘한 미세 융모가 가득 나 있어요. 미세 융모의 표면에는 무수한 펌프가 늘어서 있고, 각각의 펌프는 흡수하는 성분이 정해져 있어요. 몸에 염분(나트륨)이 필요할 때는 염분을 흡수하는 펌프가 활발하게 일해요. 그밖에도 칼륨, 칼슘, 마그네슘, 인, 수소 이온, 요산 등의 성분을, 다양한 기관으로부터 받는 정보에 따라 최적의 양만 재흡수하고 있어요.

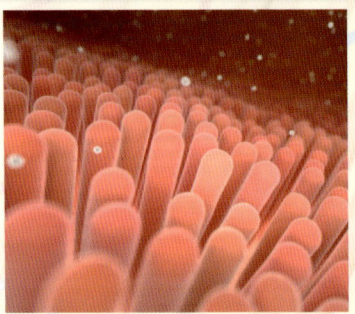

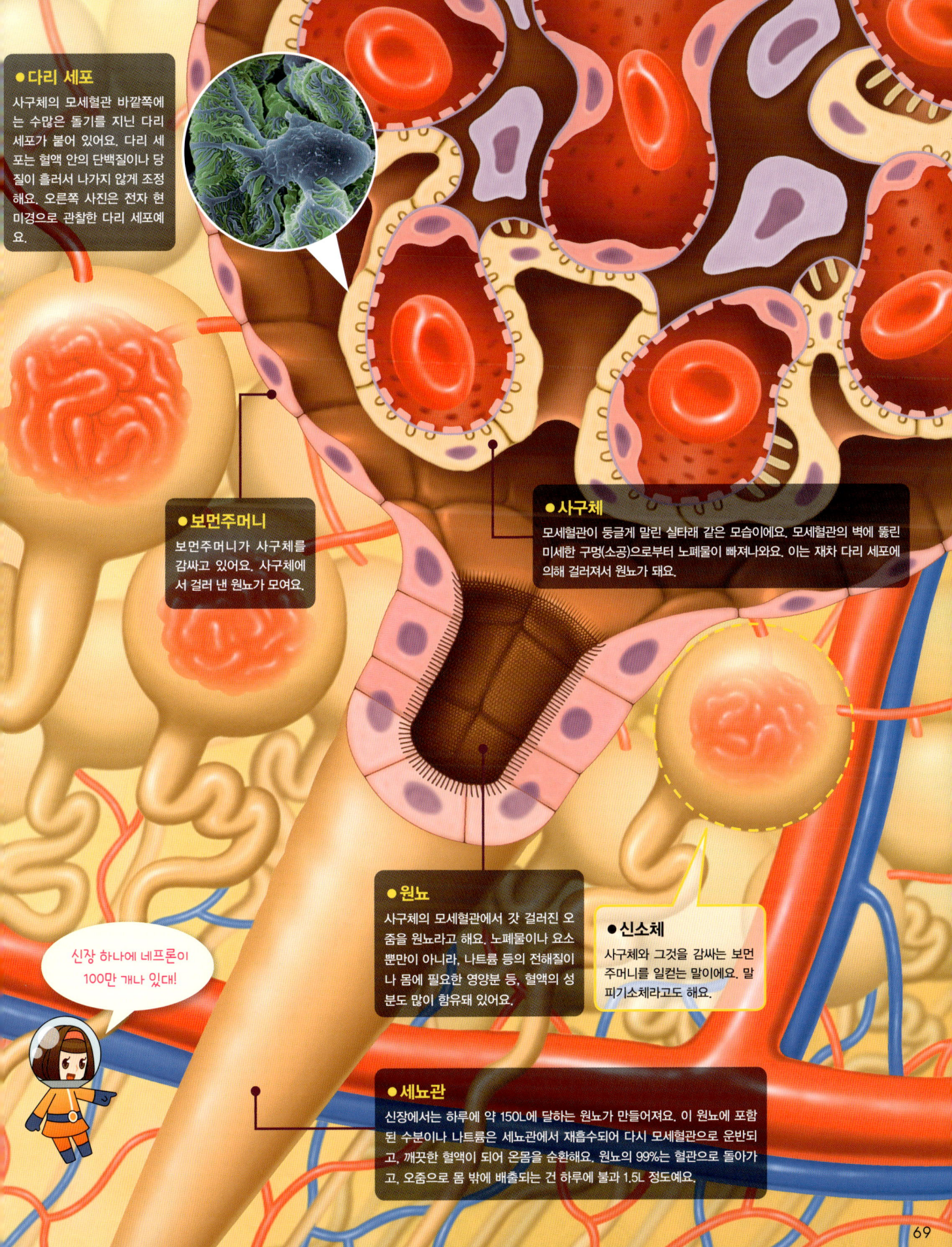

에너지와 정보 네트워크

혈압이나 산소량을 조절한다
혈액을 관리하는 신장

 무브 박사의 포인트!

신장의 가장 중요한 역할은 깨끗한 혈액을 만드는 거야. 신장은 늘 혈액의 상태를 점검하고, 혈압이나 산소량을 조절하고 있지. 더 나아가 신장이 조절하는 혈액 속 성분인 인의 양이 수명을 결정한다는 연구도 있어.

 **어떻게 산소의 양을 조절하나요?**

A 혈액 속 산소가 부족해지면, 신장의 세뇨관 주변을 덮고 있는 간질 세포가 반응해서 EPO(에리스로포이에틴)라고 불리는 물질을 대량으로 방출해요. EPO가 혈액을 만드는 조혈 간세포가 있는 골수(103쪽)에 도달하면 산소를 운반하는 적혈구가 증산되기 시작해요. 적혈구를 늘려서 혈액 속 산소의 양을 늘리는 거죠.

● **EPO(에리스로포이에틴)**
신장이 방출하는 호르몬의 일종이에요. 적혈 모세포계 전구 세포에 작용해 적혈구를 늘려요. (73쪽)

● **적혈 모세포(적아구)계 전구 세포**
조혈 간세포는 우선 여러 유형의 전구 세포로 분화해요. 전구 세포는 적혈구나 혈소판, 백혈구 등이 되기 이전의 준비 단계에 해당하는 세포예요. 적혈 모세포계 전구 세포는 적혈구나 혈소판으로 분화해요.

 어떻게 혈압을 조절하나요?

A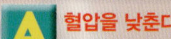
혈액이 심장의 움직임에 의해 혈관 벽을 누르는 힘을 혈압이라고 해요. 우선 혈압 상승의 원인이 되는 건 나트륨(염분)이에요. 신장은 혈액 속 여분의 염분을 제거하고 혈압을 낮춰요.

혈압을 높인다
혈압을 올릴 때는 신장의 사구체 근처에 있는 세포가 '레닌'(72쪽)이라는 물질을 분비해요. 레닌은 최종적으로 '앤지오텐신Ⅱ'라는 물질을 만들어요. 앤지오텐신Ⅱ는 온몸의 혈관을 수축시켜 혈압을 높여요. 또 혈액량을 높이는 알도스테론이라는 물질의 분비를 촉진해서 혈류를 늘리는 행위로도 혈압을 올려요.

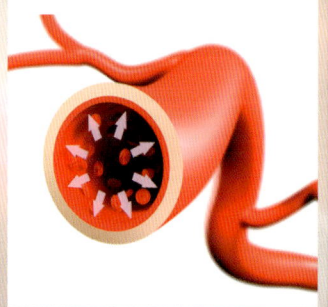

● 인의 양을 조절하는 신장

음식물에 포함된 인은 소장에서 흡수되어 주로 뼈의 성분이 돼요. 뼈는 대부분 인산칼슘으로 되어 있어서 인의 저장고 역할도 하죠. 혈액 속의 인의 양이 많으면 뼈나 상피 소체(부갑상샘)에서 분비되는 물질이 신장에 작용해요. 그렇게 되면 신장은 세뇨관에서 인의 재흡수량을 줄이고, 남은 인을 오줌으로 몸 밖에 배출하죠. 혈액의 인이 너무 적으면 골다공증이라는 병에 걸려 뼈가 말랑해지게 돼요. 또 인이 너무 많으면 오른쪽 이미지처럼 혈관 안쪽에 인산칼슘이 쌓여서 혈관의 석회화가 일어날 수 있어요.

● 적혈구

산소를 온몸으로 운반해요. 적혈구가 늘어나면 혈액 속 산소량이 증가해요.

Q 신장이 수명도 조절하나요?

A 동물의 수명에 혈액의 인의 양이 연관돼 있을 수도 있다는 연구가 있어요. 인은 신장이 조절하는 다양한 혈액 성분 중 하나예요. 오른쪽 아래의 그림은 동물을 혈액 속의 인의 농도 순서로 세워 둔 그림이에요. 이 그림에 따르면 혈액 속의 인이 적은 동물일수록 오래 산다는 것을 알 수 있어요. 인이 많으면 노화가 진행되는 원리는 아직 규명돼 있지 않아요. 하지만 혈액 속의 인이 늘어나면 혈관이 석회화되어, 온몸의 혈관이 딱딱해지는 게 노화와 연관되어 있을 가능성이 있어요.

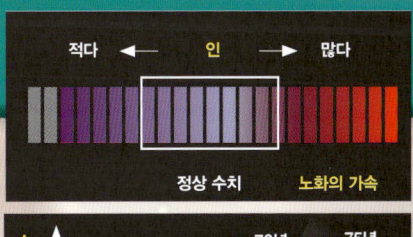

세포와 장기는 대화한다

메시지를 전달하는 물질들

에너지와 정보 네트워크

 무브 박사의 포인트!

인간의 몸은 약 200종의 세포가 약 37조 개나 모여 이루어져 있지. 또한, 뇌, 심장, 폐, 간, 신장, 위, 장 등 다양한 장기가 복잡하게 협력해 일하고 있어. 사실 세포나 장기는 다양한 작은 물질을 통해 서로에게 메시지를 전하고 있다는 게 알려졌단다. 인체의 세포나 장기는 대화하면서 활동을 조절하고 있는 셈이지!

메시지 물질1
● **인크레틴** 장이 분비

식욕을 억제한다

밥을 먹으면 주로 소장 세포로부터 분비되는 소화관 호르몬이에요. 분비되면 혈액을 따라 온몸으로 운반돼요. 췌장이 인크레틴을 받아들이면 인슐린 분비가 촉진돼요. 또 뇌에 작용해 식욕을 억제하는 기능도 있어요.

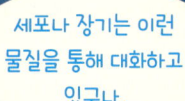

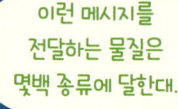

메시지 물질2
● **레닌** 신장이 분비

혈압을 높인다

레닌은 최종적으로 앤지오텐신 II를 만들어서 혈관을 수축시키고 혈압을 높여요. 또 혈액량을 늘리는 물질의 분비를 촉진하여 혈압을 높여요.

메시지 물질3
● **렙틴** 지방 세포가 분비

식욕을 억제한다

지방 세포로부터 분비된 렙틴이 뇌의 시상하부에 있는 만복 중추의 신경 세포에 결합하면 식욕이 꺾여요. (31쪽)

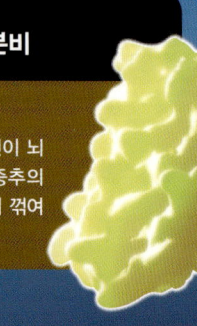

제4장

느끼고 생각하다

인간의 뇌는 감정이나 기억을 만들어 내고 어떻게 행동할지를 생각해요. 그 정보는 뇌로부터 신경에 의해 온몸으로 전송되죠. 또 눈이나 귀, 코 등의 감각 기관을 통해 얻은 정보는 신경을 통해 뇌로 보내져요. 이들을 '신경계'라고 해요. 또 감각 기관이나 근육, 장, 신장 등의 온갖 장기는 다양한 정보나 메시지를 뇌로 보내서, 뇌의 활동에 영향을 주고 있어요. 인간의 신체는 서로 연결되면서 다양한 일을 느끼고, 생각하고, 몸을 움직이고 있는 거예요.

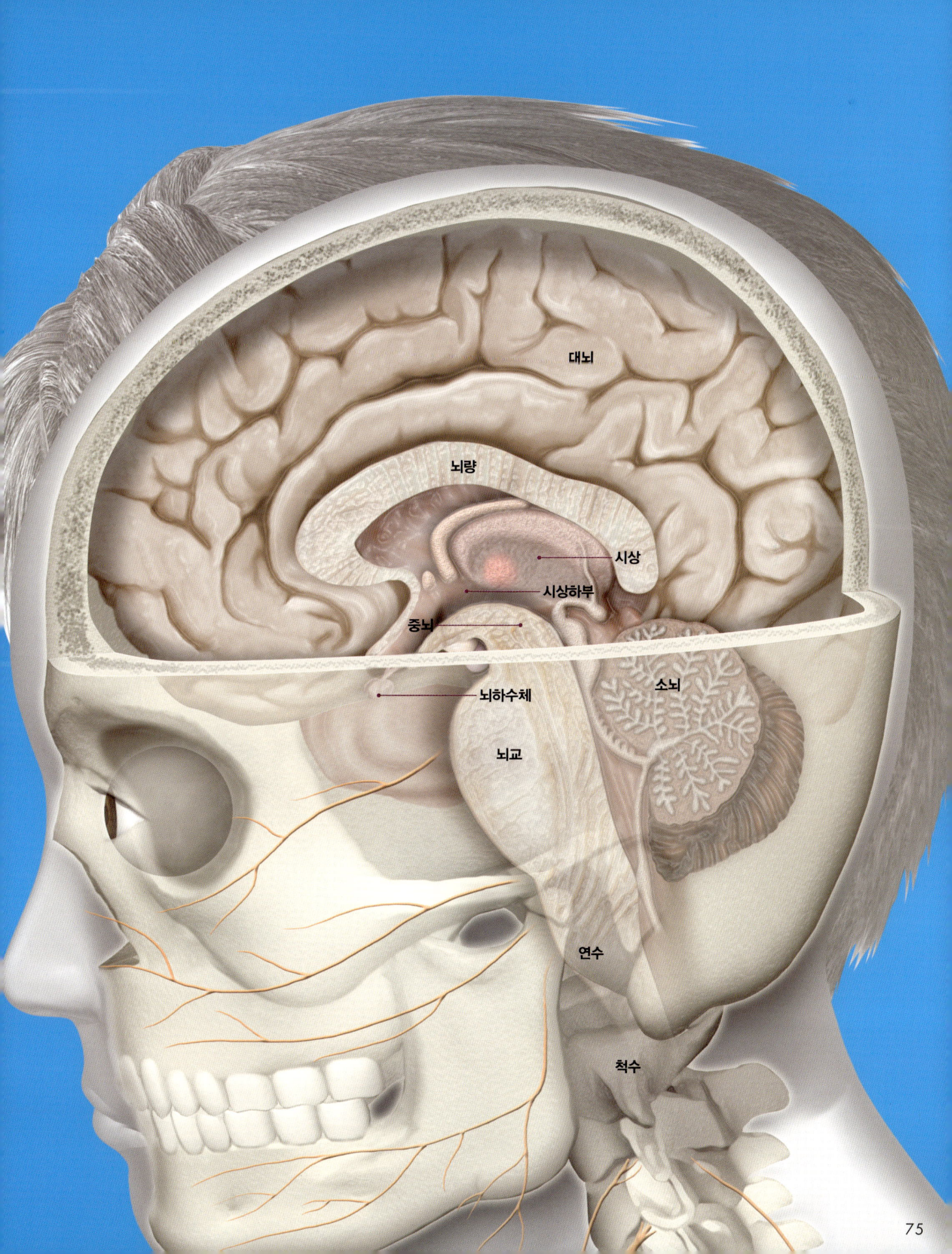

세상을 비추는 정밀 기계

눈

무브 박사의 포인트!

눈 전체를 안구라고 해. 구조는 카메라를 똑 닮았지. 카메라에 비유하면 각막은 렌즈를 보호하는 필터, 홍채는 빛의 양을 조절하는 조리개, 수정체는 렌즈, 공막은 몸체 역할이야. 서로가 일해서 망막에 투영된 영상을 뇌로 보내는 거지. 눈은 그야말로 세상을 비추는 정밀 기계야!

● 모양체

모양체에는 모양체근이라고 불리는 근육이 있고, 이 근육의 작용으로 수정체의 두께가 바뀌어요. 수정체는 먼 곳을 볼 때 얇아지고, 가까운 곳을 볼 때는 두꺼워져요.

◆ 가까운 곳을 볼 때 / ◆ 먼 곳을 볼 때

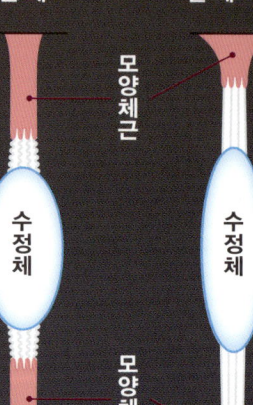

● 각막

각막은 눈의 전방에 있으며, 바깥의 빛을 눈 안에 모아요. 눈물은 각막에 영양분을 보급하고, 노폐물을 씻어 내어 이물질이나 유해한 빛으로부터 보호하는 기능이 있어요.

● 수정체

수정체는 외부에서 들어온 빛을 굴절시켜 망막에 전달해요. 마치 카메라의 렌즈처럼 보고 있는 물체와의 거리를 가늠해 심도를 더하고 초점을 맞춰요.

모은 빛은 망막에서 영상이 돼.

● 공막

공막은 흰자 부분을 말해요. 아주 강한 막으로, 외부 충격이나 압력으로부터 눈을 보호해요.

● 홍채

홍채는 검은자에 있는 부분으로, 중심에 동공이라는 구멍이 있어요. 어두우면 동공이 열리고 밝으면 동공이 닫혀서 눈에 들어오는 빛의 양을 조절해요.

밝을 때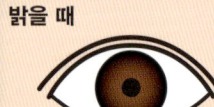

어두울 때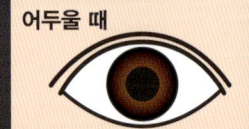

● 망막
안구 안쪽에 달라붙듯이 망막이 있어요. 망막에는 빛을 감지하는 시각 세포가 줄지어 있어, 바깥에서 들어온 빛을 영상으로 읽어 들여요. 아래 사진은 전자 현미경으로 본 시각 세포예요.

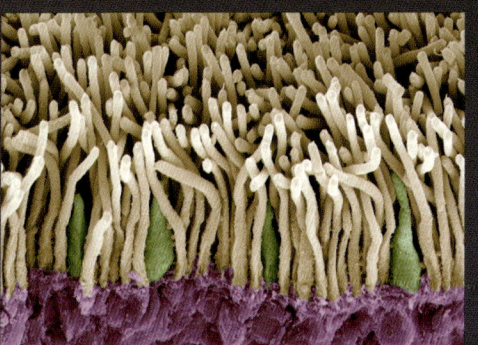

Q 망막에 비친 영상은 거꾸로인가요?

A 눈에 들어온 빛은 각막과 수정체에서 각각, 총 2번 굴절돼요. 그 때문에 유리체 안에서 빛이 교차하여, 아래 그림처럼 망막에 비친 영상은 거꾸로 되어 있어요. 하지만 망막에서 뇌로 전달되는 영상은 다시 뇌에서 올바른 방향으로 고쳐져요.

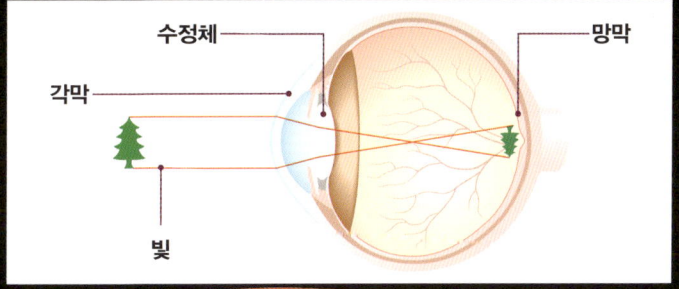

● 시신경
안구 뒤쪽에 있는 신경 섬유 다발이에요. 망막에서 읽어 들인 영상을 뇌로 보내는 역할을 해요.

● 유리체
유리체는 젤리 형태이며 수정체의 뒤쪽에 위치해요. 안구 대부분을 채우며 안구의 모양을 유지하는 역할을 해요. 유리체는 빛을 투과하는 빛의 통행로이기도 해요.

● 안근
안구 방향을 바꾸는 근육을 안근이라고 해요. 총 여섯 개 있으며, 이러한 안근에 의해 보는 방향이 바뀌어요.

감각 기관 박물관

사물을 보는 법 선수권

느끼고/생각하다

 모브 박사의 포인트!

우리가 보고 있는 물체가 다른 동물에게는 다르게 보이기도 한단다. 동물들은 그들이 사는 환경, 먹이의 종류에 따라 눈을 진화시켰지. 이를테면 초식 동물인 말은 천적인 육식 동물을 가장 빠르게 발견하기 위해 넓은 시야를 지녔어. 각각의 동물의 눈에 사물이 어떻게 보이는지 알아볼까?

인간에게는 보이지 않는 세계를 엿보자!

참가 번호 1 개

🔍 인간의 눈에는?

🔍 개의 눈에는?

개는 시야가 좁고 색을 거의 구별하지 못해요. 하지만 후각과 청각이 뛰어나므로 약한 시력을 보완해서 주변의 정보를 알 수 있어요.

참가 번호 2 배추흰나비

🔍 인간의 눈에는?

 수컷(앞)    암컷(앞)

🔍 배추흰나비의 눈에는?

 수컷(앞)    암컷(앞)

배추흰나비의 눈은 조그만 홑눈이 수없이 모인 '복안'이라는 구조예요. 인간은 오른쪽 위 사진처럼 수컷과 암컷의 차이를 구분하지 못해요. 오른쪽 아래는 자외선으로 촬영한 사진이에요. 나비는 자외선이 보여서 수컷과 암컷을 구분할 수 있어요.

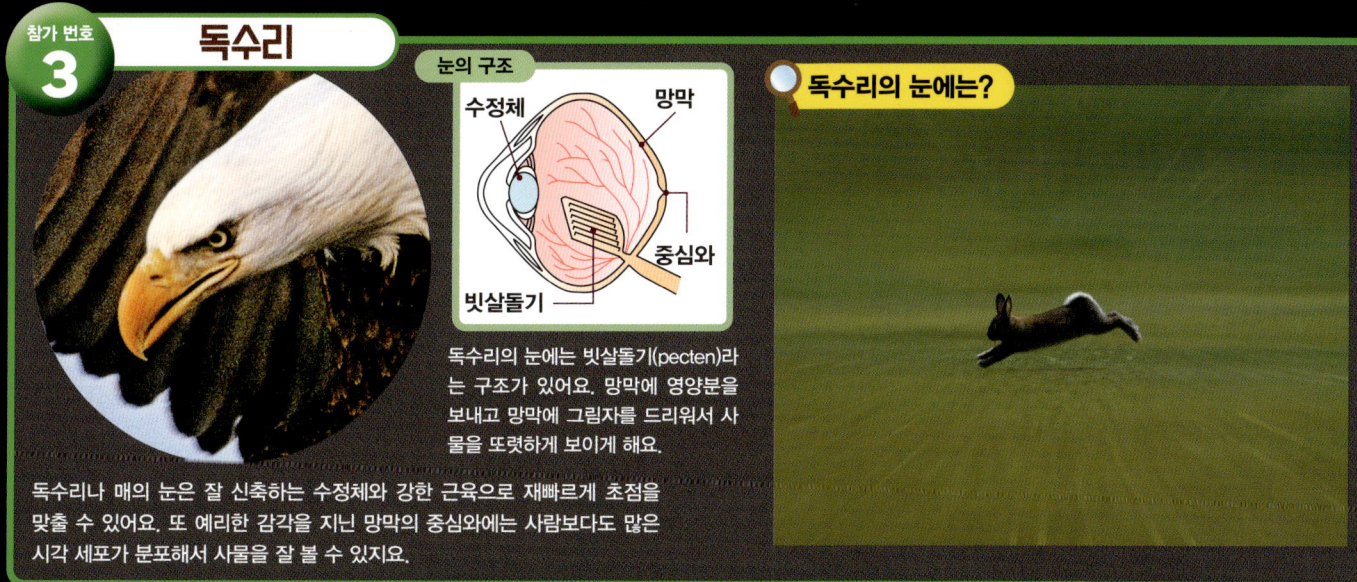

참가 번호 3 독수리

눈의 구조: 수정체, 망막, 중심와, 빗살돌기

독수리의 눈에는?
독수리의 눈에는 빗살돌기(pecten)라는 구조가 있어요. 망막에 영양분을 보내고 망막에 그림자를 드리워서 사물을 또렷하게 보이게 해요.

독수리나 매의 눈은 잘 신축하는 수정체와 강한 근육으로 재빠르게 초점을 맞출 수 있어요. 또 예리한 감각을 지닌 망막의 중심와에는 사람보다도 많은 시각 세포가 분포해서 사물을 잘 볼 수 있지요.

참가 번호 4 말

말의 눈이 보는 시야는?
(양쪽 눈 시야, 한쪽 눈 시야, 한쪽 눈 시야, 사각)

말은 천적인 육식 동물을 재빠르게 발견하기 위해 시야가 넓고, 주변 350도를 볼 수 있어요. 색은 먹이인 풀과 같은 초록색, 황색은 잘 볼 수 있지만, 빨강이나 파랑을 식별하는 건 서툴러요.

말은 눈이 얼굴 옆쪽에 있어서 350도라는 넓은 시야를 지녔어요.

참가 번호 5 파리

파리의 눈에는?

인간의 눈에는?

눈의 구조: 복안, 홑눈

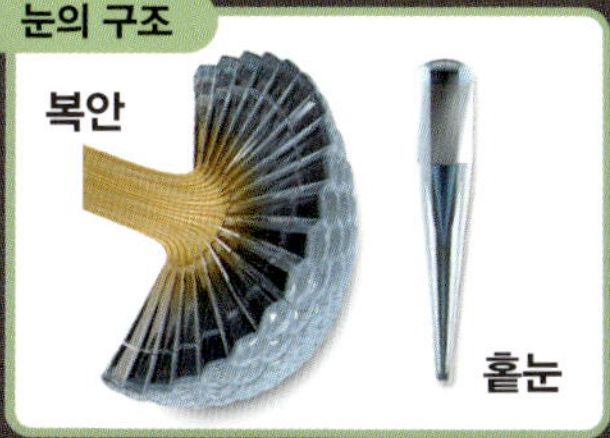

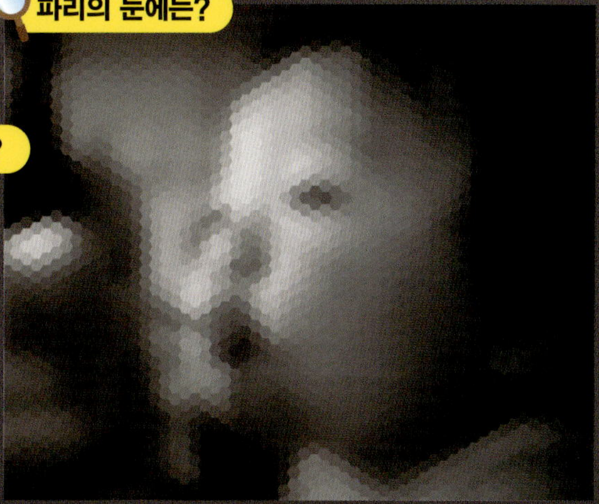

파리는 복안을 지녀 사물이 모자이크 형태로 보여요. 색을 구분하는 건 어려워서 흑백으로 보이지만, 거의 모든 방향을 볼 수 있어요.

복안은 작은 홑눈이 빈틈없이 늘어선 구조예요. 홑눈은 망원경 같은 모양이에요.

공기의 진동을 감지한다!

귀

느끼고/생각하다

무브 박사의 포인트!

귀는 얼굴 옆 좌우에 하나씩 달려 소리를 듣는 기관이야. 인간은 공기의 진동을 소리로 감지하고 있지. 외이를 통해 들어온 소리는 고막을 진동시켜, 중이에 있는 귓속뼈에 의해 내이의 와우로 전달돼. 그리고 내이 신경에 의해 정보가 뇌에 전해지지. 그 밖에도 몸의 회전이나 기울기를 감지하는 중요한 기능을 하고 있단다. 그런 귀의 구조를 한번 알아보자.

우리몸지도

귀의 구조

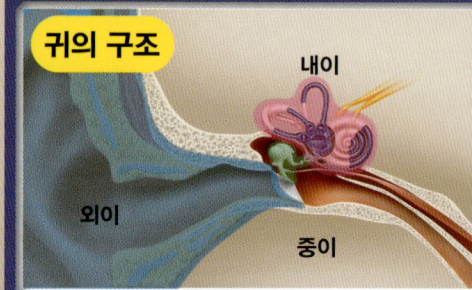

내이 / 외이 / 중이

귀의 구조는 귓바퀴부터 외이도를 '외이', 고막을 경계로 귓속뼈가 있는 고실을 '중이', 그 안쪽에 있는 전정반고리관과 와우인 '내이'의 세 개로 나뉘어요.

● **머리뼈**
머리의 뼈.

● **귓속뼈**
망치뼈, 모루뼈, 등자뼈로 이루어져 있어요. 고막이 감지한 소리를 받아들여 증폭시켜서 내이의 입구(전정창)로 전달해요.

● 등자뼈
● 모루뼈
● 망치뼈

● **연골**
귓바퀴의 모양을 지탱하는 건 부드러운 연골이에요.

소리는 공기의 진동이구나.

소리의 흐름

● **외이도**
귓바퀴가 모은 소리가 지나는 길로, 약 3cm예요. 귀지가 쌓이는 부분이에요.

● **평형반**
난형낭과 구형낭에 있는 평형반에서는 머리의 각도를 감지해요. 유모세포 위에 이석이라는 작은 조각이 올려져 있어요. 이 이석의 쏠림에 의해 기울기를 알 수 있어요.

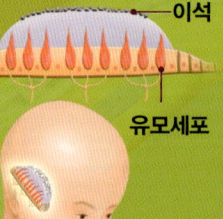

이석 / 유모세포

● **귓바퀴**
보통 사람들이 생각하는 '귀'는 귓바퀴예요. 바깥의 소리를 모으는 역할을 해요.

● 반고리관(세반고리관)
몸의 회전을 감지하는 장소예요. 내부가 림프로 채워진 세 개의 관 고리로 되어 있어요. 앞 돌기 같은 전후 회전, 스핀 같은 축 회전, 옆 돌기와 같은 횡행 운동을 감지해요.

Q 어떻게 회전을 감지하나요?

A 반고리관 각각의 관에 있는 뿌리 주머니 안에는 유모세포로 된 팽대정이 있어요. 몸이 회전하면 반고리관 안에 차 있는 림프가 움직이죠. 그렇게 되면 팽대정도 기울어서 회전을 감지할 수가 있어요.

- 팽대정
- 뇌로 이어지는 신경
- 림프

● 내이 신경
전정·반고리관으로부터의 신호를 전달하는 전정 신경, 와우로부터의 신호를 전달하는 와우 신경을 합해 내이 신경이라고 해요. 전정 신경은 회전이나 기울기를 감지하고, 와우 신경은 소리를 감지하기 위한 신경이에요.

- 전정 신경
- 와우 신경

● 와우
달팽이처럼 말려 있어요. 전정창으로부터 받은 진동이 이곳에서 뇌로 전달되는 신호로 바뀌고, 와우 신경으로 전달돼요.

- 난형낭
- 구형낭

진동을 소리로 뇌에 전달하는 세포
공기의 진동을 뇌에 전달하는 신호로 바꾸는 것은 달팽이관에 있는 '코르티 기관'(아래 사진)에 의해 일어나요. 이곳에는 감각모를 지닌 유모세포가 있으며 진동을 변환하는 역할을 해요. 변환된 신호는 와우 신경에 의해 뇌로 보내져요.

- 전정창
- 전정
  내부에는 평형반이 든 난형낭과 구형낭이 있어요.

● 고막
외이와 중이의 경계에 있는 타원형의 얇은 막이에요. 두께 0.1mm, 지름 약 1cm예요. 외이도를 통해 들어온 음파에 반응하여 고막이 진동하고 귓속뼈로 전달돼요.

● 이관
중이의 고실과 코의 안쪽에 있는 인두를 잇는 관이에요. 고실과 바깥의 압력이 같아지도록 조절해요.

- 전정계
- 고실계
- 달팽이관

와우의 내부는 전정계, 고실계, 달팽이관으로 구분되며 각각의 구획은 림프가 차 있어요.

냄새를 느낀다

코

느끼고/생각하다

 무브 박사의 포인트!

코는 호흡할 때 공기를 들이마시는 기관이야. 또 다른 중요한 역할은 냄새를 맡는 일이지. '냄새를 느낀다'라는 건, 눈에 보이지 않는 작은 냄새를 지닌 물질이 코에 들어와 후세포가 감지하는 걸 말한단다. 그 정보가 뇌에 전달되어 '고약하다', '좋은 냄새다' 하고 판단할 수가 있는 거지.

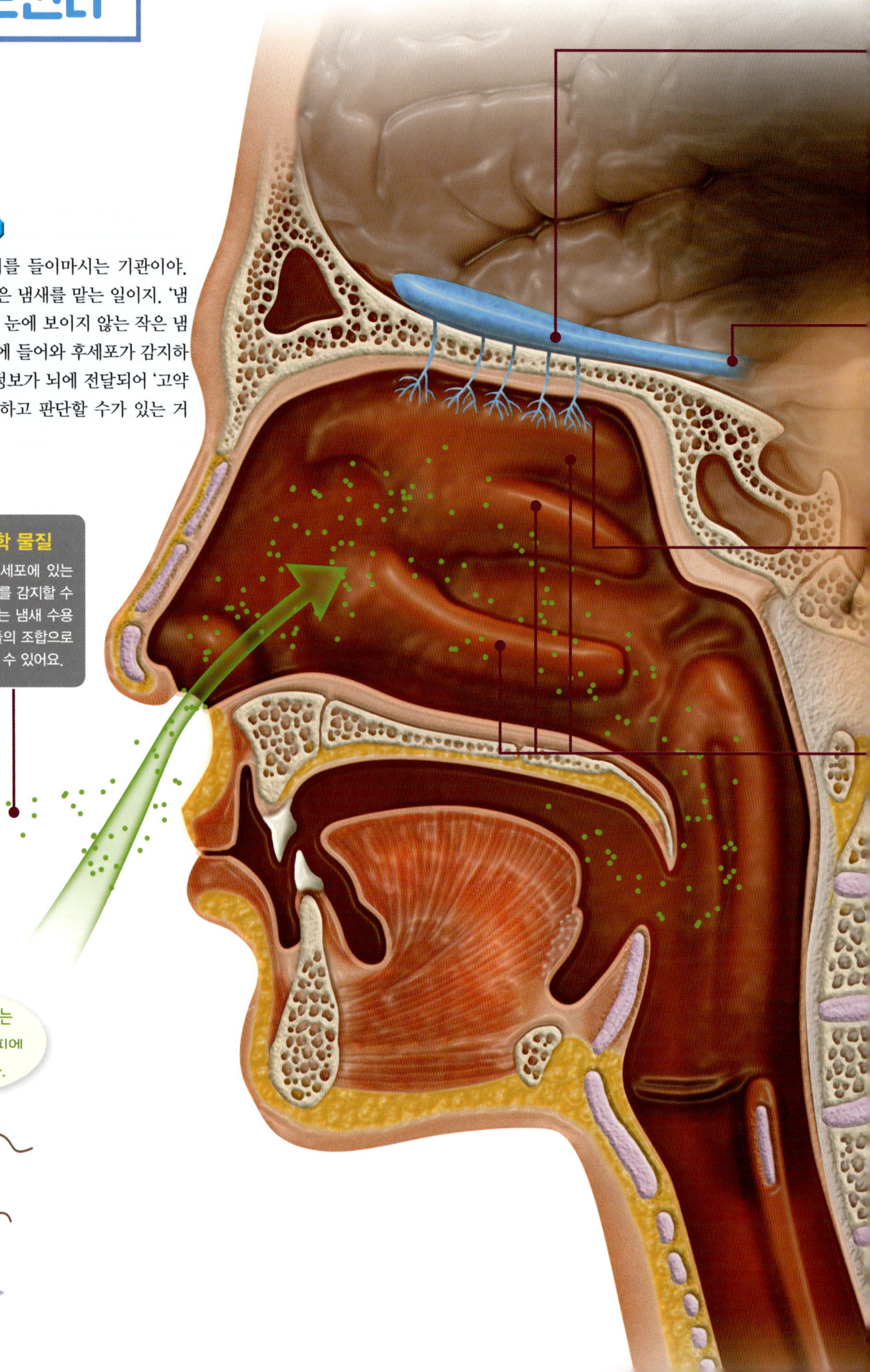

● **냄새의 근원은 화학 물질**

공기 중의 냄새 물질이 후세포에 있는 후각 섬모로 전달되어 냄새를 감지할 수 있게 돼요. 후각 섬모에 있는 냄새 수용체는 약 350종에 달해 이들의 조합으로 수만 종류의 냄새를 구별할 수 있어요.

냄새를 감지하는 세포는 후각 상피에 위치하는구나.

- **후구**
비공의 천장인 사골 위에 위치해요. 냄새 물질이 후세포를 자극하면 신호가 후각 신경을 통해 후구 뉴런에 전달돼요.

- **후각 신경**
후세포로부터 뻗은 신경 섬유를 의미하며, 후구 뉴런에 신호를 전달해요.

- **후구 뉴런**
후구에 위치한 뉴런은 후각 신경으로부터 정보를 받아 대뇌의 후각 영역(93쪽)에 전달하는데, 일부는 해마(96쪽)로도 전달되어 냄새가 기억으로 보존돼요.

- **후각로(후삭)**
뉴런 다발이에요. 신호를 대뇌로 전달해요.

- **후구**

- **후각 섬모**

- **사골**

- **후각 상피**
후각 상피는 비공의 천장에 있으며 후세포가 있어요. 후세포 끝에서 냄새를 감지해요.

- **후각 상피**

- **점액층**

- **비갑개(코선반)**
코의 바깥쪽 벽으로부터 돌출된 세 개의 뼈예요. 이 돌출된 부분을 위부터 상비갑개, 중비갑개, 하비갑개라고 해요. 이 사이의 공기가 지나는 길을 위부터 상비도, 중비도, 하비도라고 해요.

- **후세포**
후각 상피에 있는 세포로, 냄새를 감지해요. 비공에 드러난 끝부분에는 후각 섬모가 자라나 있어요. 후각 섬모에는 냄새 수용체가 있어서 냄새 물질을 받아들여요.

- **후선**
냄새 물질을 녹이는 점액을 분비해요.

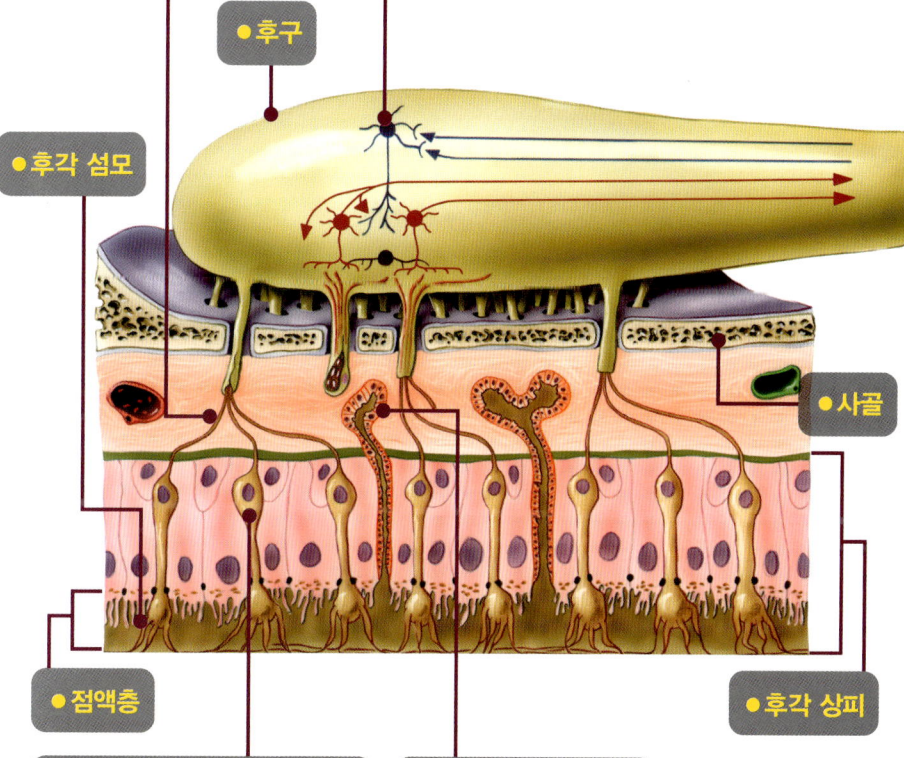

Q 비공(콧구멍)은 원래 네 개라는데 정말인가요?

A 물고기에게는 비공이 네 개 있어요. 인간도 예전에는 비공이 네 개였죠. 하지만 진화 과정에서 눈 쪽으로 이동해 비루관이 됐다고 해요. 울면 콧물이 나오는 건 눈물이 비루관을 따라 코로 흘러가기 때문이에요.

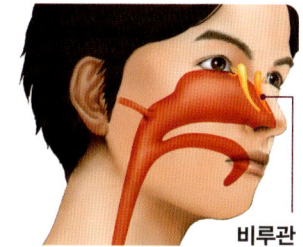

비루관

후세포와 후각 섬모

인간의 후세포 개수는 좌우 양쪽을 합해 약 600만 개로, 하나의 후세포에 약 10~30개의 후각 섬모가 달려 있어요.

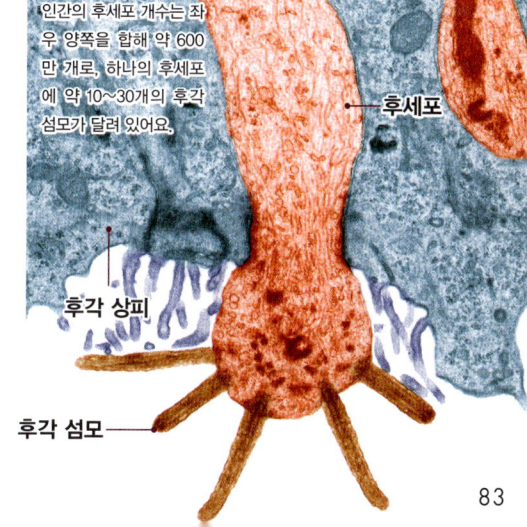

후세포

후각 상피

후각 섬모

맛이 뭐지!?

혀

느끼고/생각하다

 **무브 박사의 포인트!**

혀의 표면은 어떻니? 까칠까칠하지. 이 부분은 혀 유두라고 하는 작은 돌기란다. 혀 유두는 네 종류가 있고 각각 특징적인 모양을 지녔어. 그중에서도 주로 유곽 유두와 엽상 유두에 있는 미뢰에는 맛을 감지하는 역할이 있지. 우리가 맛있는 밥을 먹을 수 있는 건 미뢰의 기능 덕분이야.

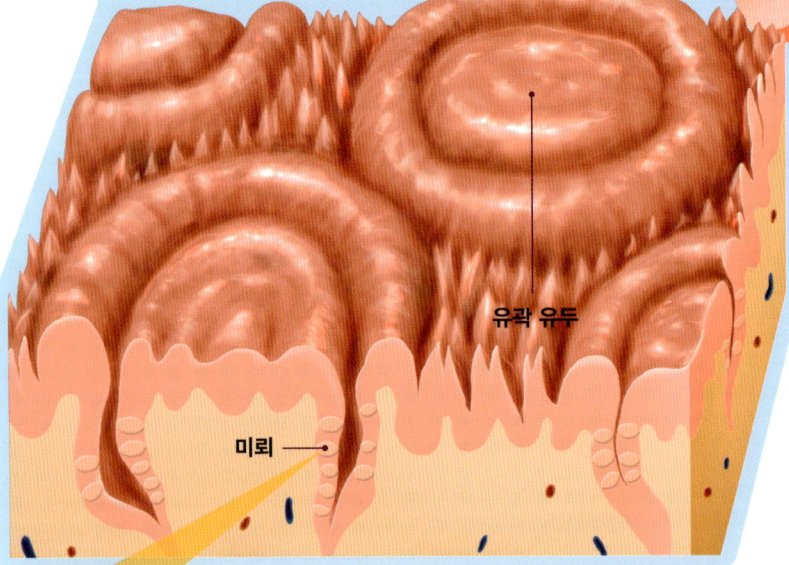

유곽 유두
유곽 유두는 혀의 안쪽에 7~12개 있으며 V자 모양으로 배열되어 있어요. 미뢰도 지녔어요.

유곽 유두 / 미뢰

맛을 감지하는 미뢰
미뢰는 맛을 감지하기 위한 장치예요. 끝부분에는 미공이라는 구멍이 나 있어요. 이곳에는 물이나 타액에 녹은 음식물이 들어와서 미세포가 반응해요. 미세포의 끝부분에 맛을 인지하는 미모가 있어요.

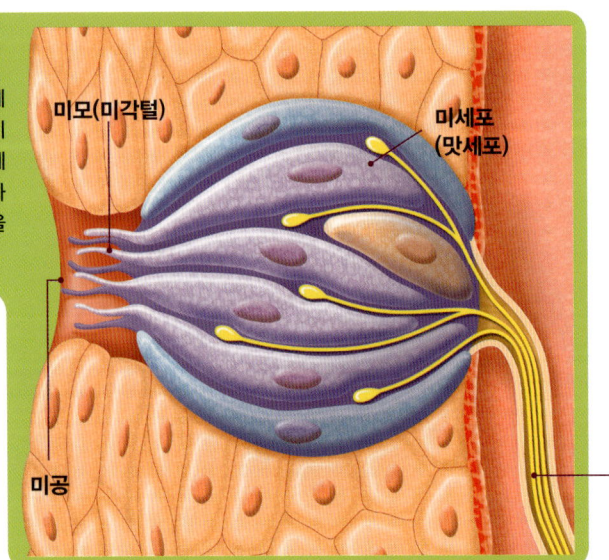

미모(미각털) / 미세포(맛세포) / 미공 / 미각 신경

미뢰는 단맛, 쓴맛, 짠맛, 신맛, 감칠맛과 같은 기본 맛 5개를 감지할 수 있어.

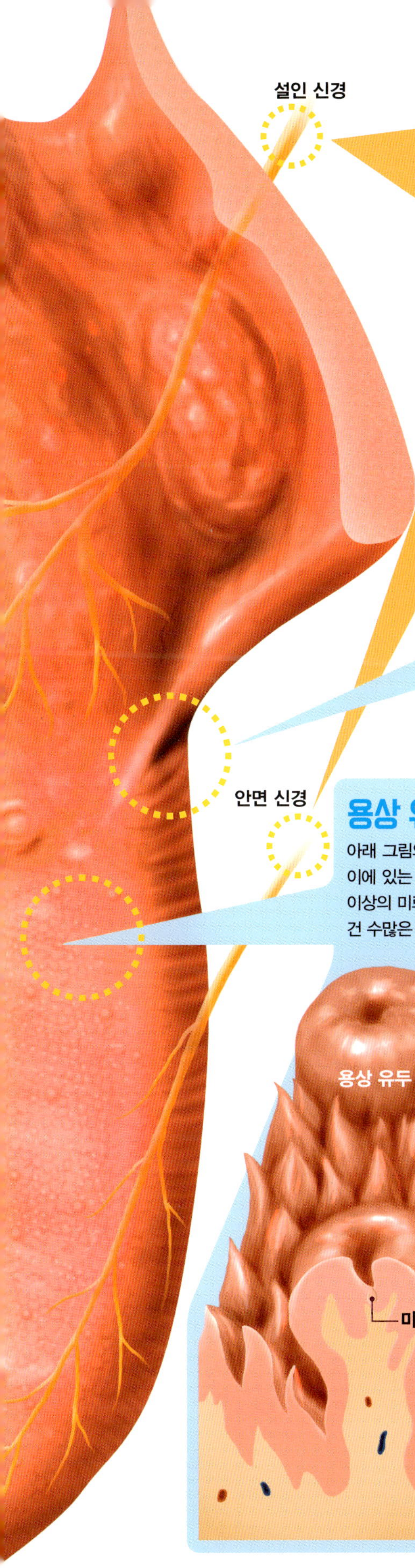

설인 신경

맛을 전달하는 미각 신경
혀의 앞쪽 3분의 2는 안면 신경, 뒤쪽 3분의 1은 설인 신경이 맛 정보를 뇌로 전달해요.

엽상 유두
혀의 옆면에 있는 유두. 가늘고 긴 주름 모양의 구조예요. 미뢰를 가지고 있어요.

미뢰

혀 유두는 네 종류 있어.

안면 신경

용상 유두와 사상 유두
아래 그림의 둥근 버섯 같은 혀 유두는 용상 유두예요. 그 사이에 있는 가늘고 긴 것은 사상 유두지요. 용상 유두는 한 개 이상의 미뢰를 지녔어요. 혀의 표면이 까칠까칠하게 느껴지는 건 수많은 사상 유두로부터 느껴지는 인상이에요.

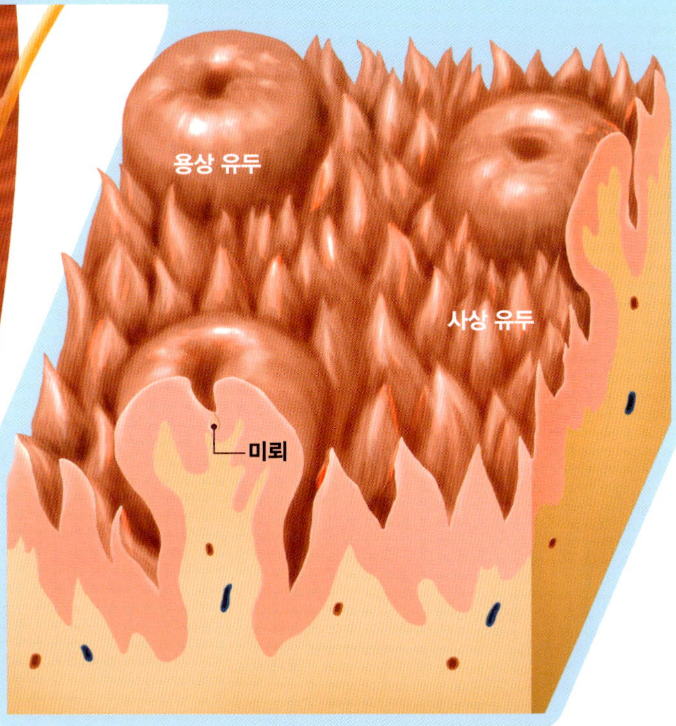

용상 유두

사상 유두

미뢰

Q 동물들은 의외로 미식가?

A 미뢰의 수가 많으면 미각이 예리하다고 해요. 인간은 5,000개의 미뢰가 있는데, 소는 약 2만 개의 미뢰가 있어 먹을 수 있는 풀인지 아닌지를 판단할 수 있어요. 메기는 혀뿐만 아니라 몸 전체에 20만 개의 미뢰가 있어요. 메기가 서식하는 탁한 물속에서는, 물고기를 먹을 수 있는지 아닌지는 눈으로 봐도 알기 어렵죠. 사람도 아기가 성인보다 미뢰가 많으며, 성장하는 과정에서 점점 줄어요. 아기는 소화기나 면역이 덜 발달해 한정된 음식밖에 먹지 못해요. 성장한 우리보다 음식에 더 민감한 이유지요.

예리한 감각 기관

피부

느끼고/생각하다

무브 박사의 포인트!

온몸을 덮는 피부는 표피, 진피, 피하조직이라는 세 개의 층으로 돼 있어. 외부의 다양한 자극으로부터 몸을 보호하고 체온 조절도 하지. 그야말로 방호복 역할을 하는 셈이야. 그리고 피부는 물체를 만지는 감각이나 뜨거움, 차가움, 아픔 등을 느끼는 감각 기관으로서도 기능해. 피부의 두께는 평균 2mm 정도지만 성인의 피부 표면적은 약 1.6m², 무게는 약 3kg에 달한단다.

얇은 피부의 구조(손등)

팔이나 다리 등 털이 나 있고 얇은 피부의 구조예요. 강한 자극을 받기 어려운 장소로, 특히 표피가 얇아요.

- **각질층**: 케라틴이라는 단백질을 저장한 세포가 쌓여 각질을 형성해요. 아주 단단하며 몸의 표면을 덮고 있어요.

- **땀**

- **피지선**: 피부와 머리카락을 촉촉하게 하며 건조를 막는 피지를 분비해요.

- **메르켈 세포**: 눌린 감각(압각)을 감지하는 부분이에요.

- **입모근**: 추위 등의 자극으로 수축하면 털이 서서 닭살이 돋게 돼요.

- **자유 신경 종말**: 아픔(통각), 뜨거움(온각), 차가움(냉각)을 감지하는 부분이에요.

- **모구(털망울)**: 털의 뿌리. 둥글게 부풀어 있어요.

- **혈관**

- **땀샘(에크린선)**: 온몸의 피부에 있으며 땀을 방출하고 체온을 낮춰요.

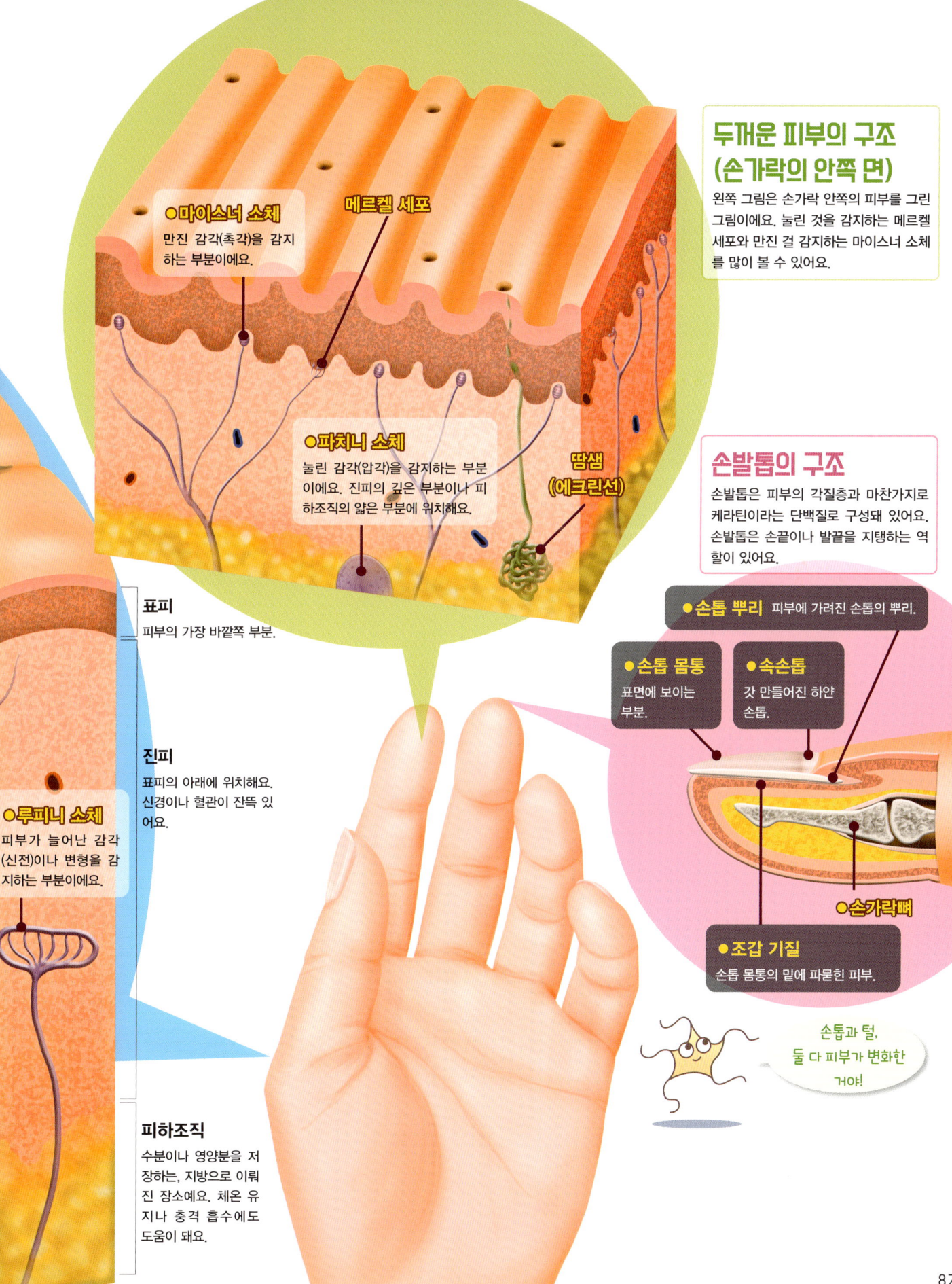

정보를 전달하는 메커니즘

뉴런

느끼고 / 생각하다

무브 박사의 포인트!

뇌에서 나온 몸을 움직이는 명령을 근육 또는 샘으로 전달하거나, 피부에서 얻은 뜨거움이나 아픔 등의 정보를 뇌로 보내는 것이 신경이야. 신경은 온몸 구석구석 퍼져 정보를 주고받고 있지. 이 네트워크를 구성하는 건 바로 뉴런이라는 신경 세포들이야. 정보는 전기 신호가 되어 뉴런을 전달해 간단다. 생명체에게 전기가 흐른다는 건 정말 신기한 이야기지?

연합 뉴런
뉴런끼리의 정보를 전달하는 뉴런이에요. 감각 뉴런이 얻은 정보는 연합 뉴런을 통해 운동 뉴런으로 전달돼요. 뇌나 척수(91쪽) 등의 중추 신경에 많이 있는 게 이 연합 뉴런이에요.

● **가지 돌기**
나뭇가지 같은 형태를 지녔으며 세포체에서 나와 있어요. 다른 뉴런으로부터 다양한 정보를 받아들이고, 전기 신호로 바꾸어 세포체로 전달해요.

● **랑비에 결절**
미엘린을 지닌 운동 뉴런이나 감각 뉴런 등의 유수 신경(95쪽)에만 있는, 미엘린이 없는 부위예요.

● **신경 종말**
감각 뉴런의 말단은 가지가 나뉘어 감각 기관과 결합하거나, 피부에서 뜨거움이나 아픔 등을 느끼는 수용체가 되어 있어요.

피부

세포체
핵
축삭

핵
세포체

감각 뉴런
촉각, 미각, 시각, 후각, 청각 등의 감각 정보를 전달하는 뉴런이에요. 다양한 자극을 감각 뉴런이 받아들여, 척수를 통해 뇌로 전달해요.

● **미엘린(수초, 말이집)**
축삭의 바깥 둘레에 위치하며 5~20층의 막으로 이뤄져요. 정보 전달 속도를 빠르게 하는 역할이 있어요.

● **축삭(엑손)**
전기 신호가 지나는 길이에요. 길이가 1m에 달하기도 해요.

세 종류의 뉴런이 이어져 있구나.

운동 뉴런

뇌의 명령을 근육으로 전달하는 뉴런이에요. 운동 뉴런은 척수에서 몸 전체로 뻗어 나가요.

근육

랑비에 결절

미엘린

축삭

● **세포체**
뉴런의 핵이 있어 신경 전달 물질을 만들어요. 이곳에서 긴 축삭 하나와 수많은 가지 돌기가 뻗어 나와요.

핵

가지 돌기

● **시냅스**
축삭의 신경 종말과 가지 돌기가 정보를 교환하는 장소예요. 양쪽의 사이에는 틈이 있어서 전기 신호를 직접 전달할 수가 없어요. 신경 종말은 아세틸콜린과 노르아드레날린 등의 신경 전달 물질을 방출하고, 가지 돌기가 그것을 받아들이는 것으로 정보 전달이 일어나요.

축삭

시냅스 소포

신경 전달 물질

가지 돌기

신경 전달 물질을 받아들이는 수용체

축삭

근섬유

운동 종판

● **신경근 결합**
운동 뉴런의 말단(운동 종판)이 근세포에 이어진 시냅스예요. 운동 종판(28쪽)은 근섬유에 파묻히듯 들어 있으며, 신경 전달 물질(95쪽)을 방출해요.

치밀한 신호 전달 게임

신경

느끼고/생각하다

무브 박사의 포인트!

인간의 몸은 전신에 신경이 펴져 있어. 그것의 사령탑 역할을 하는 게 뇌와 척수고, 이를 '중추 신경'이라 부르지. 몸의 각 부분에 지시를 내리거나 정보를 받아 뇌와 척수에 전달하는 역할을 하는 건 '말초 신경'이라고 해. 그 치밀한 신호 전달의 세계로 떠나 보자!

● **척수 신경**
척수로부터 뻗어 나오는 말초 신경이에요. 경추 신경 8개, 가슴 신경 12개, 허리 신경 5개, 천골 신경 5개, 꼬리 신경 1개로 전부 31개가 존재해요.

말초 신경

● **교감 신경간**
척주의 양쪽에 한 개씩 위치해요. 염주 모양으로 부푼 신경절이 있는 것이 특징이에요. 이곳의 뉴런이 뇌의 정보를 몸의 각 부분에 전달하는 중계 지점 역할을 해요.

중추 신경은 1,000억에서 2,000억 개의 뉴런이 있다고 해.

신경이라는 건 뉴런이 만드는 거구나.

체성 신경계
말초 신경은 체성 신경계와 자율 신경계로 이뤄져요. 체성 신경계는 피부에서 받아들인 감각을 중추 신경으로 전달하는 '감각 신경', 뇌로부터 나온 몸동작의 지시를 전달하는 '운동 신경'으로 구분돼요.

감각 신경
아픔 등의 감각을 피부로 받아, 척수에서 뇌로 전달해요.

운동 신경
뇌로부터의 "공을 차라!"라는 명령을 근육에 전달해요.

 **Q 척수 반사가 뭔가요?**

A 뜨거운 냄비에 닿았을 때, 생각하기도 전에 손을 떼게 될 거예요. 손끝의 감각 신경에서 나온 정보가 뇌까지 전달되기 전에 척수로부터 "손을 떼라!"라는 명령이 운동 신경을 통해서 근육에 전달되기 때문이지요. 이를 '척수 반사'라고 해요. 그렇기에 위험이 닥치면 사람은 생각하기도 전에 재빨리 반응할 수 있어요.

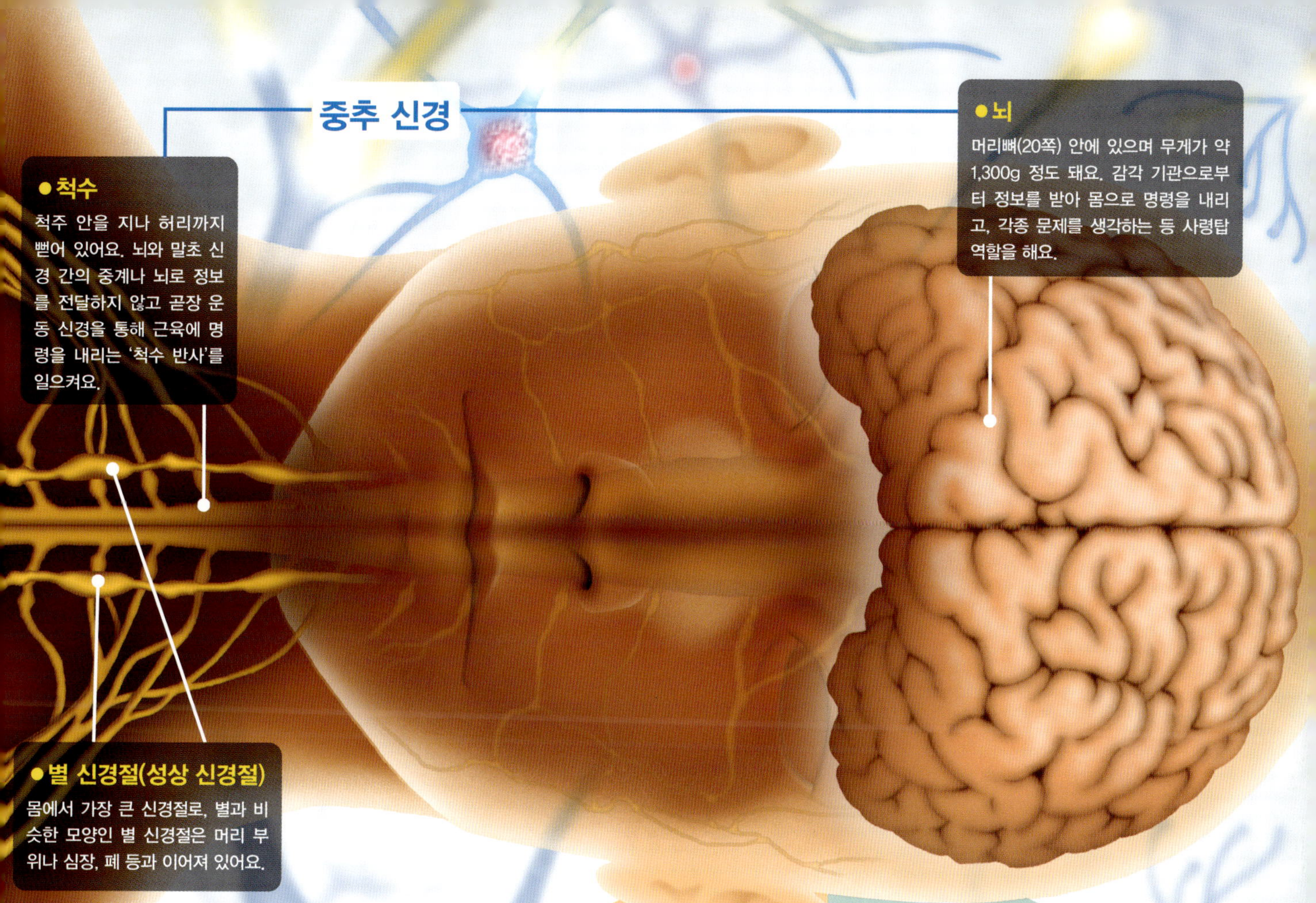

중추 신경

● 척수
척주 안을 지나 허리까지 뻗어 있어요. 뇌와 말초 신경 간의 중계나 뇌로 정보를 전달하지 않고 곧장 운동 신경을 통해 근육에 명령을 내리는 '척수 반사'를 일으켜요.

● 뇌
머리뼈(20쪽) 안에 있으며 무게가 약 1,300g 정도 돼요. 감각 기관으로부터 정보를 받아 몸으로 명령을 내리고, 각종 문제를 생각하는 등 사령탑 역할을 해요.

● 별 신경절(성상 신경절)
몸에서 가장 큰 신경절로, 별과 비슷한 모양인 별 신경절은 머리 부위나 심장, 폐 등과 이어져 있어요.

자율 신경계
자율 신경계에는 교감 신경과 부교감 신경이 있고, 주로 내장을 자신의 의지와는 관계없이 제어하고 있어요. 교감 신경은 몸을 활발하게 움직일 때 작용하고, 부교감 신경은 자거나 쉬거나 안정할 때 작용해요. 몸의 각 부분은 교감 신경과 부교감 신경 양쪽으로부터 영향을 받아, 두 개의 신경이 균형을 유지하는 것으로 기능해요.

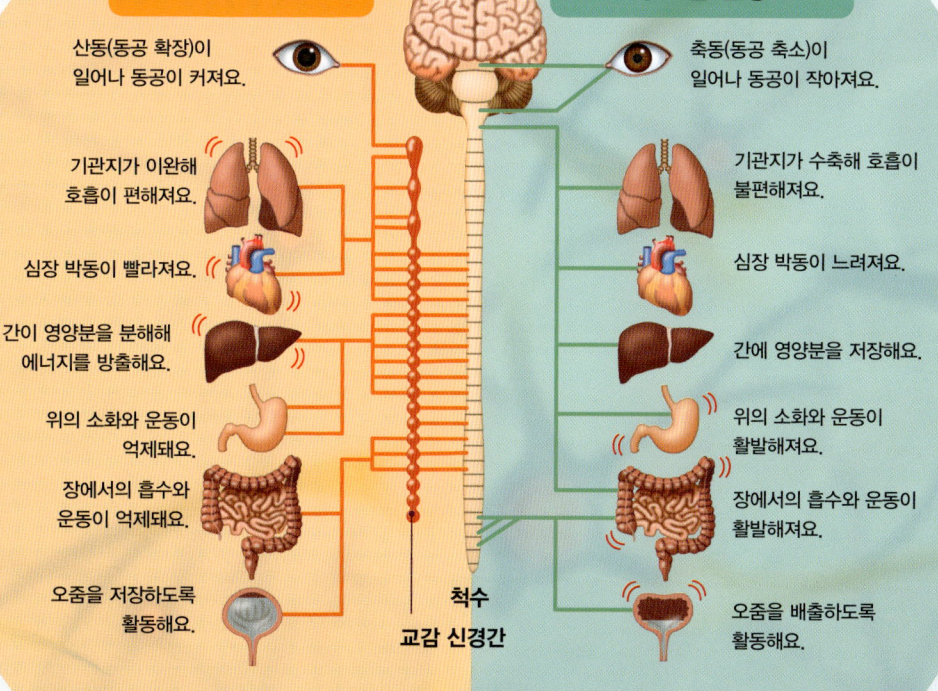

몸을 활발하게 움직이는 교감 신경
- 산동(동공 확장)이 일어나 동공이 커져요.
- 기관지가 이완해 호흡이 편해져요.
- 심장 박동이 빨라져요.
- 간이 영양분을 분해해 에너지를 방출해요.
- 위의 소화와 운동이 억제돼요.
- 장에서의 흡수와 운동이 억제돼요.
- 오줌을 저장하도록 활동해요.

잠들거나 쉬거나 하는 부교감 신경
- 축동(동공 축소)이 일어나 동공이 작아져요.
- 기관지가 수축해 호흡이 불편해져요.
- 심장 박동이 느려져요.
- 간에 영양분을 저장해요.
- 위의 소화와 운동이 활발해져요.
- 장에서의 흡수와 운동이 활발해져요.
- 오줌을 배출하도록 활동해요.

뇌 / 척수 / 교감 신경간

마음과 몸의 컨트롤 센터

뇌

 무브 박사의 포인트!

뇌는 몸과 마음을 제어하는, 사람이 사람답게 살기 위해 꼭 필요한 기관이지. 대뇌와 소뇌의 표면은 주름투성이로 다 비슷하게 보이지만 부위에 따라 역할이 달라. 행동은 물론 성격도 뇌가 관리하고 있어서, 뇌를 다치면 성격이 바뀌기도 해. 사실 뇌의 기능은 아직 수수께끼가 잔뜩 있어서 알려지지 않은 것들도 많단다.

느끼고/생각하다

대뇌
뇌의 80%를 차지하는 큰 부분이에요. 좌우 대뇌 반구로 나뉘고 전두엽, 두정엽, 측두엽, 후두엽으로 한층 더 나뉘어요. 표면의 대뇌 피질(회백질)에는 뉴런이 약 160억 개 이상 존재해요.

● 시상
연수, 뇌교, 중뇌로부터 전달된 정보를 받아 대뇌로 전해요.

● 뇌량
좌우 대뇌 반구를 잇는 신경 섬유 다발로, 정보 교환을 할 때 신경이 지나는 길이에요. 생각할 때 중요한 역할을 해요.

● 시상하부
시상의 아래쪽, 뇌하수체의 위에 있는 부분으로, 체온 조절이나 식욕 등과 연관되는 자율 신경계(91쪽)의 사령탑이에요. 뇌하수체 호르몬의 혈액 중 분비도 조절해요.

● 뇌하수체
새끼손가락 끄트머리 정도의 크기이며 시상하부에 이어져 있어요. 호르몬 분비량을 조절하고 몸 상태를 조절하는 역할을 해요.

● 뇌교
소뇌와 뇌간을 잇는 역할을 해요. 수면에도 깊이 관여해요.

● 연수
연수는 뇌간의 가장 아래쪽 부분이에요. 호흡이나 혈액 순환, 타액 분비, 삼키는 운동(연하)과 연관돼 있어요. 생명 유지에서 빠질 수 없는 부분이에요.

뇌의 구조
뇌는 대뇌, 간뇌(시상과 시상하부), 중뇌, 뇌교, 연수, 소뇌로 나뉘어요. 중뇌, 뇌교, 연수를 통틀어 뇌간이라고 해요. 뇌간은 대뇌와 연결되어 있으며 척수로 이어져요. 뇌간의 뒤쪽에는 소뇌가 위치해요. 뇌의 각각 부분은 뉴런으로 이어져 있어요.

뇌의 표면은 주름투성이야. 늘리면 거의 2,000㎠지.

대략 신문지 1쪽 분량이네.

중뇌
대뇌, 소뇌, 척수를 연결하는 중요한 중계소예요. 자세나 몸의 균형 조절 외에도 시각이나 청각과 연관돼 있어요.

소뇌
근육의 움직임을 세밀하게 조절하여 똑바로 서거나 걷는 등에 필요한 평형 감각을 관장해요.

● 전두엽
대뇌 앞쪽에 있어요. 운동과 관련된 '운동 영역'과 사람다운 생각이나 성격과 연관된 '전두 연합 영역', 언어와 관계되는 '브로카 영역'이 존재해요.

● 두정엽
대뇌 꼭대기에 위치해요. 피부 등의 감각을 인식하는 '체성 감각 영역', 생각하고 판단하는 '두정 연합 영역'이 있어요.

● 후두엽
대뇌의 뒤편에 있어요. 망막으로부터의 정보를 받아서 색이나 형태를 인식하는 '시각 영역'이 위치해요.

- 체성 감각 영역
- 운동 영역
- 두정 연합 영역
- 전두 연합 영역
- 브로카 영역
- 베르니케 영역
- 청각 영역
- 측두 연합 영역
- 시각 영역
- 후각 영역

● 해마
일상적인 사건이나 공부한 것 등을 기억으로 정리해 대뇌 피질에 저장하는 역할을 해요(96쪽).

● 측두엽
대뇌의 옆면에 위치해요. 감각과 관련되는 '청각 영역', 말을 이해하는 '베르니케 영역', 기억을 저장하는 '측두 연합 영역'이 있어요.

Q 뼈와 뇌 사이에는 **세 개의 막**이 존재한다고요?

A 머리카락과 두피, 그리고 딱딱한 머리뼈 밑에는 경막, 거미막, 연막이라는 3층 막이 존재해요. 거미막과 연막 사이는 뇌척수액으로 채워져 있어요. 이러한 구조는 두부처럼 부드러운 뇌와 딱딱한 머리뼈 사이에서 쿠션 같은 역할을 해요.

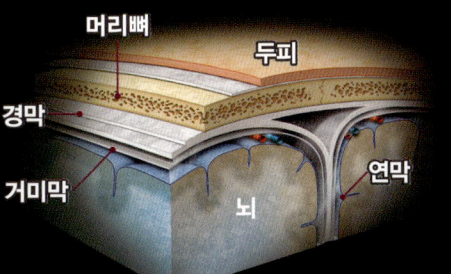
머리뼈 / 두피 / 경막 / 거미막 / 연막 / 뇌

무한 회로의 수수께끼에 갇힌다!

뇌의 뉴런

느끼고/생각하다

무브 박사의 포인트!

전신에 회로처럼 둘러쳐진 신경(90쪽)은 여기서 소개하는 뉴런의 축삭이 묶여서 탄생한 신경 다발이 한층 더 묶음이 된 형태야. 신경을 구성하는 뉴런에서는 눈 등에서 들어온 정보를 전기 신호로 전달하고, 그 정보가 뇌에 전달되어 명령, 기억하는 거지. 그 구조를 자세히 들여다볼까?

뇌를 뛰어다니는 전기 신호

우리들의 뇌는 뇌의 다양한 장소가 연계하여 여러 가지 정보를 인식, 판단, 기억해요. 이 일러스트는 일본의 문학가인 마타요시 나오키 씨의 뇌 스캔 데이터를 기반으로 재현한 뇌의 신경 섬유예요. 예를 들면, 사람의 얼굴을 보면 뇌의 가장 뒤쪽에 있는 시각 영역(93쪽)에 전기 신호가 전달돼요. 그 후 0.2초 정도 만에 전기 신호가 뇌 전체로 퍼져요.

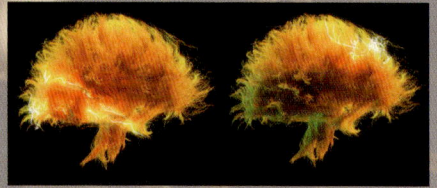

뇌 뒤쪽의 시각 영역에 전기 신호가 전달돼요(왼쪽). 0.2초 정도면 뇌 전체로 퍼져요.

● **시냅스**
축삭의 말단부(신경 종말)와 가지 돌기가 정보를 주고받는 장소예요. 양쪽의 사이에는 틈이 있어서 전기 신호를 직접 전달할 수가 없어요. 그래서 아세틸콜린 또는 노르아드레날린 등의 신경 전달 물질로 정보를 전달해요.

세포체

가지 돌기

핵

축삭

● **뉴런**
뉴런은 정보 전달이 일어나는 세포예요. 핵을 지닌 세포체와 한 개의 축삭, 다른 뉴런으로부터 정보를 받는 가지 돌기로 이뤄져 있어요.

Q 정보가 전달되는 속도는 어느 정도인가요?

A 뉴런의 축삭에는 전기 신호의 전달 속도를 높이는 미엘린을 지닌 유수 신경과 미엘린이 없는 무수 신경이 존재해요. 유수 신경에서는 리니어 모터카에 버금가는 속도인 시속 약 430km에 달하는 속도로 정보가 전달돼요. 한편 무수 신경에서는 걷는 정도의 속도인 시속 2km로 천천히 정보가 전달돼요. 대뇌(92쪽)의 뉴런은 대부분 유수 신경이에요.

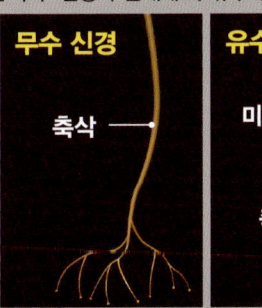
무수 신경 — 축삭

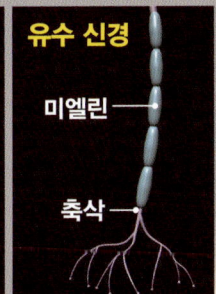
유수 신경 — 미엘린, 축삭

Q 신경 교세포의 역할은 뭔가요?

A 뇌의 세포는 뉴런과 신경 교세포로 나뉘어요. 그리고 신경 교세포에는 몇 가지 종류가 있죠. 별 아교 세포는 뇌 안의 상처받은 부분을 메워서 상처가 퍼지지 않도록 하며, 영양분 관리를 해요. 희소 돌기 아교 세포는 전기 신호의 전달 속도를 높일 수 있어요. 미세 아교 세포는 뇌 내부에 쌓인 손상된 뉴런을 처리해요.

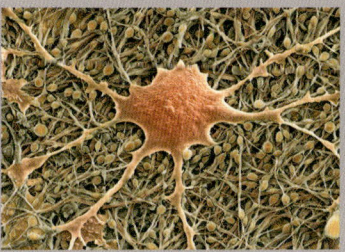
▲중앙의 주황색 세포는 신경 교세포예요. 그 주변의 작고 둥근 것이 신경 세포의 시냅스예요(전자 현미경 사진).

— 축삭
— 미토콘드리아

●신경 전달 물질
시냅스 소포가 축삭 말단부의 세포에 달라붙어 신경 전달 물질이 방출돼요. 몇십 종류부터 100종류에 달하는 신경 전달 물질을 통해 다양한 전달 방식의 전기 신호를 만들어 내고 있어요.

가지 돌기

●신경 전달 물질을 받아들이는 수용체
신경 전달 물질을 받아들여 새로운 전기 신호의 발생을 촉진해요.

●시냅스 소포
신경 종말에서 보이는 액체가 들어간 작은 주머니로, 신경 전달 물질이 들어 있어요.

Q 동물의 뉴런과 비교하면 어떤가요?

A 침팬지, 돌고래, 까마귀 등의 높은 지능을 지닌 동물의 뇌를 뉴런 밀도로 비교하면, 침팬지나 까마귀는 사람보다 훨씬 밀집도가 높고 뉴런이 잔뜩 쌓여 있어요. 하지만 몸무게에서 뇌가 차지하는 비중으로 판단하면, 사람의 뇌가 훨씬 크고 까마귀는 제일 작다고 해요. 또 사람의 뇌 주름은 침팬지나 돌고래보다 많고 뉴런의 수도 많아요.

침팬지 **돌고래** **까마귀**

기억을 관장한다

해마와 기억

무브 박사의 포인트!

기억의 구조는 완전하게는 알려지지 않았단다. 하지만 뇌 깊숙한 곳에 존재하는 '해마'라는 기관이 기억을 만드는 중요한 역할을 한다고 하지. 게다가 기억을 만들 때는 해마 속의 '치상회'라고 불리는 장소가 활성화되는 것도 알려졌어. 여기서는 기억의 구조 일부를 알아보자!

● **치상회의 세포는 계속 태어난다**

치상회에서는 하루에 1,400개의 새로운 신경 세포가 태어난다는 최신 연구가 있어요. 그 연구에 의하면 90살 인간의 치상회여도 신경 세포가 활발히 태어난다고 해요.

Q 신경 세포를 늘리는 물질이 있나요?

A 기억은 인체의 다른 장기나 기관에서도 중요한 역할을 맡고 있어요. 다양한 정보를 기억하는 것을 통해 효율 좋게 먹을 것을 얻거나 위험을 피할 수 있죠. 예를 들면, 운동할 때 근육 세포에서 나오는 카텝신 B라는 물질은 치상회의 신경 세포를 늘리는 기능이 있는 것으로 여겨져요. 또 췌장이 분비하는 인슐린이 감소하면 치상회 세포의 성장이 느려진다는 사실이 확인됐어요.

"이 전기 신호가 지나는 길 하나하나가 전부 다른 기억이구나!"

Q 기억은 어떻게 만들어지나요?

A 기억의 정체는 전기 회로와 비슷한 것이라고 알려졌어요. 눈이나 귀 등의 감각 기관에서, 또는 뇌의 다른 장소로부터 해마로 들어온 전기 신호를 치상회라는 신경 세포 모임이 최초로 받아들여요. 그러면 치상회의 세포는 전기를 발생시키고, 그 전기 신호가 해마 안의 다음 신경 세포로 전달돼요. 그리고 신경 세포에서 신경 세포로 차례차례 전기 신호가 전해져 하나의 전기 신호가 지나는 길=회로가 완성돼요. 이 회로가 기억의 정체로 알려져 있어요. 하나의 회로는 하나의 기억에 대응한다고 여겨져요.

Q 기억은 해마에 저장되나요?

A 해마에서 만들어진 기억은 잠깐 해마에 저장돼 있어요. 하지만 시간이 지나면 대뇌 피질로 옮겨져 장기 기억이 된다고 해요. 대뇌 피질에서는 특정 신경 세포 모임의 활동 패턴이나 그 연결 속에 기억이 저장된다고 생각돼요.

사람과 가까워지는 컴퓨터
뇌와 인공 지능

느끼고/생각하다

1997년에는 체스 세계 챔피언이 컴퓨터한테 졌대.

무브 박사의 포인트!

사람의 뇌에서는 1,000억 개가 넘는 뉴런이 복잡한 회로를 만들고, 생각이나 기억을 하고 있어. 한편 사람이 만들어 낸 컴퓨터는 집적 회로(IC)라고 불리는 전자 부품의 조합으로 만들어져 있지. 계속해서 진화하는 컴퓨터. 자, 컴퓨터는 사람의 뇌를 따라잡을 수 있을까?

뇌와 컴퓨터는 닮았다!?

뇌의 뉴런
사람의 뇌에는 대뇌 피질(92쪽)에 약 160억 개, 소뇌에는 약 690억 개의 뉴런(94쪽)이 있어. 그물처럼 네트워크를 형성해 전기 신호를 주고받아요. 뇌는 사람의 사령탑이며 온몸의 근육을 조절해요. 또 기억하거나 감정을 관리하는 '사람다움'을 뇌의 뉴런이 만드는 것으로 여겨져요.

컴퓨터의 집적 회로
반도체의 기판 위에 다양한 전기 회로가 조합된 집적 회로. 사령탑으로서 큰 컴퓨터부터 작은 노트북까지 전부 컨트롤하고 있어요. 회로 위를 전류가 흐르고 있는지 아닌지로 판단하고 있으며, 데이터는 1과 0의 조합으로 표현돼요.

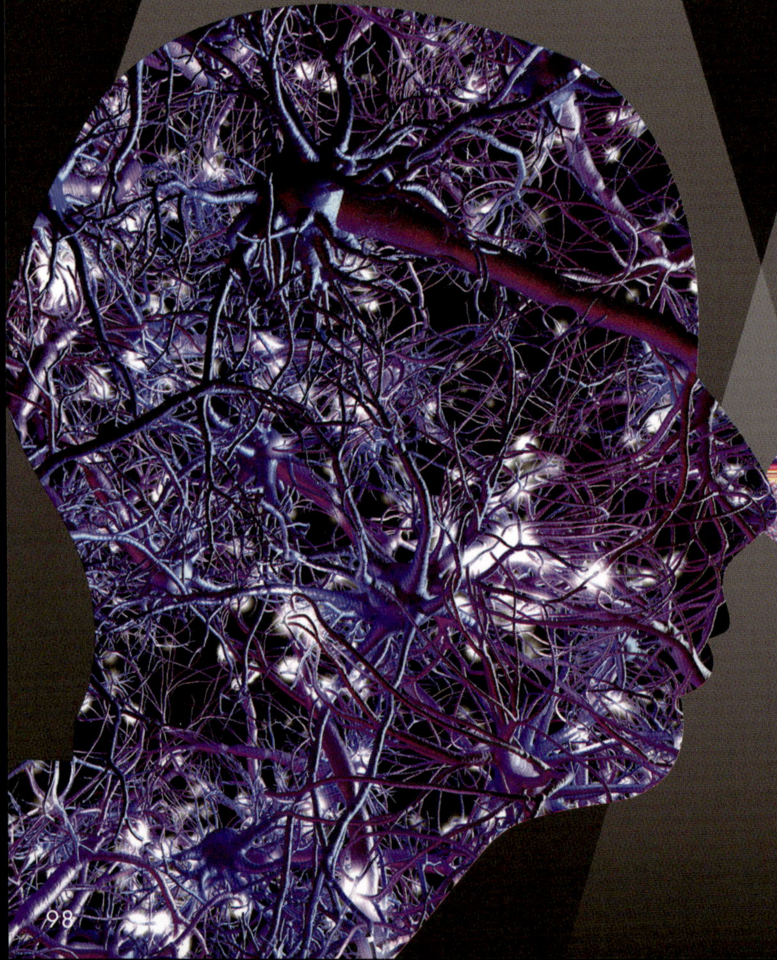

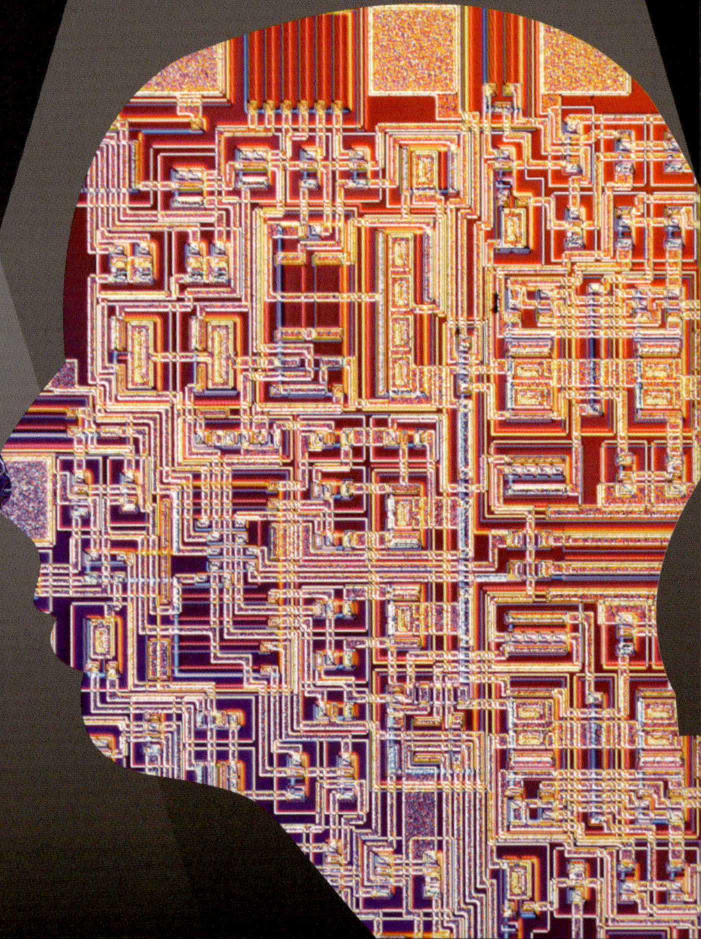

계산 속도는 컴퓨터 압승!

무시무시한 속도의 슈퍼컴퓨터 '후가쿠'

슈퍼컴퓨터는 학교나 가정에 있는 컴퓨터의 몇십만 배의 계산 속도를 자랑해요. 일본의 경우 오랜 기간 슈퍼컴퓨터 '케이'가 활약했는데, 2019년에 역할을 다했어요. 이후 등장한 '후가쿠'의 성능은 케이의 100배 이상에 달해서 그동안우 100일 걸렸던 계산이 하루 만에 가능해졌어요. 새로운 약의 개발이나 재해를 방지하기 위한 연구, 우주의 수수께끼 규명 등 다양한 목적으로 쓰이고 있어요. 2020년 4월에는 아직 후가쿠의 정비가 완성되지 않았지만, 신종 코로나바이러스의 대책 연구에 쓰였어요.

스스로 학습하는 AI

바둑에서 인류를 압도한 인공 지능(AI)

인공 지능(AI)은 퀴즈나 장기 등 머리를 사용하는 게임 대부분에서 사람보다 뛰어나다는 게 알려져 있었어요. 한편 바둑은 아주 복잡한 게임이라 AI가 인간을 이기는 건 어려운 일이었죠. 하지만 2017년에 마침내 인류 최강이라고 불리는 바둑 기사에게 AI가 승리를 거뒀어요. 이 AI는 '알파고'라고 불리는 컴퓨터 프로그램으로, 스스로 경험해 바둑을 배우고 학습할 수 있었어요. 방대한 과거 데이터로부터 가장 좋은 답을 고르는 기존 방법이 아니라 스스로 학습할 수가 있는 새로운 인공 지능(딥 러닝)인 거죠.

 사람의 뇌를 모방한 '딥 러닝'은 무엇인가요?

A 사람의 대뇌 피질에는 수많은 뉴런이 있지만, 사실 이 뉴런들은 쌓아 올려져 층으로 돼 있어요. 이러한 다층 구조에 의해 복잡한 사고가 가능하다고 해요. 2007년경, 대뇌 피질 뉴런과 비슷한 다층 구조를 지닌 AI가 등장했어요. 그것이 '딥 러닝'이에요. 그때까지 AI가 학습하는 건 가능했지만, 무엇을 학습할지는 사람이 결정했어요. 딥 러닝은 주어진 정보를 기반으로 무엇이 중요하고 무엇을 배울지를 스스로 생각할 수 있어요. 스마트폰이 사람과 대화하는 기능이나 영상을 통한 병의 진단, 과일이나 채소의 수확 시기 판단, 사고를 내지 않는 차 등, 이미 딥 러닝은 다양한 분야에서 활용되고 있어요. 딥 러닝을 사용해 무엇을 할 수 있을지, 그 가능성은 무한대예요.

1,000만 개의 영상을 본 AI가 배우지 않은 '고양이'를 스스로 학습했어요. 어느 것이 고양이의 화상인지 인식할 수 있게 됐어요.

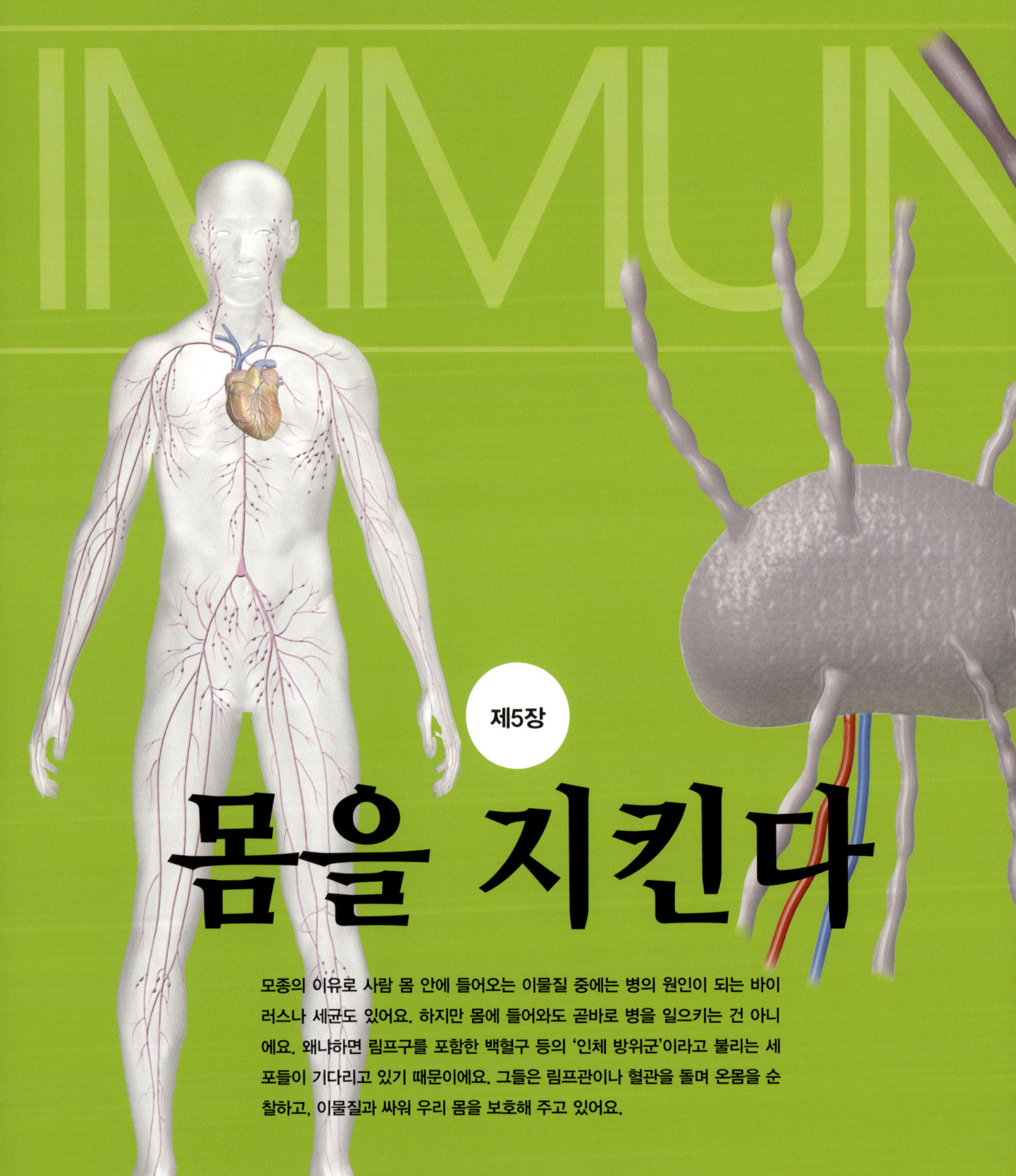

제5장
몸을 지킨다

모종의 이유로 사람 몸 안에 들어오는 이물질 중에는 병의 원인이 되는 바이러스나 세균도 있어요. 하지만 몸에 들어와도 곧바로 병을 일으키는 건 아니에요. 왜냐하면 림프구를 포함한 백혈구 등의 '인체 방위군'이라고 불리는 세포들이 기다리고 있기 때문이에요. 그들은 림프관이나 혈관을 돌며 온몸을 순찰하고, 이물질과 싸워 우리 몸을 보호해 주고 있어요.

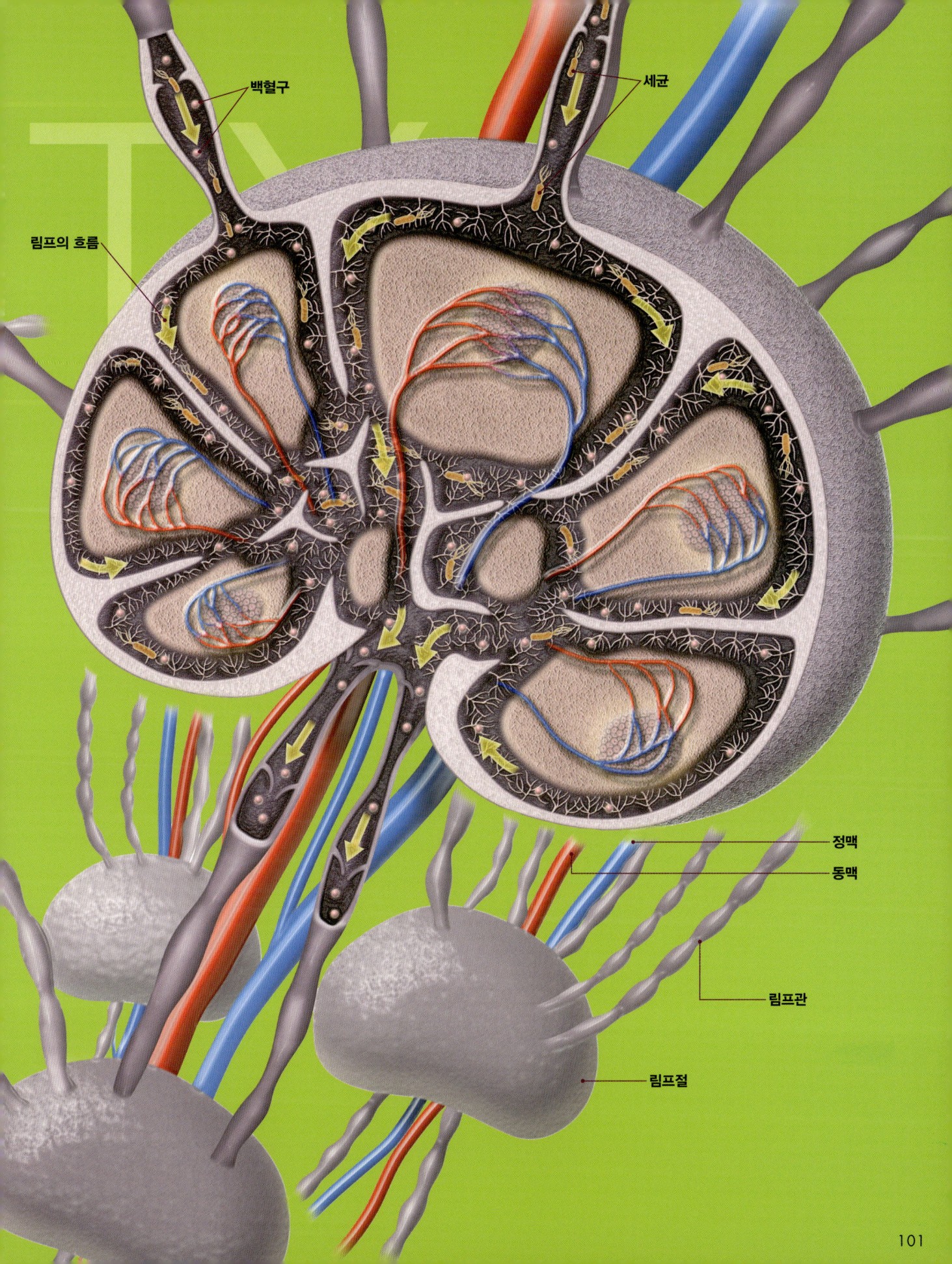

몸을 보호하는 최전선

림프

[부록: 혈액의 구성]

림프는 혈액 속의 혈장(67쪽). 모든 몸 안의 불필요한 노폐물이 모세혈관에서부터 세포와 세포 사이로 스며 나와서 림프관에 들어간 액체야. 림프 안에는 T세포, B세포(105쪽) 등의 림프구가 전체 수 안에 침입한 바이러스나 세균을 격퇴하지. 림프관은 오줌을 순환하는 방향 네트워크나 마찬가지란다. 림프관의 모임인 림프절은 병의 원인인 병원체와의 전쟁터이고, 림프구는 최전선의 전사인 거야!

● 경부 림프절

감기일 때 목이 붓는 경우가 있어요. 감기에 걸리면 바이러스가 림프에 들어가 목의 림프절에 모여요. 여기서 바이러스와 T세포, B세포가 싸우므로 목의 림프절인 '경부 림프절'이 부어요.

● 오른림프관

우측 상반신의 림프관이 합류하는 림프관이에요. 우정맥각으로 이어져요.

● 림프절

림프는 수입 림프관으로부터 림프절로 들어가, 림프절 안의 림프동을 통해 수출 림프관으로 나와요. 림프절에는 림프구(T세포, B세포), 대식세포가 많이 있어서 바이러스나 세균이 몸 안에 침입하면 림프절은 이들을 막아 치우기 위한 전쟁터가 돼요.

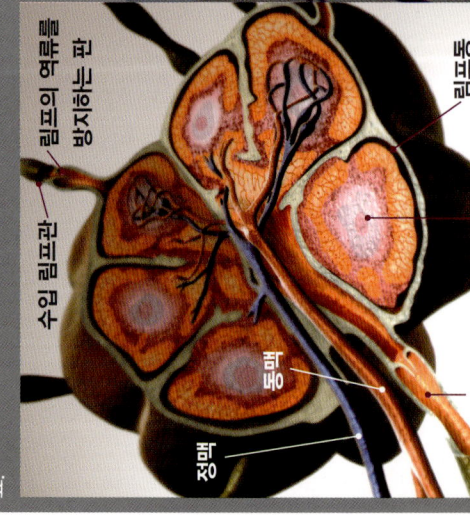

림프동
림프의 역류를 방지하는 판
림프소절
수입 림프관
수출 림프관
동맥
정맥

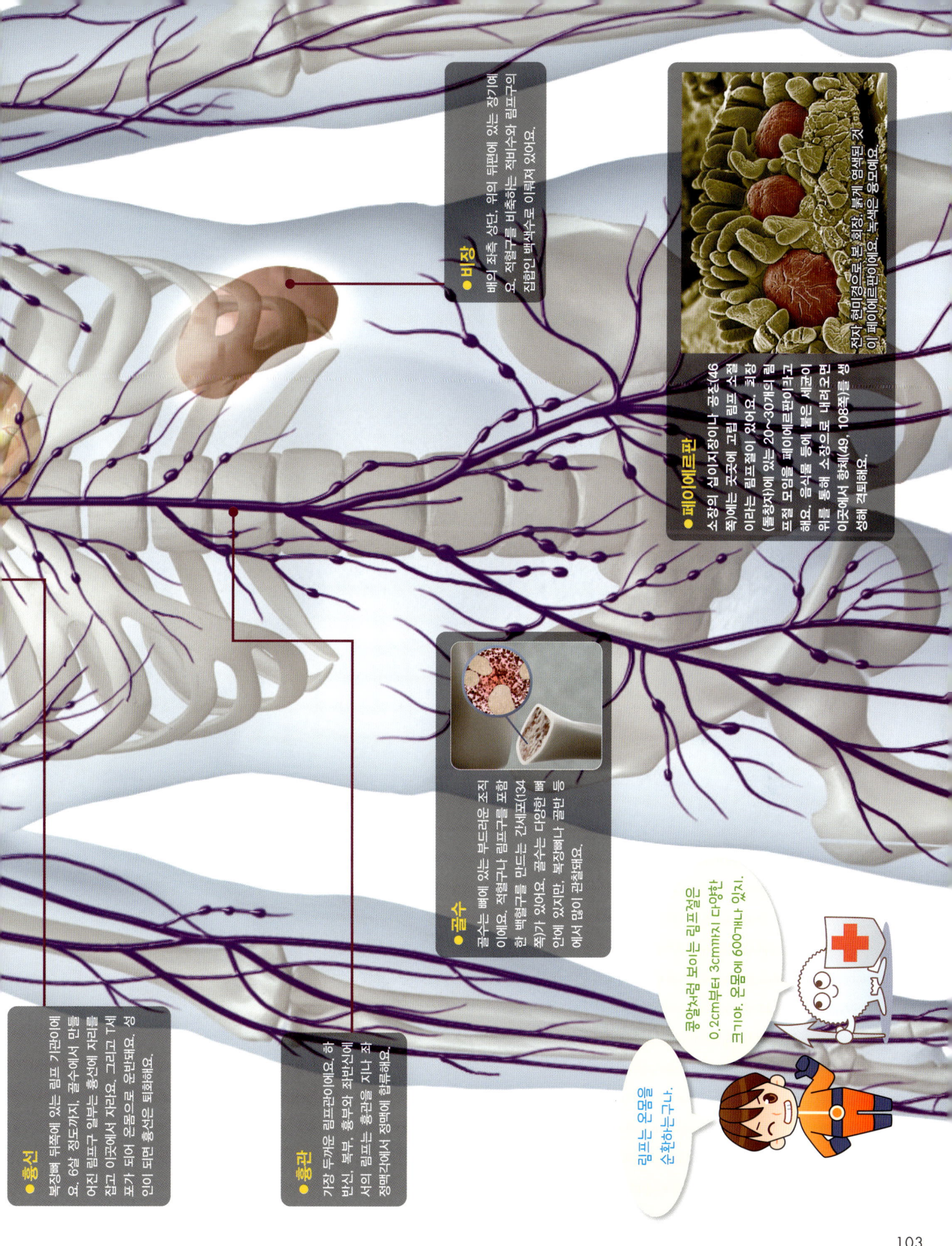

몸을 지켜라!
인체 방위군

몸을 보호한다

무브 박사의 포인트!

바이러스나 세균 중 병을 일으키는 물질을 '병원체'라고 해. 여기에 그려진 건 병원체와 싸우는 세포들이야. 몸 안에서는 몇 종류의 세포가 협력해 병원체를 격퇴하지. 이 세포들은 모두 백혈구에 속하며 '면역 세포'라고 불러. 면역 세포는 온몸의 혈관이나 림프관(102쪽)을 순찰하거나, 목이나 폐 등에서 대기하면서 병원체와의 싸움을 대비하고 있단다.

● **병원체가 되는 세균**
몸 안에 들어와 증식해서 병이 되기도 해요. 감염되면 심한 복통이나 설사가 일어날 수도 있어요.

● **대식세포**
백혈구의 일종인 단핵구가 혈관에서 나온 게 대식세포예요. 모양을 바꾸고 자유자재로 움직이면서 병원체를 먹고, 포식한 병원체의 정보를 보조 T세포에 전달하곤 해요.

● **수지상 세포**
면역 세포의 일종이에요. 세균, 바이러스 등으로부터 얻은 병원체의 정보를 보조 T세포에 전달해요.

● **호중구**
병원체가 몸에 침입하면 대식세포와 함께 제일 먼저 혈관 밖으로 나와 일하는 백혈구의 일종이에요. 수명이 짧고 병원체를 포식하면 죽어 '고름'이 돼요.

모두 힘을 합쳐 병원체와 싸우고 있구나!

● **조절 T세포**
림프구의 일종으로, 면역 세포의 공격을 멈추는 역할이 있어요. 병원체가 거의 전멸하면 조절 T세포가 보조 T세포의 활동을 억제해요.

면역 세포가 싸우는 법

면역 세포는 우수한 팀워크를 가졌어요. 병원체가 몸에 침입하면 처음에는 호중구가, 다음으로는 수지상 세포와 대식세포가 찾아와 병원체를 잡아먹어요. 수지상 세포, 대식세포로부터 병원체의 정보를 얻은 보조 T세포는 B세포와 세포독성 T세포에게 공격 명령을 전달해요. B세포는 항체라는 무기를 사용해 병원체를 공격해요. 세포독성 T세포는 병원체에 감염된 세포를 파괴해요. 마지막으로 조절 T세포가 공격을 중지시켜요.

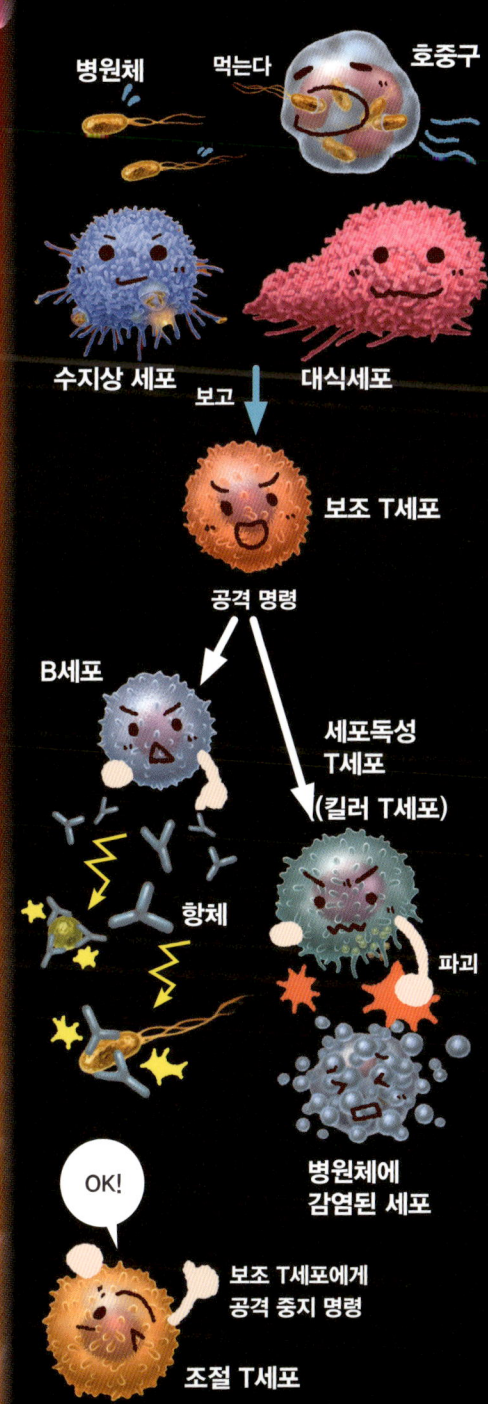

● B세포
면역 반응이 일어나는 원인인 물질을 항원(108쪽)이라고 해요. B세포는 림프구에 속하며, 항원인 병원체를 발견하면 항체라는 물질을 만들 수 있는 세포로 분화해요. 그리고 항체를 분비해 병원체를 공격하죠. 일부 B세포는 병원체의 정보를 기억해 남으므로 '기억 세포'라고도 불려요.

● 바이러스
몸에 침입하는 병원체예요. 세균과 비교하면 매우 작고 혼자서는 증식하지 못해 세포를 감염시켜서 늘어나요. 인플루엔자(110쪽)도 바이러스에 의한 병이에요.

● 보조 T세포
침입한 병원체의 정보를 대식세포나 수지상 세포로부터 받아서 B세포에게 공격 명령을 내리는 림프구의 일종이에요. 온몸을 도는 세포독성 T세포의 기능을 활발하게 하는 역할도 있어요. 또 일부는 병원체의 정보를 기억해서 기억 T세포로 남아요.

● B세포에서 나온 항체
항원에 반응해 병원체를 쓰러트리는 물질이에요. 항원별로 항체(49, 108쪽)가 만들어져요.

● 세포독성 T세포(킬러 T세포)
바이러스에 감염된 세포나 암세포(114쪽)를 노리고 공격하는 림프구의 일종이에요. 보조 T세포의 명령을 받아서 쓰러트릴 세포를 골라 공격하고 있어요. 또 일부는 병원체의 정보를 기억해 기억 T세포로 남아요.

몸속의 먹보
대식세포

몸을 보호한다

 무브 박사의 포인트!

병원체가 몸에 들어오면 혈액 중의 백혈구가 병원체를 공격해서 몸을 지키려고 해. 백혈구 중에서도 거대하고 공격력이 강한 게 대식세포야. 모양을 자유자재로 바꾸며 이름처럼 몸속의 다양한 이물을 우적우적 먹어 치우지. 그런 대식세포를 주목해 볼까?

대식세포는 변화하나요?

A 대식세포는 인체의 다양한 곳에 있으며 활동하는 장소에 따라 이름이 달라요. 폐에는 '폐포대식세포', 간에는 '쿠퍼 세포', 관절에는 '파골 세포', 뇌에는 '미세 아교 세포'가 있어요. 마치 대식세포의 변장술 같죠.

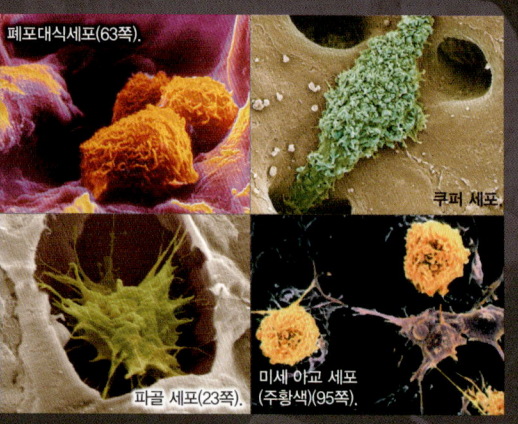

폐포대식세포(63쪽).
쿠퍼 세포.
파골 세포(23쪽).
미세 아교 세포(주황색)(95쪽).

대식세포가 바이러스나 세균을 먹는 행위를 '식작용'이라고 해.

● **병원체**
몸속에 침입해 감염증을 일으키는 바이러스나 세균을 말해요.

● 다양한 외부 적과 싸우는 대식세포

자유롭게 움직이는 대식세포는 외부 적을 발견하면 형태를 바꿔요. 우선 위족을 늘어서 병원체에 달라붙고, 상대방을 집어삼켜 세포 내부에서 분해하죠. 다양한 외부 적을 집어삼켜서 대식세포라고 불리고 있어요.

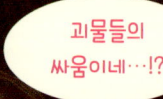
괴물들의 싸움이네…!?

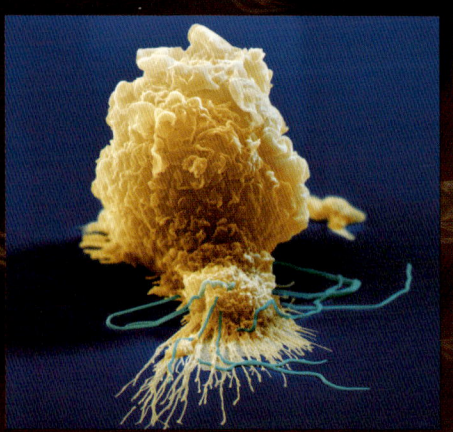
▲세균(파란 선)을 먹는 대식세포.

▲기생충의 유충을 먹는 대식세포.

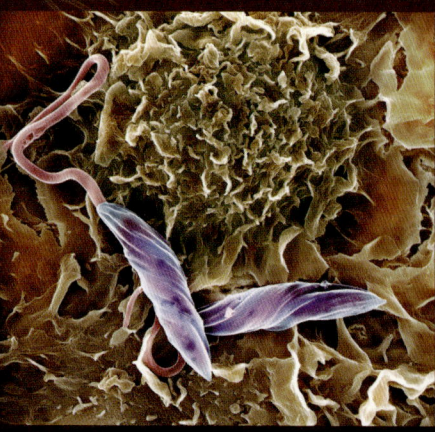
▲리슈마니아(보라색 부분)라는 기생충을 먹는 대식세포.

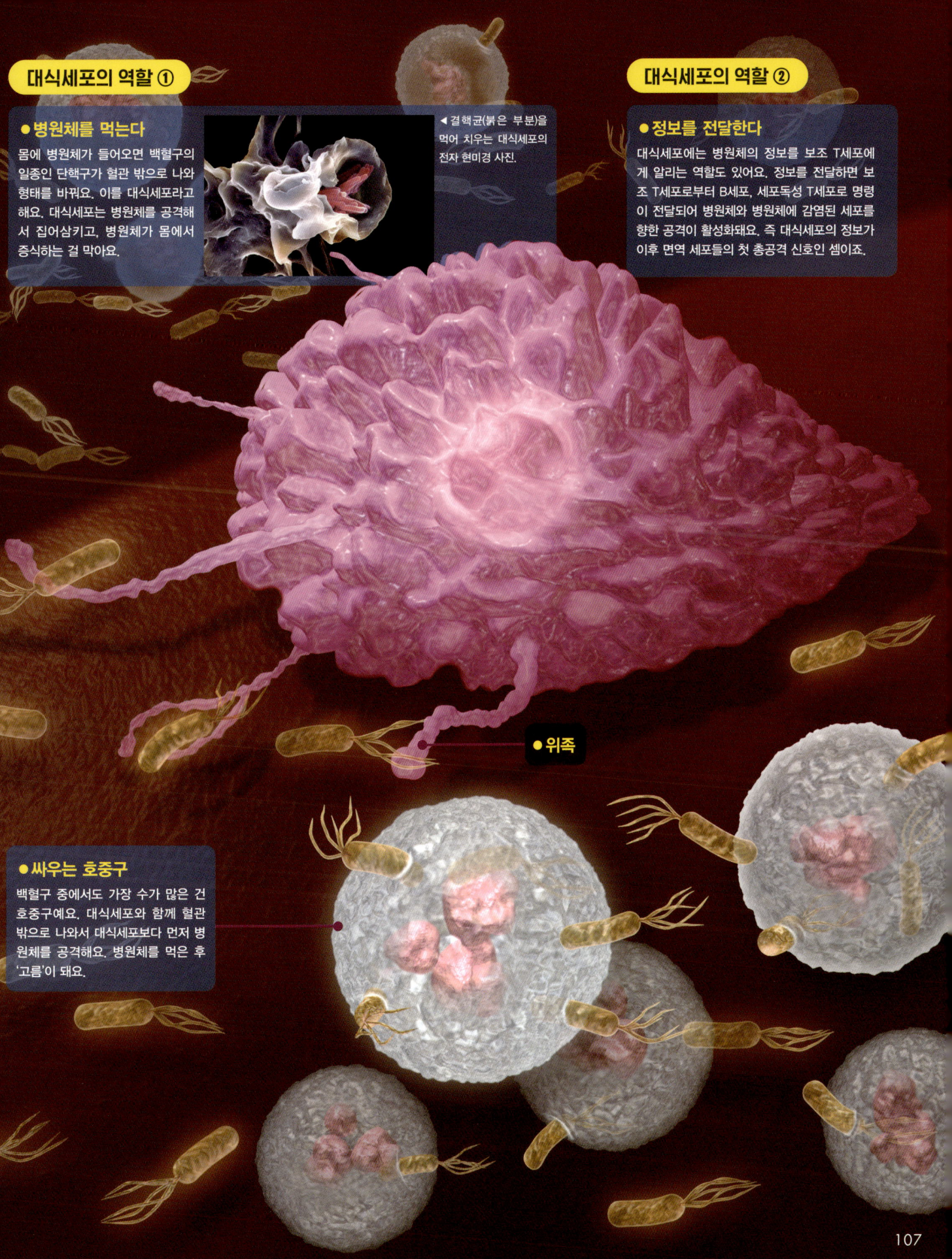

대식세포의 역할 ①

● **병원체를 먹는다**
몸에 병원체가 들어오면 백혈구의 일종인 단핵구가 혈관 밖으로 나와 형태를 바꿔요. 이를 대식세포라고 해요. 대식세포는 병원체를 공격해서 집어삼키고, 병원체가 몸에서 증식하는 걸 막아요.

◀ 결핵균(붉은 부분)을 먹어 치우는 대식세포의 전자 현미경 사진.

대식세포의 역할 ②

● **정보를 전달한다**
대식세포에는 병원체의 정보를 보조 T세포에게 알리는 역할도 있어요. 정보를 전달하면 보조 T세포로부터 B세포, 세포독성 T세포로 명령이 전달되어 병원체와 병원체에 감염된 세포를 향한 공격이 활성화돼요. 즉 대식세포의 정보가 이후 면역 세포들의 첫 총공격 신호인 셈이죠.

● 위족

● **싸우는 호중구**
백혈구 중에서도 가장 수가 많은 건 호중구예요. 대식세포와 함께 혈관 밖으로 나와서 대식세포보다 먼저 병원체를 공격해요. 병원체를 먹은 후 '고름'이 돼요.

너무 강한 면역 반응
알레르기의 신비

몸을 보호한다

무브 박사의 포인트!
사람의 몸은 면역 반응으로 세균이나 이물질로부터 보호받고 있어. 이 반응이 몸에 해를 가할 정도로 강하게 나타나는 걸 알레르기라고 한단다. 피부에 염증이 생기거나 눈이 가려워지는 등 증상은 다양해. 심한 알레르기 발작이 일어나면 사망에 이를 수도 있어.

● **알레르겐**
알레르기의 원인이 되는 물질이에요.

● **항체**
몸에 알레르겐이 들어오면 대항하기 위해 만들어지는 단백질이에요.

● **지각 신경**
방출된 히스타민이 신경에 작용해 가려움을 발생시켜요.

● **비만 세포**
피부나 혈관 주변, 코점막 등에 많이 보이는 세포예요.

● **혈관**
방출된 히스타민이 혈관에 작용해 붓거나 붉은 기를 일으켜요.

● **히스타민을 함유한 과립**
알레르겐이 항체에 붙으면 비만 세포로부터 방출되는 물질이에요.

Q. 왜 알레르기 반응이 일어나요?

A. 면역 반응이 일어나는 원인이 되는 물질을 '항원'이라고 해요. 특히 알레르기의 원인이 되는 물질인 알레르겐이 몸에 들어오면 항체가 만들어져요. 그 항체가 비만 세포의 표면에 붙으면 비만 세포는 히스타민을 방출해요. 이 히스타민에 의해 붓거나 가렵게 되는 원리예요.

몸에 침입하는 알레르겐

천식이나 아토피 피부염 등도 알레르기 증상이야.

● **진드기**
진드기의 사체나 똥이 알레르겐으로 작용해요. 사람의 알레르기 원인으로 가장 많이 거론되는 게 진드기예요.

● **고양이 털**
고양이 알레르기가 있는 사람은 고양이의 털뿐만 아니라 타액이나 오줌으로도 알레르기 반응이 일어나요.

● **꽃가루**
삼목이나 돼지풀(사진) 등의 식물 꽃가루는 알레르기의 원인이 돼요. 화분증은 콧물이나 눈물이 나오는 등의 증상이 있어요.

● **집 먼지**
실내의 먼지를 말해요. 사람의 비듬이나 곰팡이, 세균 등이 섞여 있어요.

Q 음식 알레르기가 뭔가요?

A 음식 알레르기는 일부 식품에 강한 알레르기 반응을 보이는 걸 말해요. 알레르겐으로는 우유나 달걀, 게, 땅콩, 소바, 밀가루 등이 알려져 있어요. 음식 알레르기가 있는 사람은 음식에 포함된 특정 물질에 대해 항체를 쉽게 형성하고, 알레르기 반응이 강하게 나타나죠. 상황에 따라서는 목숨을 잃을 수도 있어요.

알레르기 반응은 어느 정도 약으로 억제할 수 있어.

눈에 보이지 않는 괴물
바이러스와 세균

몸을 보호한다

 무브 박사의 포인트!

세균은 하나의 세포로 구성된 단세포 생물이야. 한편, 바이러스는 생물이 아니지. 세포에 감염되는 것으로만 증식할 수가 있어. 바이러스나 세균은, 종에 따라서는 우리의 몸속에 들어오면 병을 일으킨단다. 그런 눈에 보이지 않을 정도로 작지만 무시할 수 없는 괴물들을 소개하마.

감기에 걸리는 것도 대부분은 바이러스가 한 짓이야.

공포의 바이러스

● **T4 파지**
신기한 모양의 바이러스로, 대장균을 감염시켜요. 여섯 개의 다리로 대장균에 붙어 대장균 안에 T4 파지의 DNA(130쪽)를 주입해요. 감염된 대장균은 T4 파지가 증식하면 죽어 버리지만, 인체에는 영향을 주지 않아요.

● **사람 면역 결핍 바이러스(HIV)**
핵양체가 정이십면체 모양이며, DNA 대신 RNA(130쪽)를 지녔어요. 사람의 면역 세포(104쪽)에 감염돼 면역 기능을 저하시키는 AIDS(후천성 면역 결핍 증후군)를 일으켜요.

● **인플루엔자바이러스**
RNA를 지녔으며 엔벨로프라는 막에 휩싸여 있어요. 표면에 있는 수많은 가시가 모습을 바꿔, 매년 새로운 유형의 인플루엔자가 유행해요.

● **천연두바이러스**
바이러스 중에서도 가장 크고 복잡한 구조예요. 한때 많은 사람의 목숨을 빼앗았어요. 현재는 천연두에 걸리는 사람은 거의 없어요.

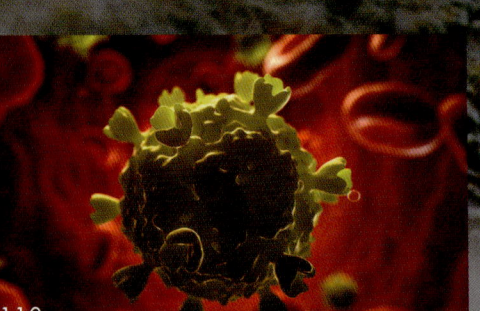
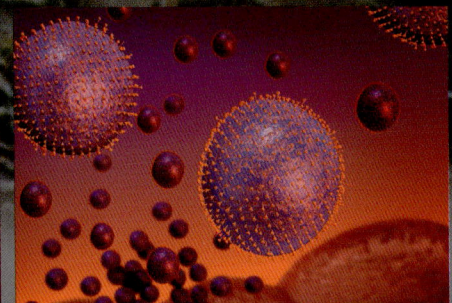
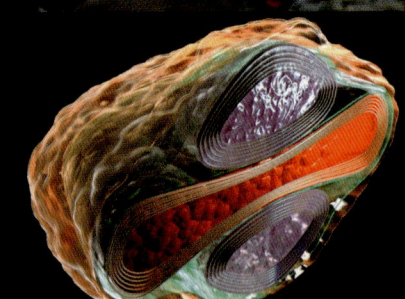

Q 바이러스와 세균의 차이는 뭔가요?

A 바이러스는 꽤 작으며 크기가 약 0.0001mm에 불과해요. 바이러스는 혼자서는 증식하지 못하죠. 사람이나 다른 생물의 세포에 감염해 그 세포를 이용해서 증식해요. 한편 세균의 크기는 약 0.001mm예요. 영양, 온도 등의 조건이 맞으면 세포 분열(132쪽)을 시작해서 스스로 증식할 수 있어요.

세포
바이러스

T4 파지는 대장균을 감염시키는구나.

공포의 세균

● 용혈성 연쇄 구균
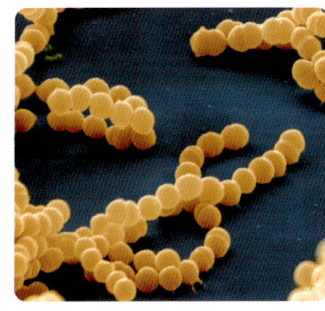
몇 개의 균이 목걸이처럼 연결된 형태예요. 목에 감염돼 고열이나 목 따가움을 일으켜요.

● 콜레라균

한 개의 편모를 지녔으며 활발하게 움직여요. 소장에서 독소를 내뿜어 식중독의 원인이 돼요.

● 살모넬라균
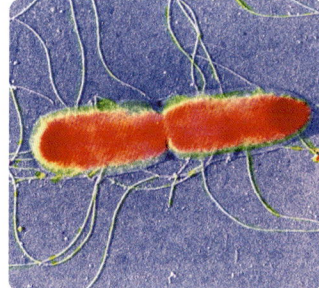
수많은 편모가 있으며 활발하게 돌아다녀요. 장의 세포에 들어가 식중독의 원인이 돼요.

● 파상풍균
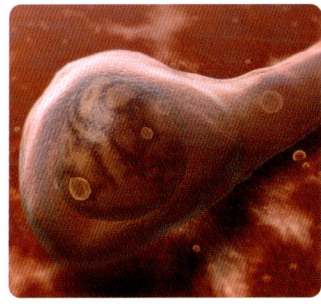
아포(芽胞)라는 '껍질' 같은 구조를 만들기 때문에 열이나 자외선에도 견딜 수 있어요. 흙 속에 살고 있어서 상처 입을 때 몸에 들어오면 파상풍을 일으켜요.

● 에볼라 바이러스
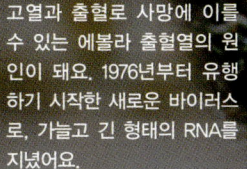
고열과 출혈로 사망에 이를 수 있는 에볼라 출혈열의 원인이 돼요. 1976년부터 유행하기 시작한 새로운 바이러스로, 가늘고 긴 형태의 RNA를 지녔어요.

● 아데노바이러스
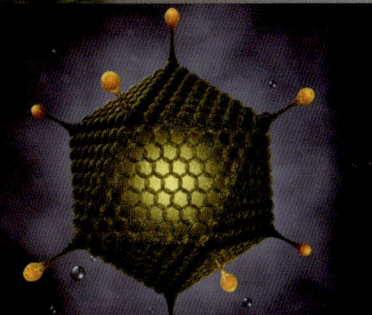
정십이면체이며 표면에 12개의 안테나 같은 돌기를 지녔어요. 풀열이나 유행성 각결막염의 원인이 돼요.

※ 용혈성 연쇄 구균, 콜레라균, 살모넬라균은 전자 현미경 사진, 다른 바이러스와 세균 사진은 CG예요.

폭발적으로 불어나 전염된다
바이러스와 감염증

몸을 보호한다

 무브 박사의 포인트!

바이러스가 몸 안에 침입하면 감염증이 일어날 수 있어. 인플루엔자(110쪽)는 매년 유행하는 감염증이지만, 2019년에 나타난 신종 코로나바이러스는 순식간에 전 세계에 퍼졌지. 이와 같은 감염증의 세계적인 대유행을 팬데믹이라고 해. 여기서는 주로 신종 코로나바이러스에 대해서 알아보자!

Q 신종 코로나바이러스가 뭔가요?

 코로나바이러스는 몇십 종류 존재하지만, 그중에 사람이 감염되는 건 7종이에요. 그중에서도 가장 최근에 나타난 건 폐렴 등을 일으키는 신종 코로나바이러스예요. 신종 코로나바이러스가 일으키는 감염증을 COVID-19라고 해요.

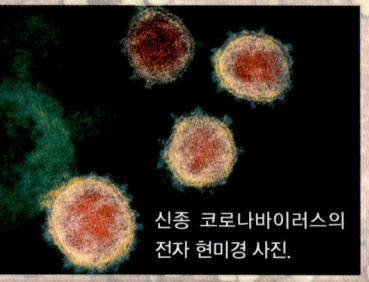

신종 코로나바이러스의 전자 현미경 사진.

Q 신종 코로나바이러스에 감염되면 어떤 증상이 나타나나요?

 신종 코로나바이러스에 감염됐을 때 주로 보이는 증상은 발열과 목 아픔, 기침, 강한 권태감 등 보통 감기에 걸렸을 때와 비슷한 증상이에요. 하지만 증상이 나타나지 않는 사람도 있어요. 중증이 되면 심한 폐렴이 되어 숨쉬기가 힘들어지므로 인공호흡기를 사용해 치료해요.

- 발열
- 목 아픔
- 기침
- 강한 권태감
- 콧물과 코 막힘
- 두통
- 드물게 구토나 설사
- 미각 장애나 후각 장애
- 폐렴
- 호흡 곤란

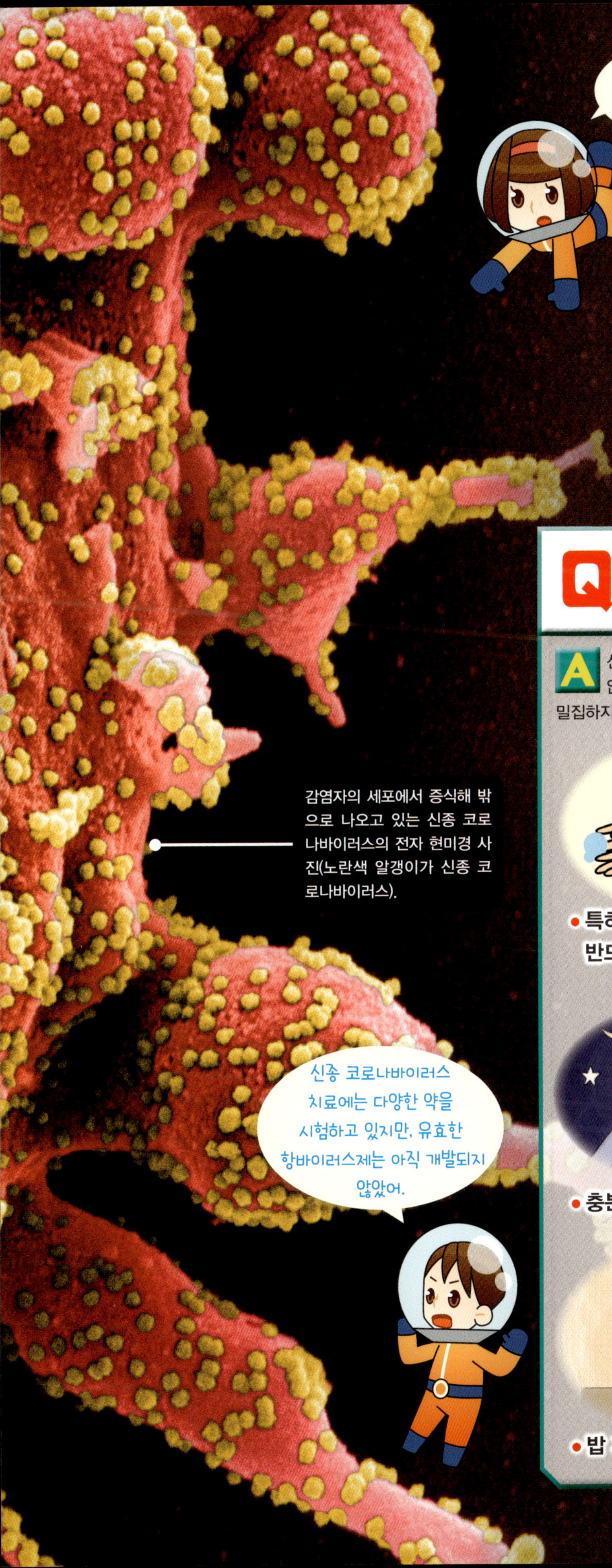

> 세포 하나에서 바이러스가 이렇게나 불어날 수 있구나!

Q 신종 코로나바이러스에 듣는 백신은 없나요?

A 백신은 독성을 약화했거나 무독화된 병원체로부터 만드는 약이에요. 백신은 접종하면 감염증에 대한 면역을 얻을 수 있어서 감염이 예방되거나 발병하기 어렵게 돼요. 신종 코로나바이러스 백신은 감염증이 퍼지기 시작한 이후 역사상 가장 빠른 속도로 개발되어 2020년 12월 영국에서 접종이 개시됐어요. 2021년에는 한국과 일본을 포함한 전 세계 사람들이 접종받기 시작했죠. 현재도 새로운 백신 개발이 진행 중이에요.

감염자의 세포에서 증식해 밖으로 나오고 있는 신종 코로나바이러스의 전자 현미경 사진(노란색 알갱이가 신종 코로나바이러스).

Q 신종 코로나바이러스의 예방법은?

A 신종 코로나바이러스에 감염되지 않기 위해, 또 다른 사람에게 옮기지 않기 위해서는 '손 씻기'와 '기침·재채기 예절(마스크)', 그리고 '다른 사람과 밀집하지 않는 것'이 중요해요.

> 신종 코로나바이러스 치료에는 다양한 약을 시험하고 있지만, 유효한 항바이러스제는 아직 개발되지 않았어.

- 특히 식사 전에는 반드시 손 씻기
- 기침·재채기 예절(마스크) 잊지 말기

- 충분한 수면 취하기
- 다른 사람과 밀집하지 않기

- 밥 제대로 챙겨 먹기
- 자주 운동하기

증식하며 몸을 갉아 먹는다

암 vs. 면역

몸을 보호한다

 무브 박사의 포인트!

현재 우리나라에서 살아가는 동안 암을 진단받는 사람은 상당히 많아. 암이란 몸을 구성하는 정상 세포의 일부가 이상을 보이고, 그것이 폭발적으로 늘어나 만들어진 세포 덩어리를 말한단다. 세포 덩어리는 '종양'이라고 해. 수술이나 약으로 낫기도 하지만, 다시 발생하거나 모르는 새 다른 장소로 전이되어 그곳에서 크기를 키우기도 하는, 아주 성가신 병이야.

 양성 종양과 암의 차이는 무엇인가요?

A 이상 반응을 보이는 세포의 집단이 커져 있기는 해도 하나로 뭉쳐져 있는 종양은 몸에 거의 나쁜 영향을 주지 않아요. 이를 양성 종양이라고 해요. 주변에 퍼져 가는 종양을 악성 종양 또는 암이라고 해요.

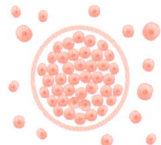 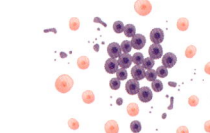

▲양성 종양.　　　　▲악성 종양(암).

● **크게 부푼 대장암**
성장한 암의 경우, 새로운 혈관이 만들어져 암세포에 산소와 영양분을 공급하고 더욱 활성화된다고 해요.

● **새롭게 만들어진 혈관**
암세포가 '영양분이 더 필요해'라는 신호를 전달하는 물질을 방출하면 새 혈관이 만들어져 암세포가 더 많은 산소와 영양분을 얻을 수 있게 돼요.

사람의 몸속에는 하루에 수천 개의 이상 세포가 발생한대.

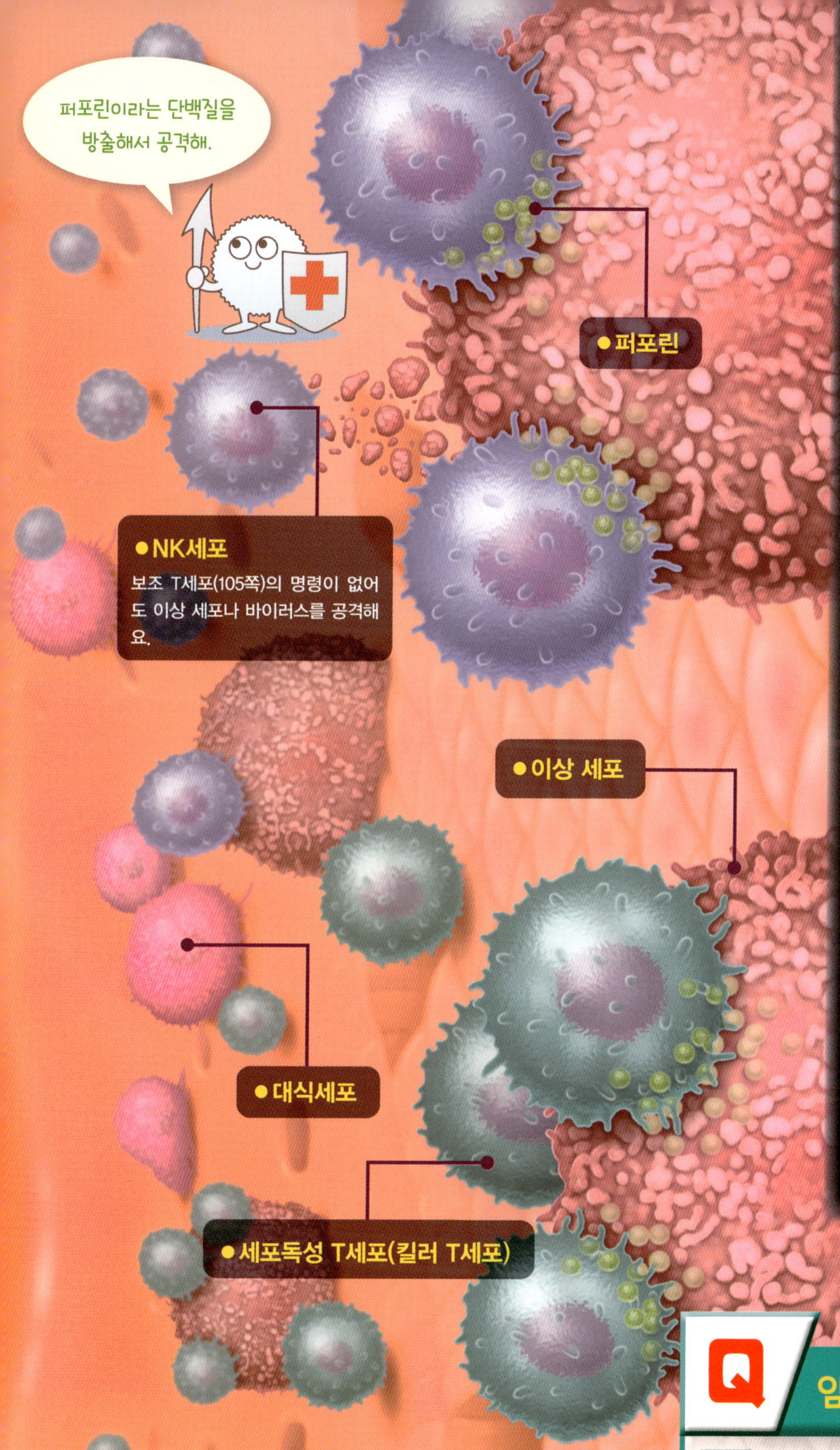

퍼포린이라는 단백질을 방출해서 공격해.

● 퍼포린

● NK세포
보조 T세포(105쪽)의 명령이 없어도 이상 세포나 바이러스를 공격해요.

● 이상 세포

● 대식세포

● 세포독성 T세포(킬러 T세포)

불어나 퍼지는 암

암은 한번 발생하면 다른 장소로 퍼지는 특성이 있어요. 이를 '전이'라고 해요. 혈관이나 림프관에 들어가 이동하므로 온몸에 퍼질 가능성도 있어요.

▲유전자에 이상이 발생하여 정상 세포가 암세포로 바뀌어요.

▲암세포는 증식을 중단하는 브레이크가 통하지 않아서 점점 늘어나 거대한 암이 돼요.

▲암세포가 계속 늘어나 주변에 퍼져요. 림프관이나 혈관으로도 침입해요.

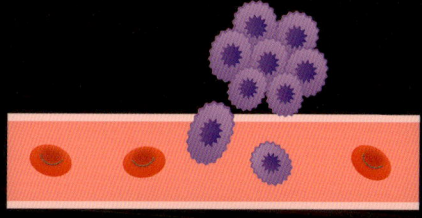

▲림프나 혈액에 들어가 운반된 암세포는 다른 장소로 이동하고 그곳에서 크게 자라요.

암과의 싸움

이상 세포가 몸속에 나타나는 일이 있어요. 하지만 위 그림처럼 면역 세포인 세포독성 T세포와 NK세포는 이상 세포에 붙어, 세포를 파괴하는 퍼포린 등의 물질을 방출해 공격하죠. 이런 식으로 이상 세포를 퇴치해 주기 때문에 사람들이 건강하게 살 수 있는 거예요. 세포독성 T세포와 NK세포의 파괴를 뚫고 거대화한 것이 건강과 목숨을 위협하는 암이 돼요.

Q 암이 생기면 어떻게 되나요?

A 폐나 장에 암이 생기면 활동이 방해받게 되어 건강이 위험해져요. 또 암에 영양분을 빼앗기므로 온몸이 쇠약해지고 약해져요.

▲암이 증식한 폐.

원래대로 되돌리는 마법!?

상처 수복

몸을 보호한다

 무브 박사의 포인트!

상처가 생겼을 때, 피가 쭉 멈추지 않고 나오거나 상처 자리가 계속 있진 않지? 상처 자리로부터는 세균 등의 병원체도 들어와. 사람의 몸에는 상처를 수복하는 구조가 갖춰져 있지. 혈액 중의 다양한 세포나 물질이 피를 멈추고, 상처를 막고 세균 등의 병원체를 해치운단다!

 상처가 점점 막히고 있어!

 피브린이 중요한 역할을 하는구나.

막히기 시작한 상처
이 그림은 막히기 시작한 상처를 몸 안쪽에서 본 모습이에요. 오른쪽 페이지의 '상처가 낫기까지'의 가장 위쪽 그림에 해당해요.

●피브린
비스듬히 있는 갈색 물질이 피브린이에요. 실 모양 단백질이죠. 적혈구를 휘감아 덩어리를 형성하고, 혈소판으로 막은 상처를 더욱 단단하게 굳혀요.

●혈장
혈액의 거의 절반을 차지해요. 혈장은 대부분 수분이며 실 모양 단백질(피브린)의 재료가 되는 피브리노젠이라는 단백질을 포함하고 있어요.

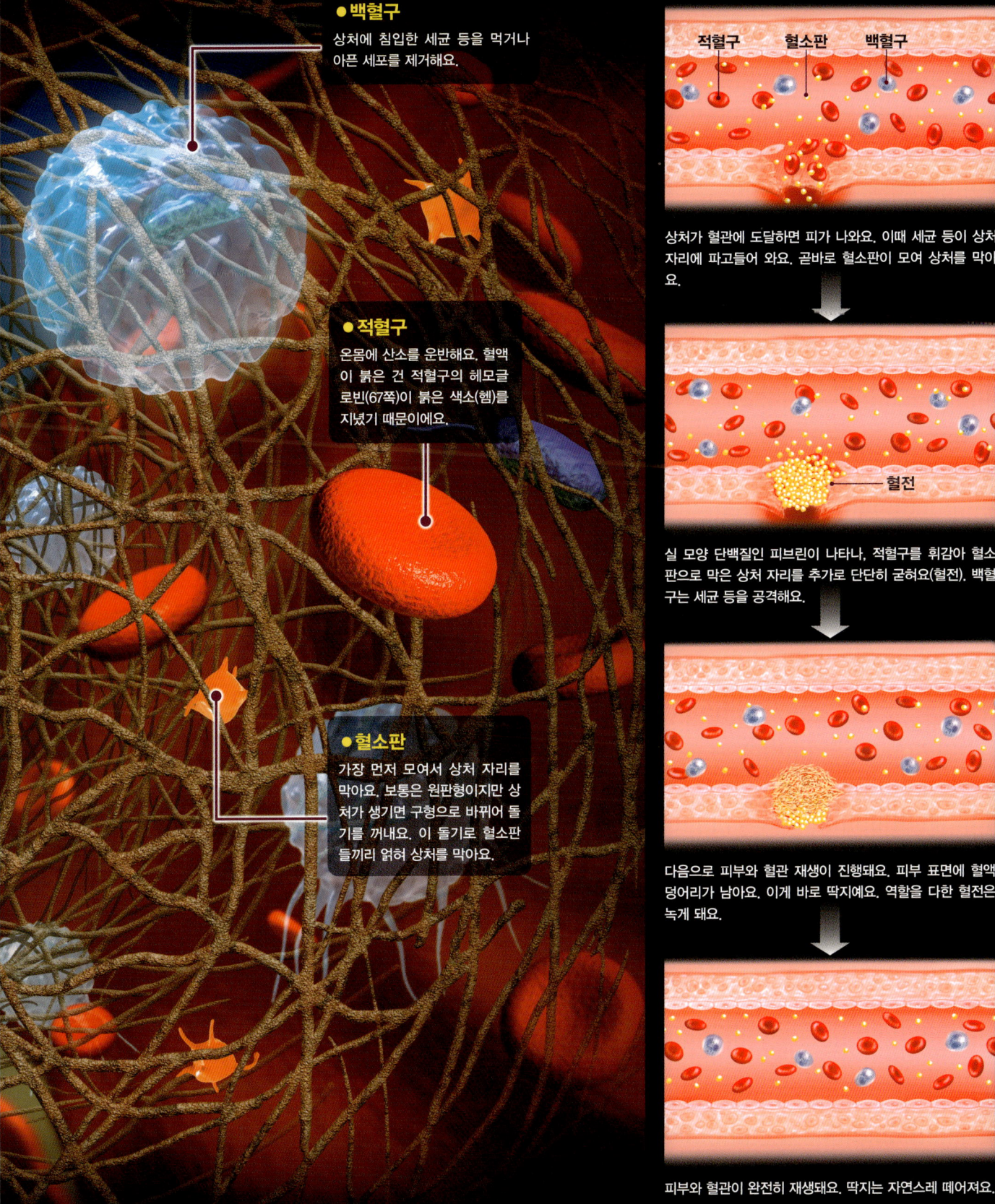

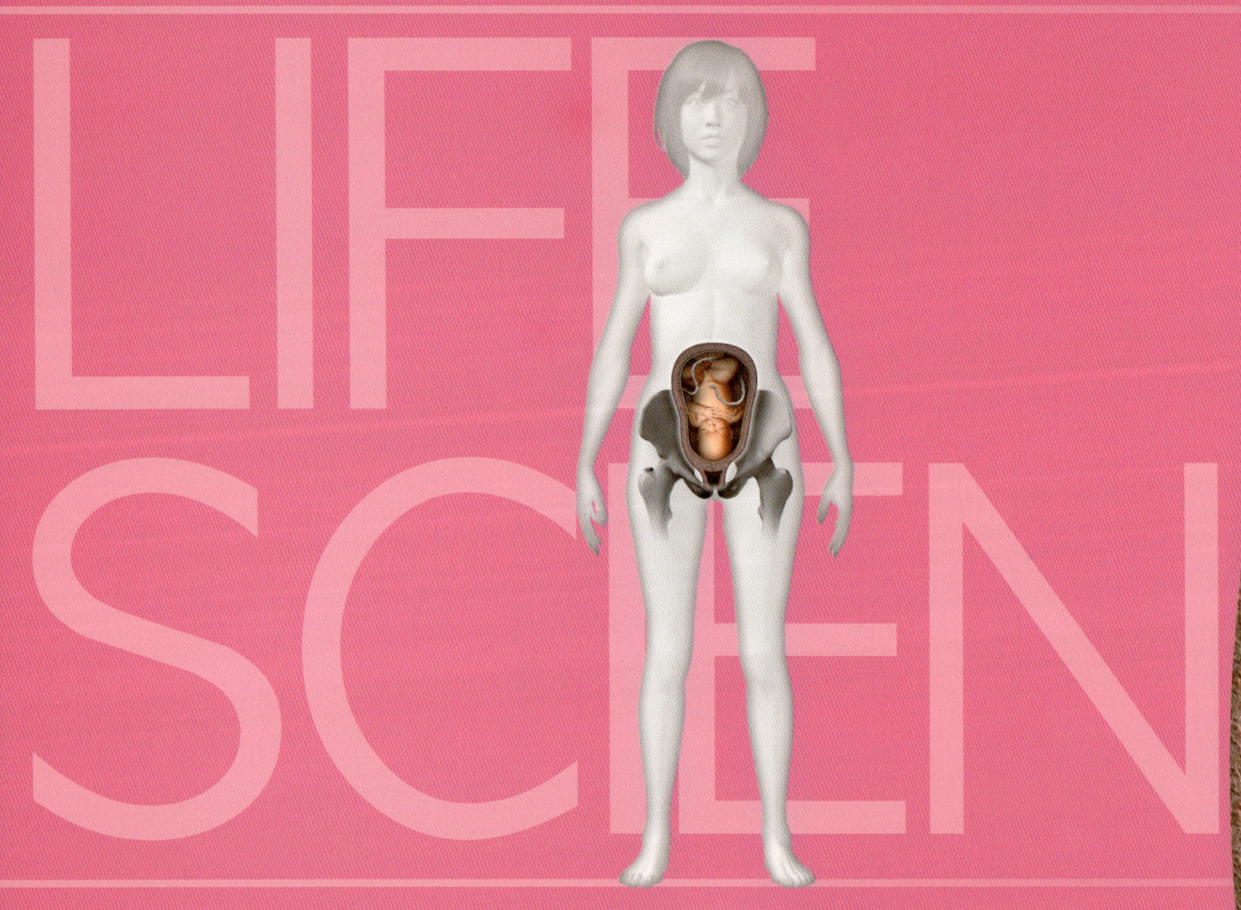

제6장

생명

어머니의 배 속에 생명이 움트고, 약 10개월에 걸쳐 성장하여 이윽고 아기가 탄생해요. 놀랍게도 아기는 배 속에 있을 때부터 다양한 물질을 통해 어머니와 대화해요. '생명'이란 도대체 뭘까요? 아기는 어떤 능력을 지녔을까요? 왜 부모와 자식은 생김새나 성격이 비슷할까요? 생명을 지키기 위한 최첨단 의학은 어떻게 돼 있을까요? 생명을 둘러싼 신비 드라마를 엿보도록 해요.

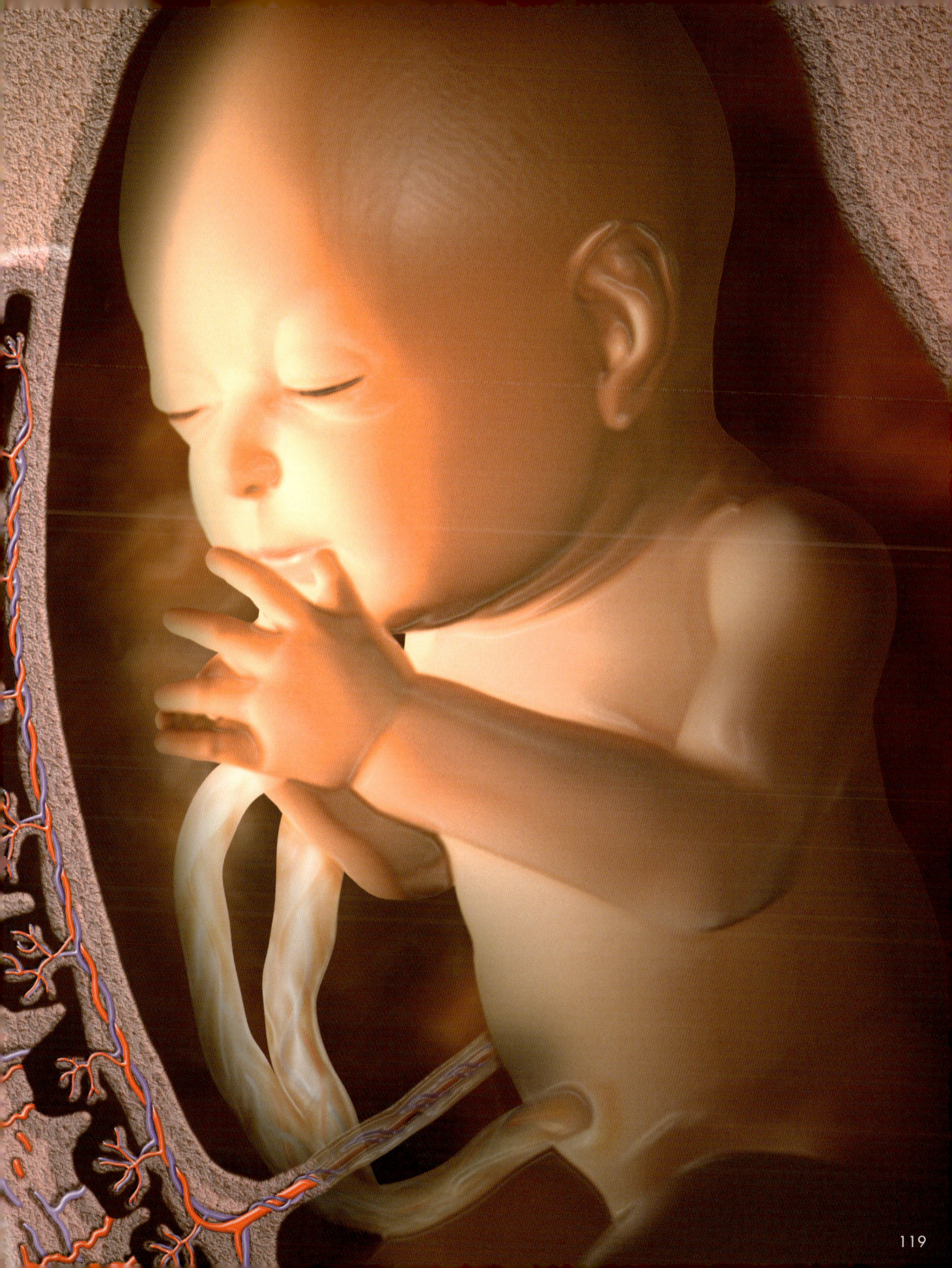

생명이 탄생하기 위해
남녀의 몸

Q 남자는 다부지다?

A 남성은 여성과 비교해 근육이 발달했고 다부진 몸을 지녔어요. 키도 크고 어깨 통도 넓어지며, 수염이나 가슴 털 등의 체모도 눈에 띄어요. 또 외생식기인 음경과 정소를 에워싼 음낭을 관찰할 수가 있어요.

무브 박사의 포인트!
아이의 몸은 겉보기에 큰 차이가 없지만, 성장한 성인 남성의 몸과 여성의 몸을 비교하면 다양한 차이가 있어. 아버지와 어머니의 몸을 잘 비교해 보면 아주 다르지. 그 큰 차이가 생식기로, 자손을 낳기 위해 꼭 필요한 기관이야. 여기서는 남녀의 몸의 차이를 알아보자.

한 번에 나오는 정자의 수는 약 2억 개!

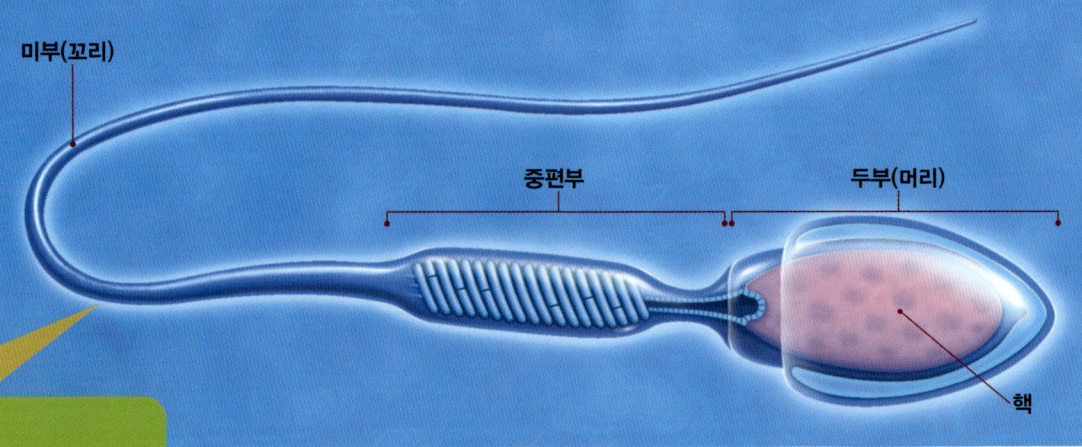

미부(꼬리) · 중편부 · 두부(머리) · 핵

정자
정자는 운동 능력을 지닌 생식 세포로, 길이는 0.05~0.07mm예요. DNA가 들어 있는 핵(130쪽)이 가득 찬 두부와 가늘고 긴 미부로 이뤄져 있어요. 미부가 움직여 헤엄치고 중편부에 움직이는 모터인 미토콘드리아가 있어요.

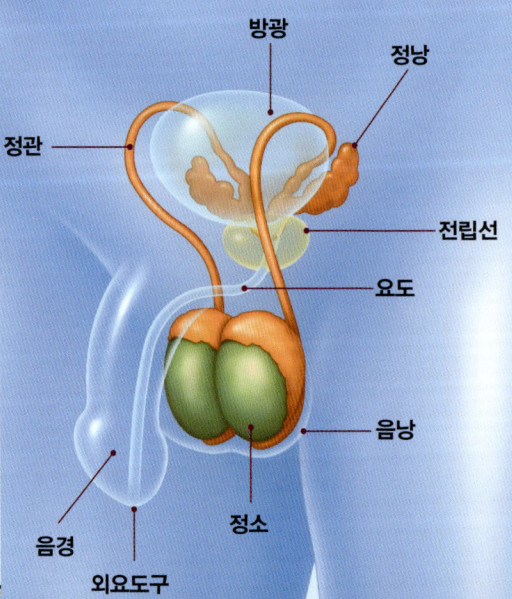

방광 · 정낭 · 정관 · 전립선 · 요도 · 음낭 · 음경 · 정소 · 외요도구

남성 생식기의 구조
정자는 음낭 안에 있는 정소에서 만들어져요. 정자는 고온에 약해서, 정소는 음낭에 싸여 몸 바깥에 돌출돼 있어요. 만들어진 정자는 정관을 통해 정낭이나 전립선의 분비물과 함께 정액으로서 요도로 방출되고, 음경의 외요도구에서 방출돼요. 이를 사정이라고 해요.

▲정소의 전자 현미경 사진이에요. 정소에는 정세관이라고 불리는 꺾이고 꼬인 관이 있어요. 관 내부(사진의 파란색 부분)에서 정자가 만들어져요.

Q 여자는 둥글다?

A 여성은 남성과 비교해 피부밑 지방이 많고 둥그스름한 체격이에요. 유방과 엉덩이(골반)도 크게 변해요. 이런 변화는 아기를 낳기 위한 준비 과정이에요.

Q 정자와 난자의 차이점은 무엇인가요?

A 크기가 달라요. 정자는 길이 약 0.05~0.07mm, 난자는 지름 약 0.2mm로 난자가 훨씬 크죠. 정자는 긴 미부를 이용해 움직일 수 있지만, 난자는 스스로 움직이지 못해요. 한 번에 사정되는 정자는 2억 개, 배란하는 난자는 한 달에 한 개로, 평생 400개 정도예요.

유방의 발달

사춘기가 되면 난소에서 만들어지는 호르몬(에스트로겐)의 작용으로 지방이 붙어 유방이 크게 변해요. 임신하면 뇌의 뇌하수체 전엽에서 호르몬(프로락틴)이 분비되고 유방이 발달하여 아기에게 젖을 줄 준비를 해요.

난자는 한 달에 대부분 한 번.

난자가 되는 난세포는 태어나기 전부터 여성의 몸속에 있어.

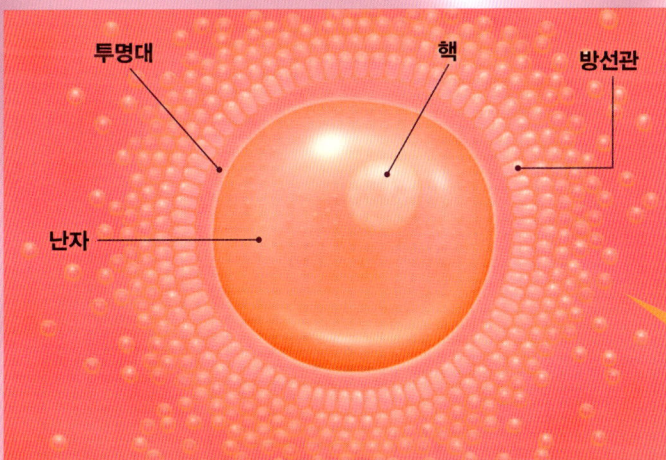

투명대 · 핵 · 방선관 · 난자

자궁 · 난관 · 난소 · 방광 · 질

난자

난자의 지름은 약 0.2mm로, 사람의 몸에서 비교적 큰 세포예요. 난자는 히알루론산으로 된 투명대라는 막으로 둘러싸여 있어요.

여성 생식기의 구조

난소는 좌우에 하나씩 있으며, 이곳에서 난자가 성숙하여 만들어져요. 난소에서 방출된 난자는 난관 안에 빨려 들어가요. 수정은 난관에서 이뤄지고, 수정란은 자궁에서 태아로 성장해요. 질은 아기가 태어날 때 산도라는 통로가 돼요.

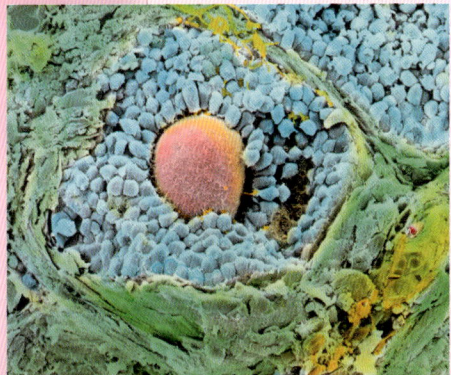

▲난소 내부의 난자를 촬영한 전자 현미경 사진이에요. 작은 성장 중인 난자(푸른색)과 커다란 성숙한 난자(붉은색)가 보여요. 성숙한 난자는 이윽고 난소 밖으로 나가 정자와의 만남을 기다려요.

새 생명 탄생의 순간

수정

무브 박사의 포인트!

수정은 정자와 난자가 만나 수정란이 되는 걸 말한단다. 수정은 여성의 몸에 있는 난관에서 이루어져. 이러한 수정이 새 생명 탄생의 순간이지. 정자가 먼 길을 거쳐 다양한 난관을 뚫고 이동해 난자와 만나는 감동적인 순간을 지켜볼까?

난자에 도달해서 수정에 성공하는 정자는 보통 사정된 2억 개 중 한 개에 불과해.

우리몸지도

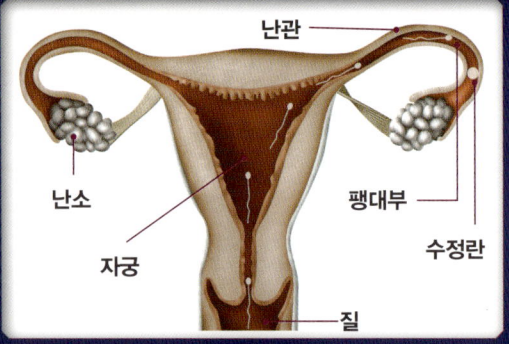

난관, 난소, 자궁, 팽대부, 수정란, 질

수정은 난관의 팽대부라는 곳에서 이뤄져요. 사정된 정자의 일부는 5~15분 후 질에서 자궁을 거쳐 팽대부에 도달해요.

정자의 대모험

정자가 난자에 다다르기까지는 많은 고생을 해요. 우선 질은 산성이어서 산에 약한 정자는 대부분 죽어요. 다음으로 난관은 좌우에 있어서 정자의 절반은 잘못된 길로 향하죠. 또한, 무사히 올바른 난관 쪽으로 향해도 나아가는 방향과 반대 방향으로 흔들거리는 섬모가 있어 이동이 어려워요. 이들을 극복한 정자만이 수정할 수 있는 거예요.

두부부터 돌진!

●섬모
난관에 이물질이 들어오지 못하도록 나 있어요.

● 투명대

● 난자

● 핵

투명대가 난자를 감싸고 있구나.

Q 인공 수정과 체외 수정이란?

A 부부여도 좀처럼 정자와 난자가 수정하지 못해 고민인 사람들이 있어요. 그런 사람들을 위해 의사가 수정을 돕는 방법이 있죠. 하나는 채취한 정액을 자궁 안에 주입하는 인공 수정이에요. 또 다른 하나는 난자와 정자 양쪽을 채취해 몸 밖에서 수정시키는 체외 수정이라는 방법이에요.

◀▲사진은 둘 다 체외 수정.

투명대를 돌파하다

정자는 두부에 지닌 효소로 난자의 투명대를 무력화해요. 멋지게 투명대를 녹인 정자의 두부와 중편부(120쪽)가 난자로 돌입하죠. 그러면 난자는 투명대를 딱딱하게 해서 다른 정자가 들어오지 못하게 해요.

Q 쌍둥이에도 종류가 있나요?

A 쌍둥이는 일란성 쌍둥이와 이란성 쌍둥이가 있어요. 일란성 쌍둥이는 하나의 수정란이 둘로 분열해 각각 자란 경우예요. 태어난 아이들은 겉모습이 아주 비슷하고 같은 성별이에요. 한편 때로는 두 개의 난자가 수정해 자라기도 해요. 이를 이란성 쌍둥이라고 하며, 일란성 쌍둥이 정도로 닮지도 않고 성별도 다를 수 있어요. 형제가 동시에 태어나는 것과 비슷하죠.

▲일란성 쌍둥이 자매.

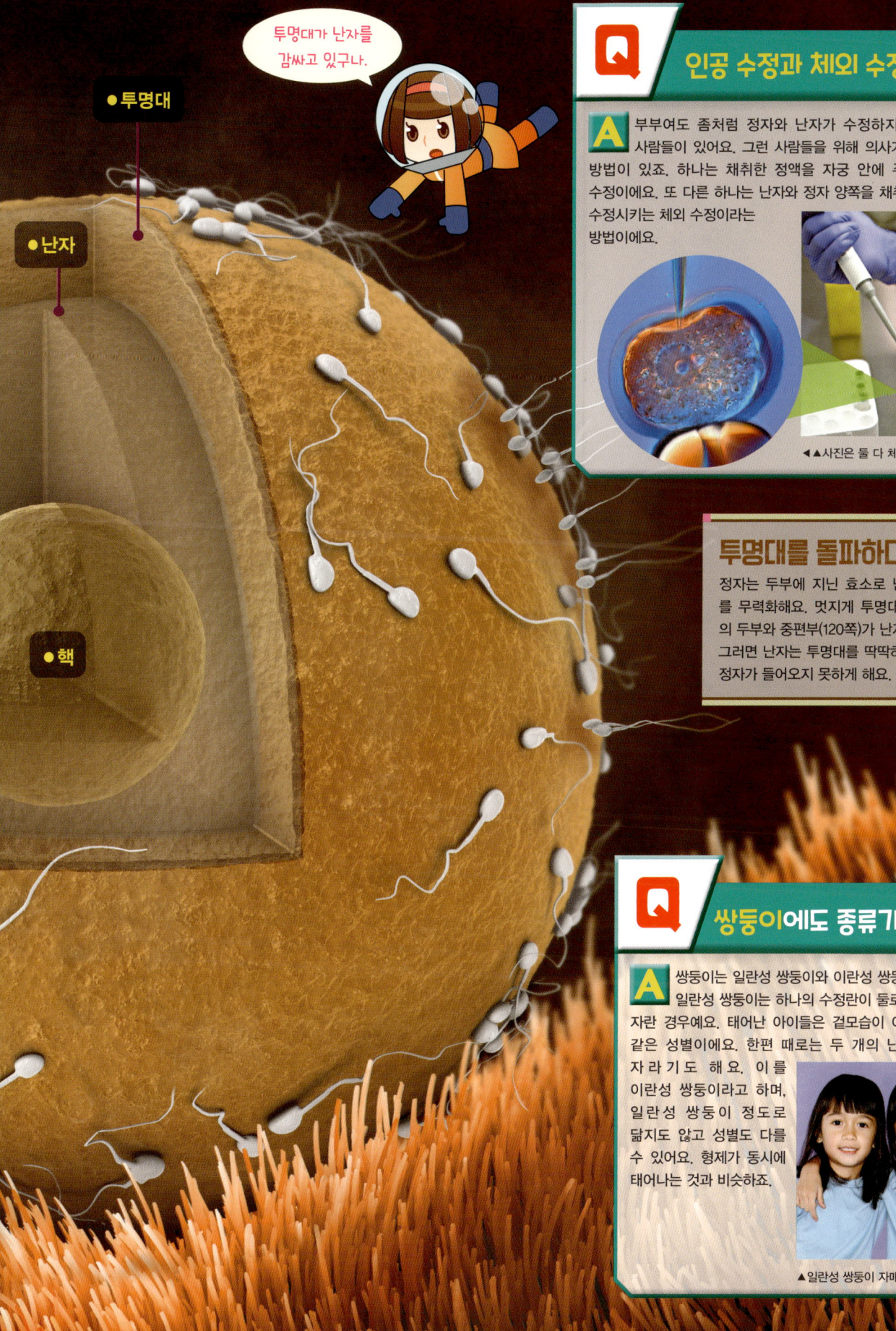

곧 만나는 그날까지

태아

무브 박사의 포인트!
수정한 후 태어나기까지 태아는 어머니의 배 속에서 38주에 걸쳐 성장하지. 처음에는 둥근 난자였던 게 어떻게 우리와 비슷한 몸으로 되어 가는지 알아보자.

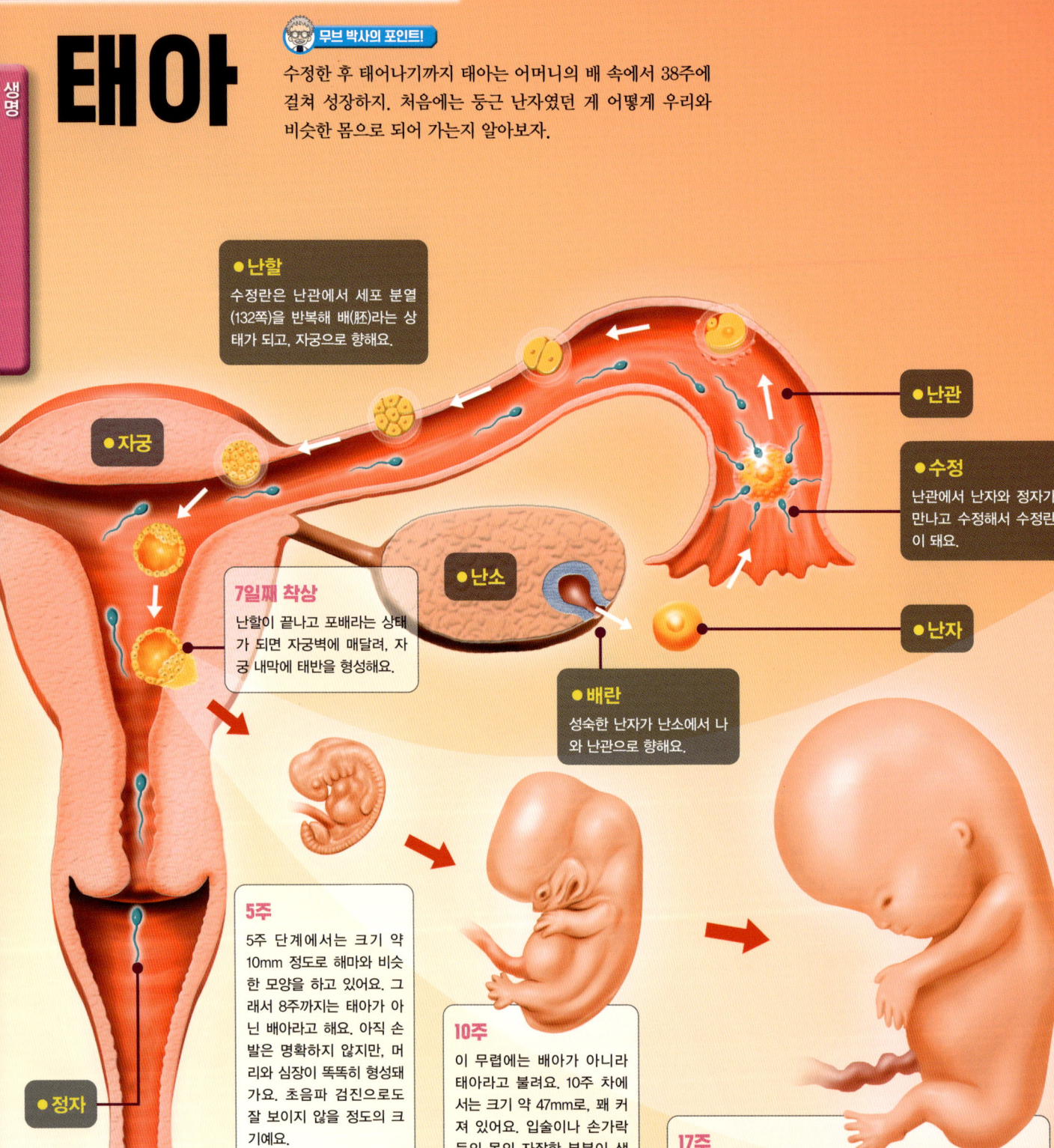

● 난할
수정란은 난관에서 세포 분열(132쪽)을 반복해 배(胚)라는 상태가 되고, 자궁으로 향해요.

● 자궁

● 난관

● 수정
난관에서 난자와 정자가 만나고 수정해서 수정란이 돼요.

● 난소

● 난자

7일째 착상
난할이 끝나고 포배라는 상태가 되면 자궁벽에 매달려, 자궁 내막에 태반을 형성해요.

● 배란
성숙한 난자가 난소에서 나와 난관으로 향해요.

● 정자

● 질

5주
5주 단계에서는 크기 약 10mm 정도로 해마와 비슷한 모양을 하고 있어요. 그래서 8주까지는 태아가 아닌 배아라고 해요. 아직 손발은 명확하지 않지만, 머리와 심장이 똑똑히 형성돼가요. 초음파 검진으로도 잘 보이지 않을 정도의 크기예요.

10주
이 무렵에는 배아가 아니라 태아라고 불러요. 10주 차에서는 크기 약 47mm로, 꽤 커져 있어요. 입술이나 손가락 등의 몸의 자잘한 부분이 생기고 사람다운 형태를 갖춰요. 심장 소리도 잘 들려요.

17주
체중 약 100g, 신장도 15cm 정도가 돼요. 뇌 일부가 발달해서 몸을 크게 움직일 수 있게 돼요. 내장의 기본적인 형태가 완성되고 기능하기 시작해요. 또 성별 판정이 가능해지기도 해요.

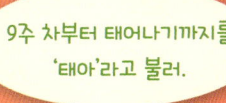
9주 차부터 태어나기까지를 '태아'라고 불러.

8주 차까지는 '배아'라고 하는구나.

Q 모든 동물이 처음에는 닮았다고요!?

A 오른쪽 그림을 봐 주세요. 모두 척추를 지녀 '척추동물(34쪽)'이라고 불리는 그룹에 속해요. 수정 후 약 30일까지는 거의 차이가 없어요. 척추동물은 물고기로부터 진화한 것으로 생각되며, 수정 후 한동안 형태가 비슷한 것이 그 증거라고 여겨져요.

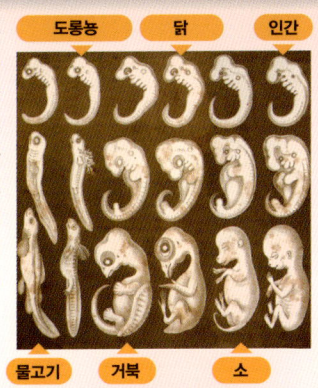

도롱뇽 / 닭 / 인간 / 수정 후 30일 / 물고기 / 거북 / 소 / 탄생 직전

● **자궁**
어머니의 골반(20쪽) 안에 위치해요. 아기가 태어나기 전까지 자라는 장소예요.

● **양막**
양수를 분비해 태아에게 적합한 양수량이 되도록 조절해요.

● **태반**
태아의 성장과 생명을 지키기 위해 산소나 영양분을 보급해요. 폐나 간 등을 대신해 일해요.

● **양수**
태아의 성장에 필요한 성분을 포함하는 수분이에요. 세균이나 충격으로부터 태아를 보호하는 역할도 있어요.

● **탯줄**
안에는 혈관이 있어요. 태아가 어머니로부터 영양분을 받고 필요 없어진 물질을 떠나보내는 통로예요.

38주 탄생

38주경이 되면 태아는 충분히 성장해요. 그리고 태어날 준비가 갖춰지면 어머니의 자궁(자궁근)이 태아를 밀어내려고 반복적으로 수축해요. 이로 인한 아픔을 진통이라고 해요.

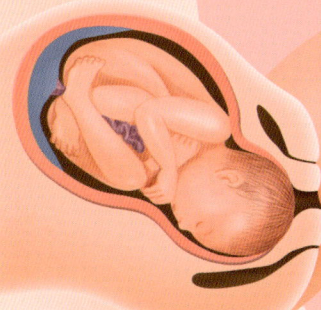

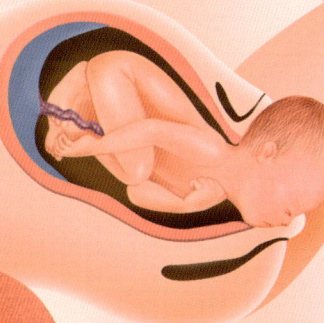

자궁 입구가 충분히 열리면, 아기가 좁은 산도를 빠져나올 수 있도록 머리 모양을 바꿔 밖으로 나오려고 해요.

37주
체중 약 3,000g, 신장 약 50cm. 태어날 때와 거의 같은 정도의 크기예요. 머리를 자궁의 입구로 향하고 태어날 준비를 하고 있어요.

● **산도**

아기와 어머니의 대화
아기와 태반

무브 박사의 포인트!

아기의 성장을 지탱하는 건 어머니와 아기를 잇는 '태반'이야. 사실 태반과 '탯줄' 모두 아기의 수정란으로부터 분열한 세포로 이루어진, 아기의 일부란다. 태반에서는 아기와 어머니가 VEGF나 PGF라고 불리는 물질을 사용해서 대화하고 있어!

Q 아기는 태반으로 영양분을 받나요?

A 태반에서 아기의 혈관과 어머니의 혈관이 이어져 있는 건 아니에요. 어머니의 동맥으로부터 태반 내부로 보내 주는 혈액에서, 아기는 태반에 있는 융모막 융모를 통해 산소와 영양분을 흡수하죠. 아기의 노폐물은 탯줄을 통해 어머니의 정맥에서 어머니의 몸으로 옮겨져요.

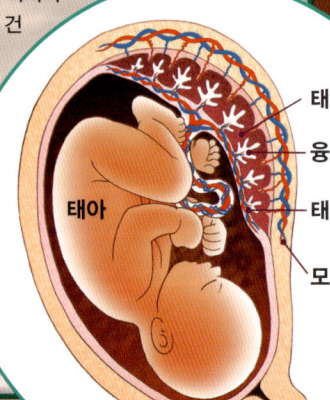

태아 / 태반 / 융모막 융모 / 태아의 혈관 / 모체의 혈관

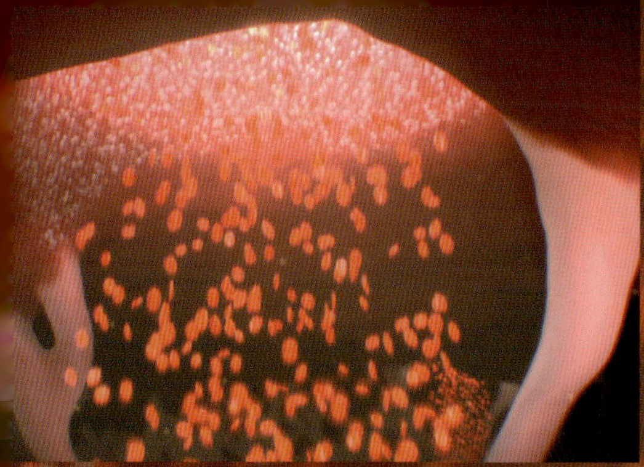

넓어진 자궁 동맥 출구로부터 대량의 혈액이 흘러들어와, 융모막 융모가 산소와 영양분을 잔뜩 받아들여요.

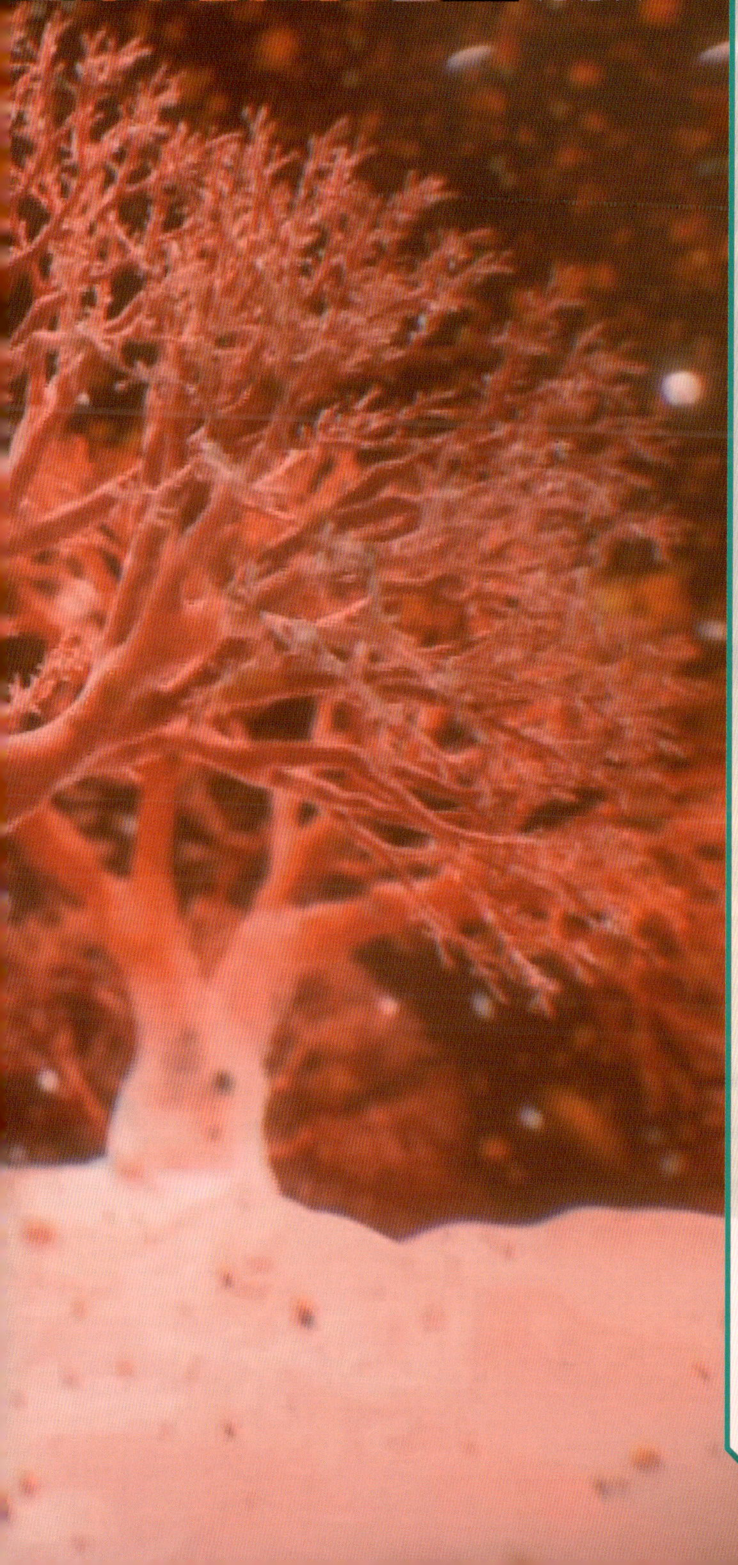

아기와 어머니는 어떻게 대화하나요?

A 아기가 성장하기 위해서는 많은 영양분이 필요해요. 그러려면 산소와 영양분을 받아들이는 태반 내부에 나 있는 융모막 융모도 성장해야만 하죠. 어머니는 다양한 영양분과 함께 VEGF(혈관 내피 성장 인자)라는 물질을 태반 내부로 보내 줘요. VEGF는 새로운 혈관을 만드는 활동을 독촉하여, 융모가 크게 성장해서 한층 더 많은 영양분을 흡수할 수 있게 돼요.

1 VEGF를 받아들이는 융모.

아기가 더 성장하면 융모는 PGF(태반 성장 인자)라는 물질을 내보내요. PGF를 받으면 어머니의 자궁이 동맥의 출구를 넓혀, 융모가 더 많은 혈액을 받을 수 있게 돼요.

2 PGF를 내보내는 융모.

VEGF나 PGF를 주고받는 것으로 아기와 어머니가 대화하고, 아기가 성장해 가요. 융모가 더 길어지면 융모 앞쪽 끝은 자궁벽에 차례차례 들어가 어머니의 혈관 벽을 뚫어요. 혈관 벽이 무너짐으로써 동맥 출구가 한층 넓어지고, 대량의 혈액이 융모에 쏟아져요. 이 대량의 혈액에 의해 아기가 더욱 성장하는 거예요.

3 자궁벽에 들어가는 융모의 끝자락.

밝혀지는 경이로운 힘
아기의 초능력

무브 박사의 포인트!

인간은 태어난 직후엔 서지도 말하지도 못하지. 하지만 1살 무렵의 아기는 성인에게는 없는 놀라운 능력을 잔뜩 보유하고 있다는 사실이 알려졌단다. 이 능력은 아기가 주변 환경에 가장 빨리 적응하기 위해 갖췄다고들 해. 아쉽게도 1살이 넘어가면 능력은 거의 사라지지. 그럼 도대체 아기가 어떤 능력을 갖췄는지 봐 볼까?

아기가 물건을 잡는 힘은 자신의 몸무게를 지탱할 수 있을 정도로 강해.

시냅스의 양은 나이를 먹으면 줄어드는구나.

● 생후 8개월~1년 사이에 가장 많아지는 뇌의 시냅스

뉴런과 뉴런 사이에서 정보를 전달하는 시냅스(89, 94쪽). 뇌의 시냅스는 생후 8개월~1년 무렵에 인간의 일생 중에서 가장 많아져요. 20살 성인의 약 1.5배죠. 이는 아기가 뇌를 풀가동하여 자신이 태어난 환경이 어떤지를 지켜보기 위한 것이라 여겨져요.

연령 탄생   2살   20살   70살

갓 태어났는데도 걷는다!?

 생후 1개월의 아기는 사진처럼 몸을 떠받치고 바닥에 발을 대면 걷는 동작을 취해요. 이를 '보행 반사'라고 해요. 아기에게만 있는 반사 중 하나로, 태어난 직후여도 걷는 능력이 제대로 갖춰져 있다는 것을 가리켜요.

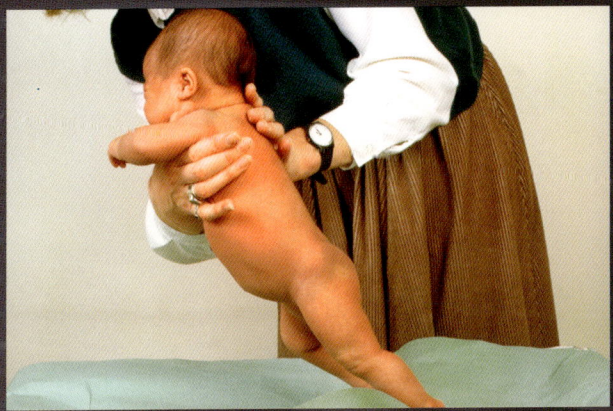

 어머니의 냄새를 구분할 수 있다!?

 탄생 직후의 아기는 이미 어머니의 냄새를 구분할 수 있어요. 영국에서 진행된 실험에서는 모유가 묻은 거즈와 다른 여성의 냄새가 묻은 거즈를 아기의 얼굴 양쪽에 놓고 움직임을 관찰했어요. 이에 따르면 압도적으로 어머니의 냄새가 묻은 거즈 쪽으로 얼굴을 향하는 횟수가 많았죠. 이는 모유 냄새의 근원이 지방산이며, 아기가 그것을 태내에 있을 때부터 느끼고 기억한다는 의미예요. 아기에게 있어 모유를 마시는 건 생사와 직결된 문제예요. 몸의 안전과 안심을 위해서 태내에 있을 때의 기억을 의지하여 어머니의 냄새를 찾는 거예요.

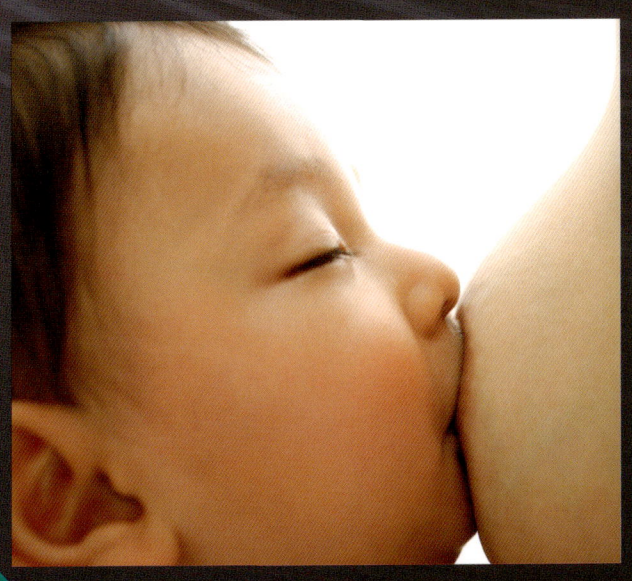

 마음을 읽는다!?

 침팬지와 인간의 아기에게 컵에 주스를 따르는 영상을 보여 주고, 이때 어디를 응시하는지 비교한 실험이 진행됐어요. 그 결과, 침팬지는 상대가 움직이고 있는 것에 주목하는 데 반해, 아기는 상대의 표정에도 주의를 기울였어요. 즉 아기는 상대가 무엇을 하고 있는지뿐만 아니라 상대의 마음도 읽으려고 한다는 게 알려졌어요. 이는 인간 특유의 학습 방법이라고 여겨져요.

실험 중인 모습.   색이 있는 부분이 인간의 아기가 주목한 곳이에요.

 말을 알아듣는다!?

 생후 반년 경의 아기는 아직 말을 이해하지 못해요. 하지만 보통 말과 거꾸로 한 말을 아기에게 들려주면, 보통 말에는 대뇌에 있는 베르니케 영역(93쪽)이라는 부분이 반응해요. 즉, 무엇을 말하고 있는지는 이해하지 못해도 말이 단순한 잡음인지 아닌지는 구분할 수 있다는 의미예요.

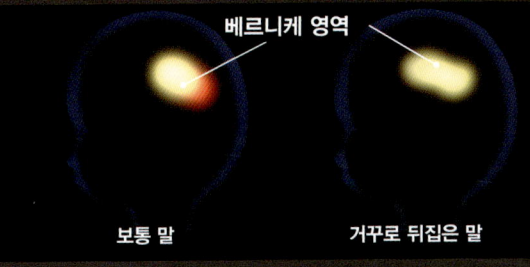

베르니케 영역

보통 말   거꾸로 뒤집은 말

 아기는 흉내를 낸다!?

 아기를 마주 보고 혀를 내밀면 흉내를 내서 혀를 내밀기도 해요. 생후 단 몇 시간 만에 이런 행동을 했다는 기록도 있어요. 이는 아기에게 날 때부터 흉내를 내서 학습한다는 능력이 있다는 걸 알려 줘요. 이 능력은 생후 몇 개월이 지나면 사라져요.

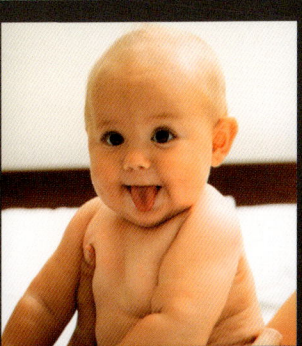

인간은 무엇으로 이루어져 있나요?

세포의 구조

무브 박사의 포인트!

지금으로부터 약 350년 전, 영국인 과학자인 로버트 훅이 코르크(코르크나무 껍질)의 단면을 현미경으로 관찰했어. 그리고 코르크를 구성하는 작은 '방'을 발견해서 '세포(cell)'라고 이름 지었지. 그리고 현재 모든 세포에는 목숨을 유지하기 위한 수많은 소기관이나 생명의 설계도인 DNA가 포함되어 있다는 것이 알려졌단다. 놀랄 만한 생명의 신비를 지금부터 풀어 볼까?

● **미토콘드리아**
내부에 꼬챙이 같은 막이 있고, 세포 활동에 필요한 에너지를 생산해요.

● **매끈면 소포체**
막이 있고 칼슘을 잔뜩 함유하고 있어요.

● **세포질**
세포 중, 핵 이외의 부분이에요.

● **핵소체**
핵 안에서 분자 밀도가 높은 부분이에요.

● **핵**
보통 세포에는 중앙에 둥근 핵이 하나 있어요.

사람은 37조 개의 세포로 되어 있다

Q. DNA의 설계도로 무얼 만드나요?

A. 생물의 특징은 화학 물질의 조합으로 탄생해요. 그중에서도 가장 중요한 화학 물질이며 생명 활동에 필요한 단백질을 만드는 명령을 내리는 물질이 바로 DNA예요. 설계도를 바탕으로 단백질을 만드는 흐름을 '중심 원리(센트럴 도그마)'라고 해요.

메신저 RNA
①RNA가 DNA의 유전 정보를 복사하고 메신저 RNA가 되어 핵 바깥으로 이동해요.

DNA

리보솜
③리보솜에 있는 리보솜 RNA가 운반되어 온 아미노산을 연결해요.

전달 RNA
②전달 RNA는 메신저 RNA가 가져온 유전 정보를 기반으로 아미노산을 운반해요.

아미노산

단백질
④아미노산이 잔뜩 늘어서서 단백질이라고 불리게 돼요.

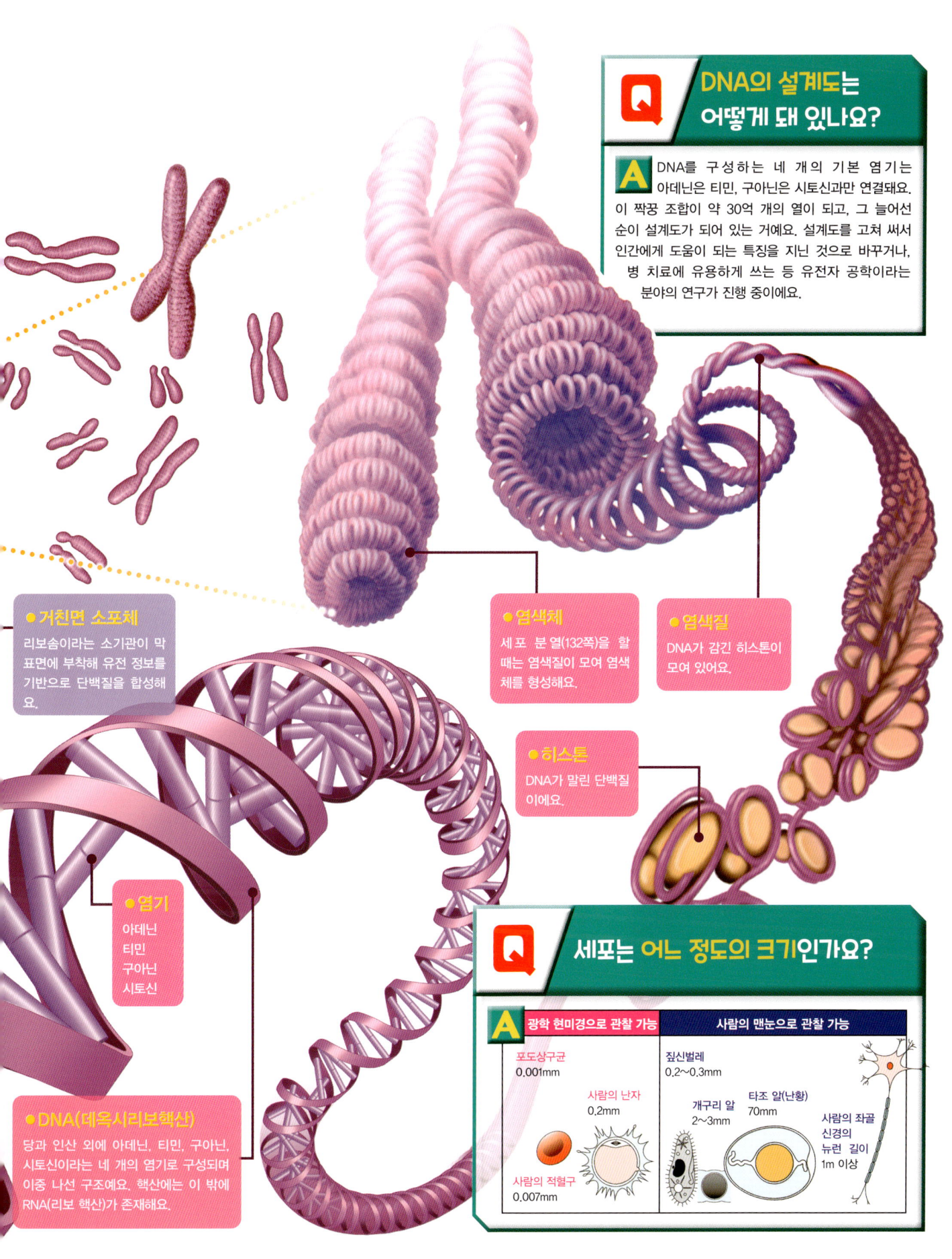

Q DNA의 설계도는 어떻게 돼 있나요?

A DNA를 구성하는 네 개의 기본 염기는 아데닌은 티민, 구아닌은 시토신과만 연결돼요. 이 짝꿍 조합이 약 30억 개의 열이 되고, 그 늘어선 순이 설계도가 되어 있는 거예요. 설계도를 고쳐 써서 인간에게 도움이 되는 특징을 지닌 것으로 바꾸거나, 병 치료에 유용하게 쓰는 등 유전자 공학이라는 분야의 연구가 진행 중이에요.

● 거친면 소포체
리보솜이라는 소기관이 막 표면에 부착해 유전 정보를 기반으로 단백질을 합성해요.

● 염색체
세포 분열(132쪽)을 할 때는 염색질이 모여 염색체를 형성해요.

● 염색질
DNA가 감긴 히스톤이 모여 있어요.

● 히스톤
DNA가 말린 단백질이에요.

● 염기
아데닌
티민
구아닌
시토신

● DNA(데옥시리보핵산)
당과 인산 외에 아데닌, 티민, 구아닌, 시토신이라는 네 개의 염기로 구성되며 이중 나선 구조예요. 핵산에는 이 밖에 RNA(리보 핵산)가 존재해요.

Q 세포는 어느 정도의 크기인가요?

A

광학 현미경으로 관찰 가능	사람의 맨눈으로 관찰 가능
포도상구균 0.001mm	짚신벌레 0.2~0.3mm
사람의 난자 0.2mm	개구리 알 2~3mm
사람의 적혈구 0.007mm	타조 알(난황) 70mm
	사람의 좌골 신경의 뉴런 길이 1m 이상

왜 부모와 자식은 닮을까?

염색체와 유전

생명

 무브 박사의 포인트!

세포는 둘로 분열해 증식하지. 이때 나타나는 게 염색체야. 염색체에는 생명의 설계도인 DNA가 있고, 분열해서 탄생하는 세포에도 DNA가 지닌 유전 정보가 계승돼. 그리고 '왜 부모 자식은 겉모습이나 성격이 닮는 걸까?'라는 수수께끼의 대답도 염색체가 쥐고 있어. 자, 마이크로 세계에서 반복되는 생명 탄생 드라마를 엿보러 가 볼까?

 **● 첫 번째 세포 분열**

감수 분열
생식 세포인 정자, 난자를 만들 때는 체세포 분열과는 다른 '감수 분열'이라는 방법을 써요. 체세포 분열의 분열 횟수는 1번인 것에 반해 감수 분열은 2번 분열해요. 두 번째 분열은 염색체의 복사를 동반하지 않는 분열로, 염색체의 수가 분열 전의 절반으로 돼 있어요. 이는 앞으로 난자나 정자가 되어 수정할 때 상대방의 염색체와 합쳐지기 때문이에요. 염색체가 반뿐인 이런 세포를 배우자라고 해요.

● 분열의 시작
분열의 시작은 핵의 안에 DNA가 모이는 것부터예요.

체세포 분열
보통 세포는 체세포 분열을 일으켜요. 생식 세포인 정자, 난자를 제외한 몸의 세포는 이 방법으로 분열하여 수가 늘어나요. 세포가 분열할 때는 염색체도 분열해요. 46개의 염색체는 균등하게 나뉘어서 완전히 똑같은 세포가 2개가 돼요.

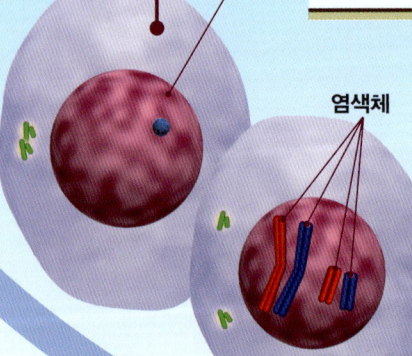

핵

염색체

● 분열 완료

● 염색체의 출현
핵에서 염색체가 나타나요. 염색체는 이미 복사되어 두 배로 불어나 있어요.

● 일렬이 된 염색체
배가 된 염색체는 중앙에 모여 일직선으로 늘어서요.

● 분열하는 염색체
염색체는 양극으로 끌려가, 둘로 분열해 가요.

● 두 개의 세포
분열 후에는 분열 전의 세포와 같은 수의 염색체를 지닌 세포가 두 개 생겨요.

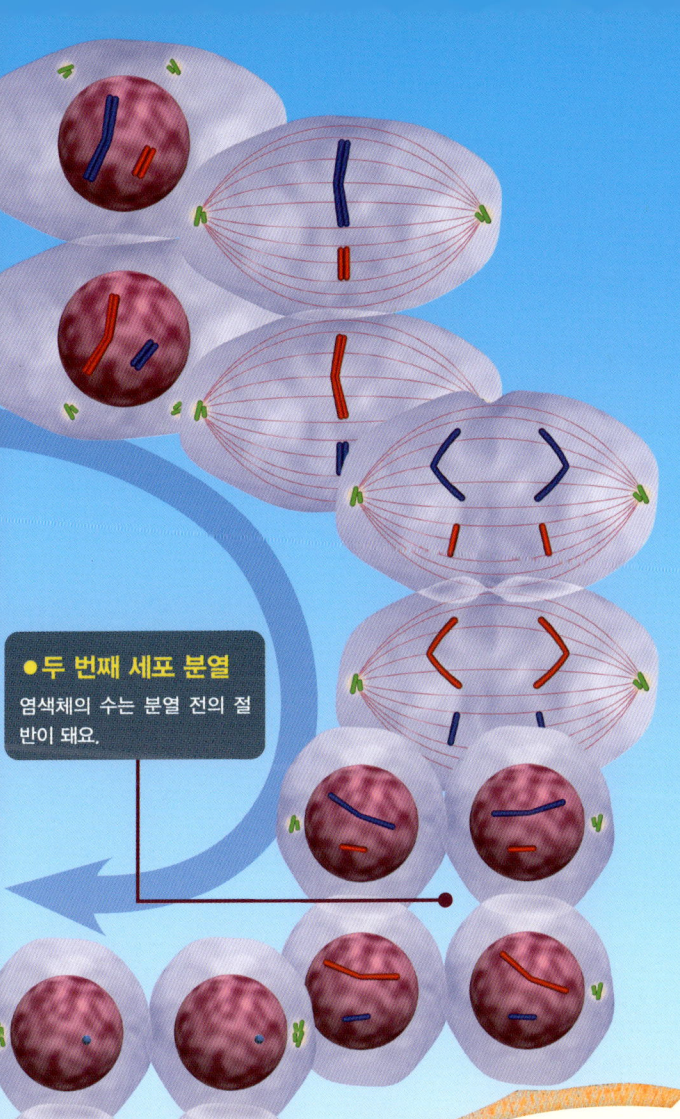

●두 번째 세포 분열
염색체의 수는 분열 전의 절반이 돼요.

●배우자(配偶子)
염색체의 수가 절반으로 준 세포로 남성은 정자, 여성은 난자를 말해요.

염색체가 나타나는 건 세포 분열을 할 때뿐이야. 현미경으로 관찰할 수 있지.

 성별은 어떻게 정해지나요?

A 인간의 아기는 어머니의 난자와 아버지의 정자가 수정해 태어나요. 감수 분열에 의해 태어난 각각의 세포(배우자)는 염색체를 23개씩 지니며, 크기순으로 1번부터 번호를 매겨요. 23번째에는 태어날 새 생명이 남자인지 여자인지를 결정하는 정보가 담겨 있어요. 긴 염색체와 짧은 염색체의 조합(XY)이라면 남자아이, 긴 염색체끼리의 조합(XX)이라면 여자아이로 태어나요.

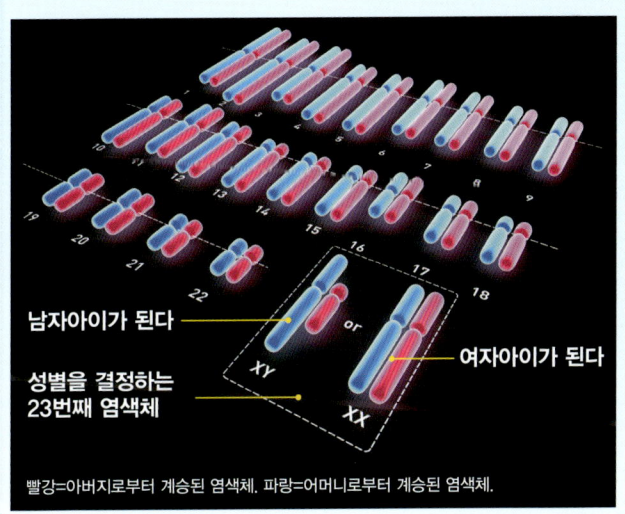

남자아이가 된다
성별을 결정하는 23번째 염색체
여자아이가 된다

빨강=아버지로부터 계승된 염색체, 파랑=어머니로부터 계승된 염색체.

지금으로부터 150년 전, 오스트리아의 식물학자이자 수도사였던 멘델에 의해 '부모에서 자식에게 어떻게 특징이 계승되는가'라는 유전의 기본 법칙이 발견됐어. 이걸 '멘델의 법칙'이라고 해.

멘델의 법칙

①부모로부터 물려받는 특징에는 자식에게 나타나기 쉬운 특징과 어려운 특징이 있다.
②두 개의 다른 특징을 지닌 유전자는 감수 분열로 두 개의 배우자가 만들어질 때 각자 나누어진다.
③두 개의 다른 특징을 지닌 유전자는 감수 분열로 두 개의 배우자가 만들어질 때 서로에게 영향을 미치지 않는다.

위의 3가지가 멘델의 법칙이에요. 그럼, 오른쪽 그림을 볼까요? 아주 간단하게 표현한 유전의 기본 법칙이에요.

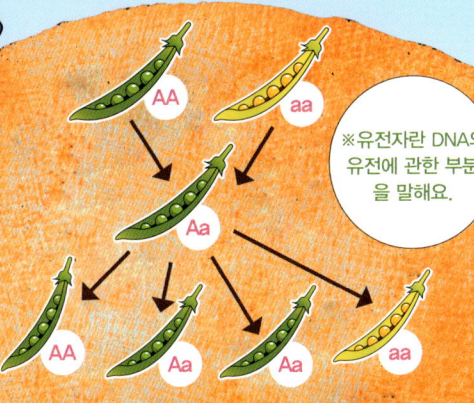

※유전자란 DNA의 유전에 관한 부분을 말해요.

녹색 완두콩과 황색 완두콩이 있다고 가정해요. 'A'는 녹색의 특징을 지닌 유전자. 'a'는 황색의 특징을 지닌 유전자예요. 둘을 조합하면 유전자의 조합은 'Aa'가 되지만, 자손에게서 나타나기 쉬운 특징인 녹색이 나타나게 돼요. 이 'Aa' 완두로부터는 녹색이 3개, 황색이 1개의 확률로 탄생해요. 유전자의 조합이 'aa'가 됐을 때만 황색이 되기 때문이에요.

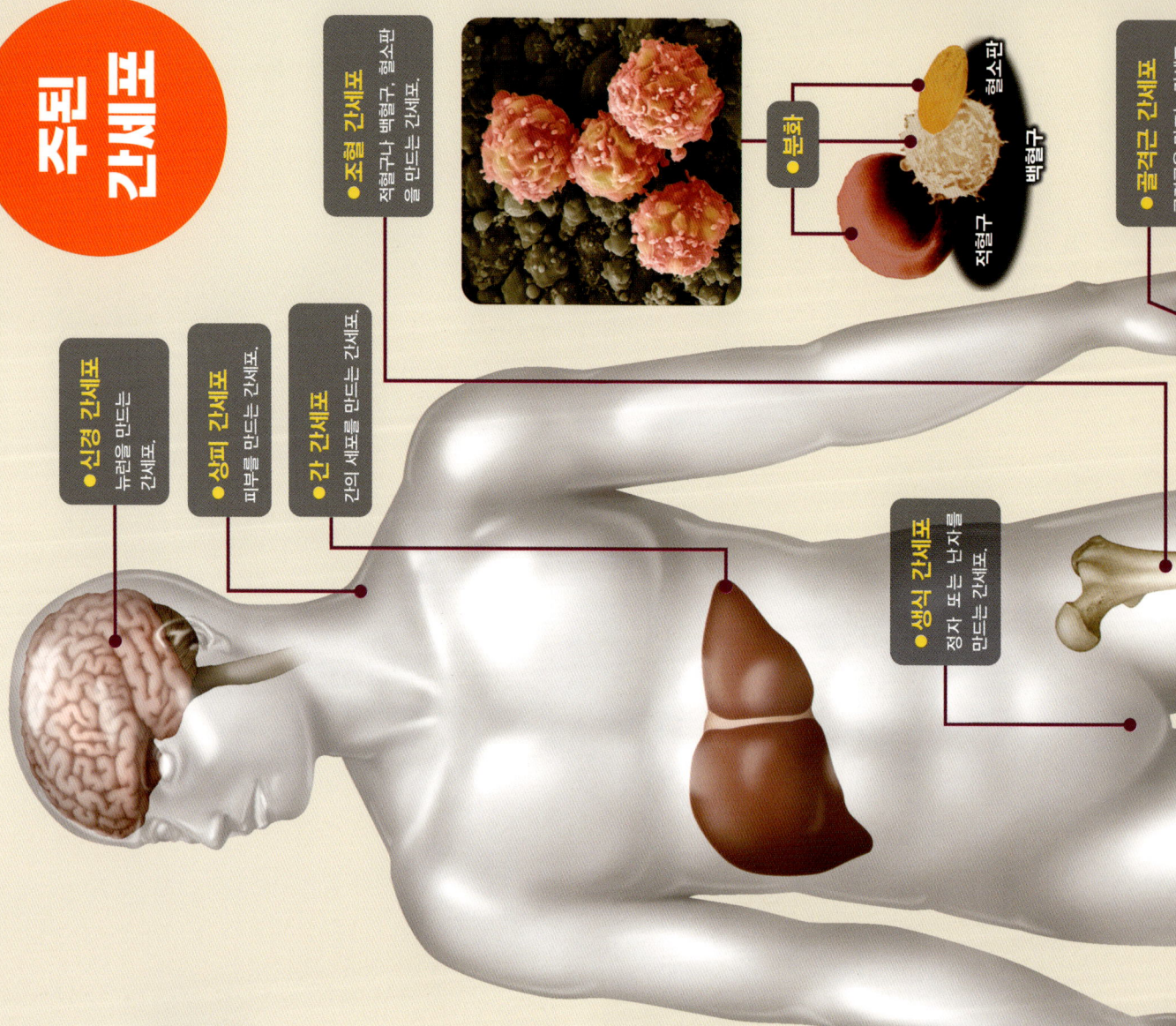

주된 간세포

- **조혈 간세포** 적혈구나 백혈구, 혈소판을 만드는 간세포.
- **신경 간세포** 뉴런을 만드는 간세포.
- **상피 간세포** 피부를 만드는 간세포.
- **간 간세포** 간의 세포를 만드는 간세포.
- **생식 간세포** 정자 또는 난자를 만드는 간세포.
- **골격근 간세포** 골격근을 만드는 간세포.

분화 → 혈소판, 백혈구, 적혈구

세계가 주목한다 iPS 세포의 신비

iPS 세포는 몸속 대부분의 세포나 조직이 될 수가 있는, 인간이 만든 세포랍니다. 다양한 세포가 될 수 있어서 이런저런 연구나 재생 의료의 재료로서 전 세계적으로 주목받고 있어요.

무토 박사의 포인트

iPS 세포란? 이름을 붙인 사람은 전 세계에게 처음으로 iPS 세포 제작에 성공한 야마나카 신야 교수예요. 영어 induced pluripotent stem cells (인공적으로 유도한) (다능성) (간세포) 의 앞글자를 딴 이름이에요. 그 의미를 이해하기 위해 아래의 키워드를 알아보도록 해요.

간세포(줄기세포) 간세포는 다양한 종류의 세포를 만들 수 있는 미분화 세포예요. 간세포에도 종류가 있고, 각각의 간세포는 몸의 여기저기에서 세포를 만들어 내요.

다능성 수정란처럼 다양한 세포로 분화할 수 있다는 의미예요.

분화 세포가 피부나 근육 등의 역할을 지닌 특정 세포로 변화하는 걸 분화라고 해요. 간세포는 세포 분열하고 분화하는 것으로 다른 세포가 돼요.

즉, 인공적으로 만들어져, 다양한 세포가 될 수 있는

iPS 세포 연구의 일인자

정형외과 의사를 목표했던 야마나카 신야 교수는 전신 류머티즘 환자를 만난 것을 계기로 난치병 치료의 길을 택했어요. 세포 초기화의 메커니즘을 해명하고 iPS 세포 연구를 진행한 야마나카 교수는 2012년에 노벨 생리학·의학상을 수상했어요.

야마나카 신야 교수
교토대학 iPS 세포 연구소 소장

iPS 세포가 생기기까지

그럼 인공적으로 탄생한 만능 간세포, iPS 세포가 어떻게 만들어지는지 알아볼까요?

① 세포 채취

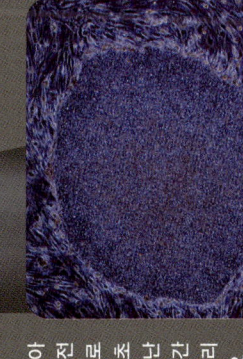

피부 세포

iPS 세포는 피부 내부 등에서 채취한 세포로 만들어져요.

② 초기화

● iPS 세포가 생긴다

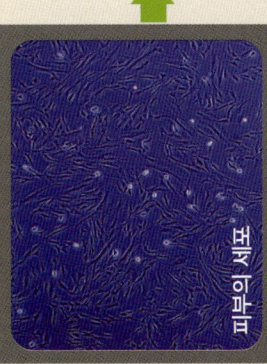

iPS 세포

일단 분화해 버린 세포는 간세포로 돌아갈 수 없어요. 하지만 인공적으로 유전자를 끼워 넣는 것으로 세포를 간세포로 되돌릴 수 있게 됐어요. 이를 '세포의 초기화'라고 해요. 초기화에 의해 태어난 간세포가 iPS 세포예요. iPS 세포는 간세포 중에서도 다능성 간세포라고 불리며, 세포 대부분으로 분화할 수 있어요.

③ 분화

● 다양한 세포가 만들어진다

iPS 세포는 배양(인공적으로 기르는 것) 조건을 바꾸는 것으로 다양한 장기나 조직 세포로 분화시킬 수 있어요. 아래의 사진 세 장은 iPS 세포가 실제로 분화한 세포의 사진이에요.

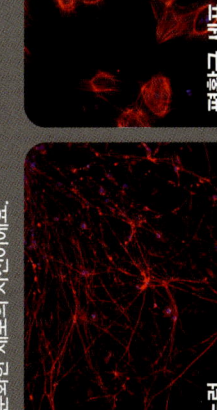
뉴런

평활근 세포

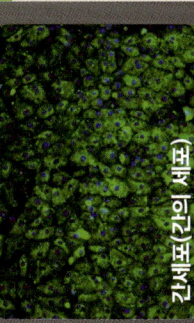
간세포(간의 세포)

정말로 다양한 세포가 될 수 있구나.

어디에 도움이 되나요?

A 몸에 문제가 생긴 장기, 조직 등을 만들어 이식하거나, 장기를 만들어 이식하는 대체법을 '재생 의료'라고 해요. iPS 세포도 재생 의료에 도움이 돼요. 혈액 등의 세포로부터 iPS 세포를 만들고, 다양한 세포로 변화시켜 이식함으로써 그 사람의 체내에서 장기가 수복되는 걸 기대해요. 또 난치병 환자의 체세포로부터 iPS 세포를 만들어서 환부로 분화시키고, 그것을 연구하는 것으로 병의 원인을 해명하죠. 인체에서는 할 수 없는 약을 시험할 iPS 세포로 할 수 있다는 점이 크게 기대되는 부분이에요.

불가능을 가능으로 바꾼다!
iPS 세포와 미래의 의료

무브 박사의 포인트!

iPS 세포 같은 간세포를 사용한 재생 의료 연구는 무서운 속도로 진전 중이야. 곧 실험실에서 장기를 만들고 이식하는 꿈 같은 이야기가 현실이 되려 하고 있지. 또 배양한 세포를 이은 미니 인체라고도 할 수 있는 장기 모사 칩을 사용해서 새로운 약물 개발도 진행되고 있어!

Q 오가노이드가 뭔가요?

A 실험실에서 만들어지는 미니 장기를 '오가노이드'라고 해요. 지금까지 장이나 신장, 뇌, 간 등 다양한 오가노이드가 만들어졌어요. 오가노이드는 배양된 세포가 그저 평면적으로 모인 것이 아니에요. 입체적인 구조를 갖췄고 기능은 진짜 장기와 똑같죠. 그래서 인체에서 장기가 형성되는 과정을 해명하고 장기의 치료법을 연구하는 데 도움이 돼요.

Q 장기 모사 칩은 무엇인가요?

A 실리콘 등으로 만든 작은 판(칩) 위에 인간 몸의 일부를 재현한 것이 '장기 모사 칩(인체 칩)'이에요. 칩에 아주 작은 방과 길을 만들어, iPS 세포 등으로부터 배양한 뇌나 간, 신장 등의 세포를 방에 넣고, 각 방을 혈관 역할을 하는 가느다란 통로로 이어요. 약의 효과나 독성을 몸 밖에서도 간단히 알아볼 수 있어 신약 제조 등에도 도움이 되고 있어요.

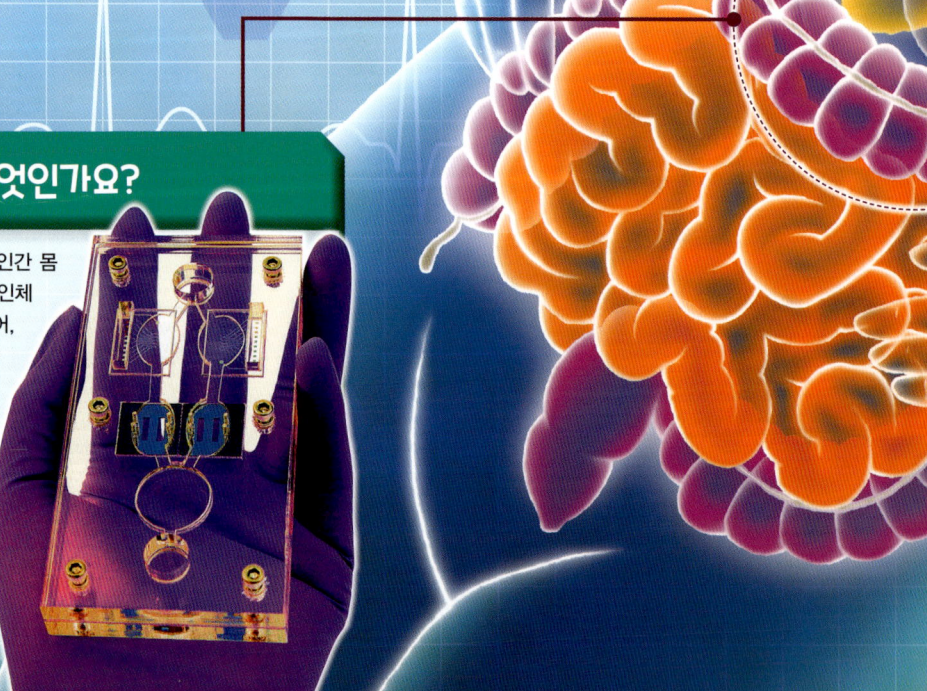

iPS 세포 연구의 일인자

정형외과 의사를 목표했던 야마나카 신야 교수는 전신 류머티즘 환자를 만난 것을 계기로 난치병 치료의 길을 택했어요. 세포 초기화의 메커니즘을 해명하고 iPS 세포 연구를 진행한 야마나카 교수는 2012년에 노벨 생리학·의학상을 수상했어요.

야마대학 iPS 세포 연구소 소장
교토대학 **야마나카 신야 교수**

iPS 세포가 생기기까지

그럼 인공적으로 탄생한 간세포, iPS 세포가 어떻게 만들어지는지 알아볼까요?

①세포 채취

피부의 세포

iPS 세포는 피부 등에서 채취한 세포로 만들어져요.

②초기화

● iPS 세포가 생긴다

일단 분화해 버린 세포는 간세포로 돌아갈 수 없어요. 하지만 인공적으로 유전자를 가해 넣는 것으로 세포를 간세포로 되돌릴 수 있게 됐어요. 이를 '세포의 초기화'라고 해요. 초기화에 의해 태어난 간세포가 iPS 세포예요. iPS 세포는 간세포 중에서도 다능성 간세포라고 불리며, 세포 대부분으로 분화할 수 있어요.

iPS 세포

③분화

● 다양한 세포가 만들어진다

iPS 세포는 배양(인공적으로 기르는 것) 조건을 바꾸는 것으로 다양한 장기나 조직 세포로 분화시킬 수 있어요. 아래의 사진 세 장은 iPS 세포에서 실제로 분화한 세포의 사진이에요.

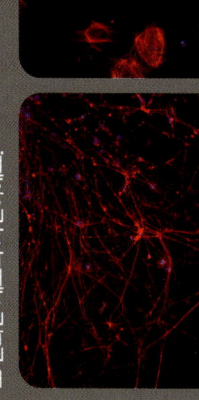
뉴런

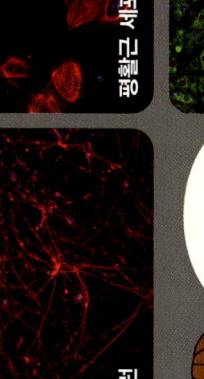
평활근 세포

간세포(간 세포)

정말로 다양한 세포가 될 수 있구나.

어디에 도움이 되나요?

A 일키거나 문제가 생긴 장기, 조직 등을 만들어 이식하는 재생의료와 '재생의료'라고 해요. iPS 세포도 재생의료에 도움이 돼요. 혈액 등의 세포로부터 iPS 세포를 만들고, 다양한 세포로 변화시켜 이식함으로써 그 사람의 체내에서 장기가 수복되는 걸 기대해요. 또 난치병 환자의 체세포로부터 iPS 세포를 만들어서 세포로 분화시키고, 그것을 연구하는 것으로 병의 원인을 해명하죠. 인체에서는 약을 시험할 iPS 세포로 할 수 있다는 점이 크게 기대되는 부분이에요.

불가능을 가능으로 바꾼다!
iPS 세포와 미래의 의료

무브 박사의 포인트!

iPS 세포 같은 간세포를 사용한 재생 의료 연구는 무서운 속도로 진전 중이야. 곧 실험실에서 장기를 만들고 이식하는 꿈 같은 이야기가 현실이 되려 하고 있지. 또 배양한 세포를 이은 미니 인체라고도 할 수 있는 장기 모사 칩을 사용해서 새로운 약물 개발도 진행되고 있어!

Q 오가노이드가 뭔가요?

A 실험실에서 만들어지는 미니 장기를 '오가노이드'라고 해요. 지금까지 장이나 신장, 뇌, 간 등 다양한 오가노이드가 만들어졌어요. 오가노이드는 배양된 세포가 그저 평면적으로 모인 것이 아니에요. 입체적인 구조를 갖췄고 기능은 진짜 장기와 똑같죠. 그래서 인체에서 장기가 형성되는 과정을 해명하고 장기의 치료법을 연구하는 데 도움이 돼요.

Q 장기 모사 칩은 무엇인가요?

A 실리콘 등으로 만든 작은 판(칩) 위에 인간 몸의 일부를 재현한 것이 '장기 모사 칩(인체 칩)'이에요. 칩에 아주 작은 방과 길을 만들어, iPS 세포 등으로부터 배양한 뇌나 간, 신장 등의 세포를 방에 넣고, 각 방을 혈관 역할을 하는 가느다란 통로로 이어요. 약의 효과나 독성을 몸 밖에서도 간단히 알아볼 수 있어 신약 제조 등에도 도움이 되고 있어요.

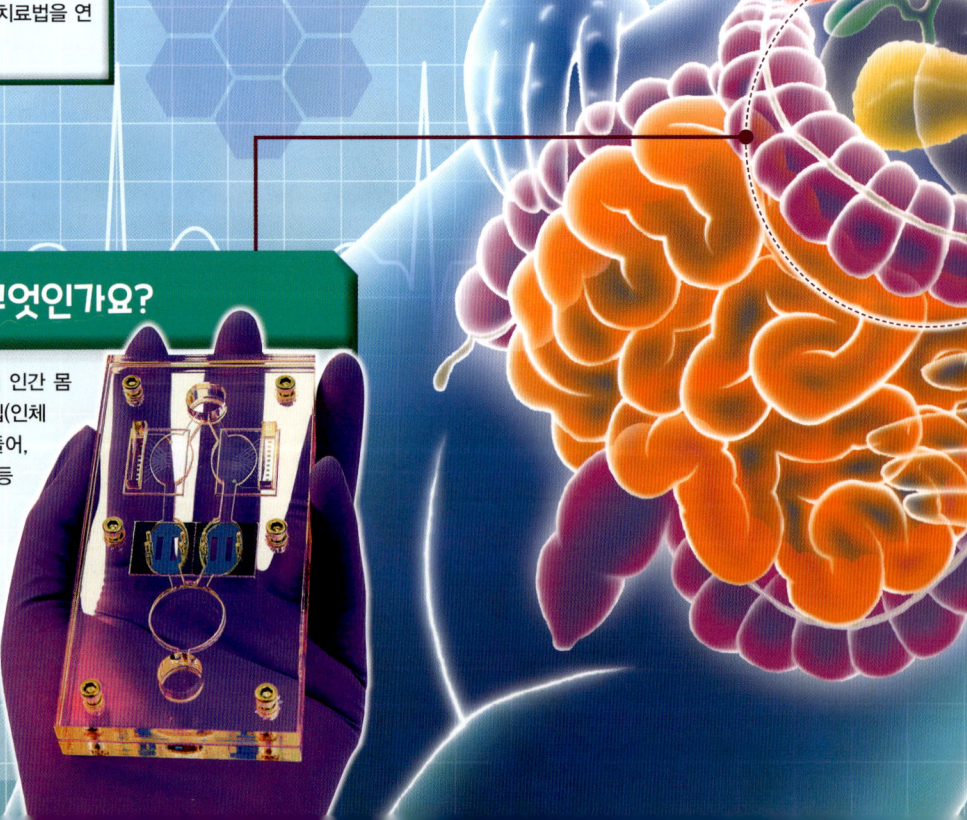

iPS 세포 연구의 일인자

정형외과 의사를 목표했던 야마나카 신야 교수는 전신 류머티즘 환자를 만난 것을 계기로 난치병 치료의 길을 택했어요. 세포 초기화 메커니즘을 규명하고 iPS 세포 연구를 진행한 야마나카 교수는 2012년에 노벨 생리학·의학상을 수상했어요.

교토대학 iPS 세포 연구소 소장
야마나카 신야 교수

어디에 도움이 되나요?

A 일렁가나 문제가 생긴 장기, 조직 등을 만들어 이식하는 대체발을 '재생 의료'라고 해요. iPS 세포도 재생 의료에 도움이 돼요. 혈액 등이 세포로부터 iPS 세포를 만들고, 다양한 세포로 변화시켜 이식함으로써 그 사람의 체내에서 장기가 수복되는 걸 기대해요. 또 난치병 환자의 체세포로부터 iPS 세포를 만들어서 환부로 분화시키고, 그것을 연구하는 것으로 병의 원인을 해명하죠. 인체에서는 얻을 시험을 iPS 세포로 할 수 있다는 점이 크게 기대되는 부분이에요.

iPS 세포가 생기기까지

그럼 인공적으로 만드는 간세포, iPS 세포가 어떻게 만들어지는지 알아볼까요?

① 세포 채취

iPS 세포는 피부 등에서 채취한 세포로 만들어져요.

피부의 세포

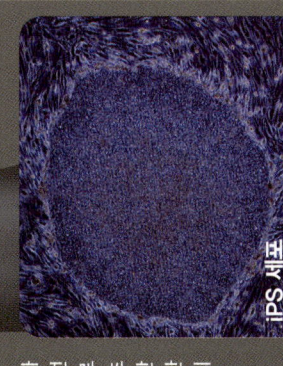

② 초기화 — iPS 세포가 생긴다

일단 분화해 버린 세포는 간세포로 돌아갈 수 없어요. 하지만 인공적으로 유전자를 끼워 넣는 것으로 세포를 간세포로 되돌릴 수 있게 했어요. 이를 '세포의 초기화'라고 해요. 초기화에 의해 태어난 간세포가 iPS 세포예요. iPS 세포는 간세포 중에서도 다능성 간세포라고 불리며, 세포 대부분으로 분화할 수 있어요.

iPS 세포

③ 분화 — 다양한 세포가 만들어진다

iPS 세포는 배양(인공적으로 기르는 것) 조건을 바꾸는 것으로 다양한 장기나 조직 세포로 분화시킬 수 있어요. 아래의 사진 세 장은 iPS 세포가 실제로 분화한 세포의 사진이에요.

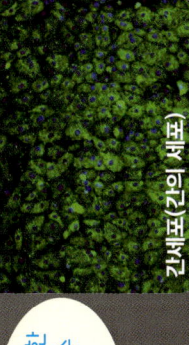 평활근 세포

 간세포(간의 세포)

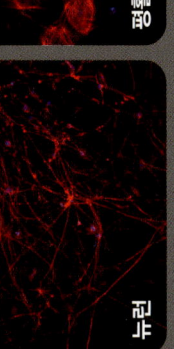 뉴런

정말 다양한 세포가 될 수 있구나.

불가능을 가능으로 바꾼다!
iPS 세포와 미래의 의료

무브 박사의 포인트!

iPS 세포 같은 간세포를 사용한 재생 의료 연구는 무서운 속도로 진전 중이야. 곧 실험실에서 장기를 만들고 이식하는 꿈 같은 이야기가 현실이 되려 하고 있지. 또 배양한 세포를 이은 미니 인체라고도 할 수 있는 장기 모사 칩을 사용해서 새로운 약물 개발도 진행되고 있어!

Q 오가노이드가 뭔가요?

A 실험실에서 만들어지는 미니 장기를 '오가노이드'라고 해요. 지금까지 장이나 신장, 뇌, 간 등 다양한 오가노이드가 만들어졌어요. 오가노이드는 배양된 세포가 그저 평면적으로 모인 것이 아니에요. 입체적인 구조를 갖췄고 기능은 진짜 장기와 똑같죠. 그래서 인체에서 장기가 형성되는 과정을 해명하고 장기의 치료법을 연구하는 데 도움이 돼요.

Q 장기 모사 칩은 무엇인가요?

A 실리콘 등으로 만든 작은 판(칩) 위에 인간 몸의 일부를 재현한 것이 '장기 모사 칩(인체 칩)'이에요. 칩에 아주 작은 방과 길을 만들어, iPS 세포 등으로부터 배양한 뇌나 간, 신장 등의 세포를 방에 넣고, 각 방을 혈관 역할을 하는 가느다란 통로로 이어요. 약의 효과나 독성을 몸 밖에서도 간단히 알아볼 수 있어 신약 제조 등에도 도움이 되고 있어요.

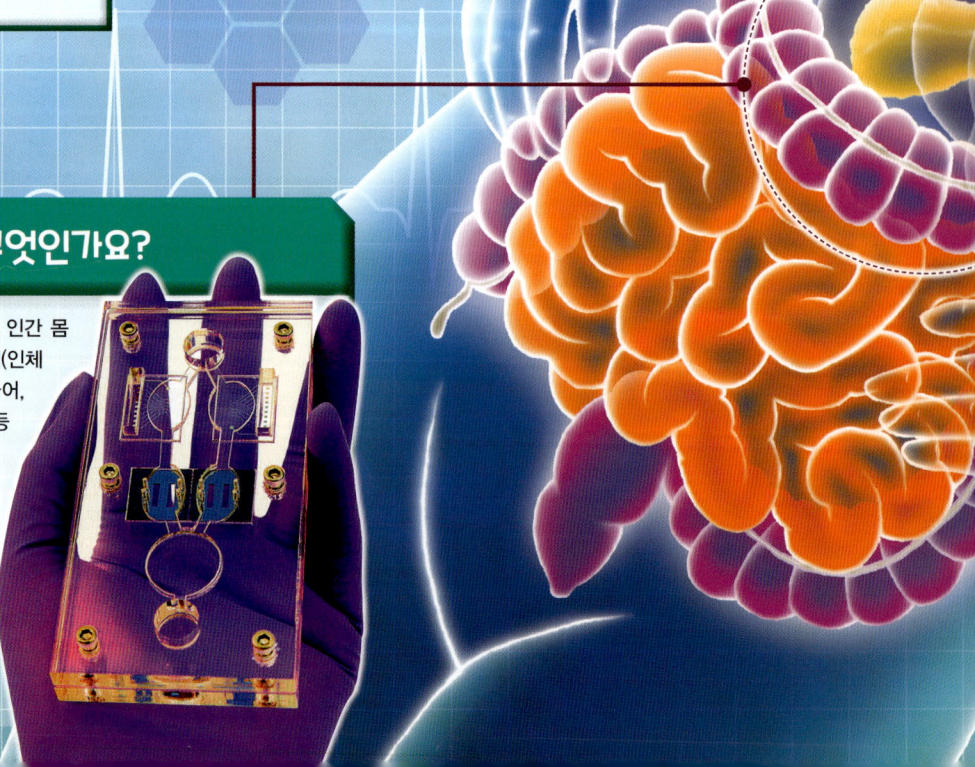

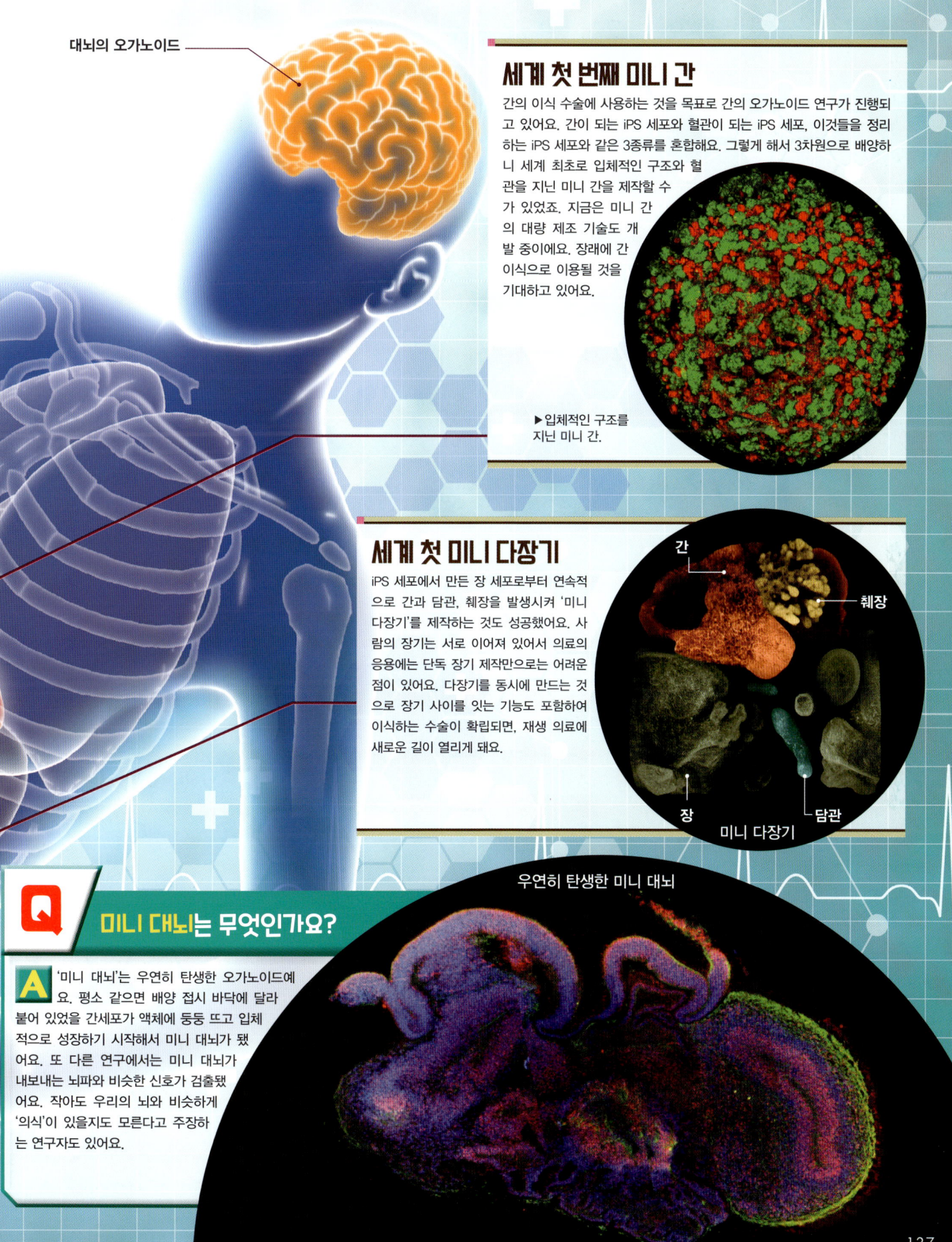

색인

이 도감에 등장하는 단어를 가나다순으로 정리했습니다.

가

가슴 신경	90
가지 돌기	88, 94
각막	76
각질층	86
간	37, 38, 54, 61, 91
간 간세포	134
간동맥	54
간세포(간의 세포)	54, 135
간세포(줄기세포)	134
간소엽	54
간정맥	55
간질 세포	70
갈비뼈(늑골)	20, 34
갈색 지방 세포	30
감각 뉴런	88
감각 신경	90
감수 분열	132
감염증	17, 112
거미막	93
거친면 소포체	131
결장끈	50
결핵균	107
경구개	40
경막	93
경부 림프절	102
경추	35
경추 신경	90
고막	21, 81
고실	80
고실계	81
고유 간동맥	55
골격	20
골격근	29, 65
골격근 간세포	134
골다공증	71
골단판	23
골반	20, 27, 103
골세포	5, 23
골수	24, 66, 103
골수강	22
골아 세포	4, 22, 25
공막	76
공장	46
관자뼈(측두골)	21
관절	26
관절반월	27
광대뼈(협골)	21
교감 신경	91
교감 신경간	90
구강	40
구아닌	131
구형낭	81
귀	10, 80
귀밑샘	40
귓바퀴	80
귓속뼈	21, 80
근막	28
근상막	28
근섬유	28, 89
근섬유속	28
근소포체	29
근원섬유	29
근위 세뇨관	68
근육	5, 28, 89
근전 의수	33
글루카곤	45
글리세린	47
글리코젠	54
기관	59, 62
기관지	62, 91
기름방울	30
기억 세포	105
기회주의적 병원균	51
꼬리 신경	90

나

나트륨(염분)	69, 70
낙산	53
난관	121, 122, 124
난소	121, 122, 124
난자	14, 121, 123, 124, 131
난할	124
난형낭	81
남성 생식기	120
내막(내피세포)	66
내분비 세포	45
내이	80
내이 신경	81
내장 지방	30
내측 측부 인대	26
내측광근	28
넙다리뼈(대퇴골)	21, 22, 26
네프론	68
노르아드레날린	89, 94
노뼈(요골)	20, 26
뇌	11, 60, 91, 92, 94, 98
뇌간	92
뇌교	75, 92
뇌두개	21
뇌량	75, 92
뇌하수체	75, 92
눈	76
눈둘레근	28
뉴런	10, 11, 25, 31, 88, 94, 98, 128, 131, 135

다

다능성	134
다리 세포	69
단백질	25, 31, 42, 47, 54, 86, 130
단세포 생물	110
달팽이관	81
담관	54
담낭	37, 39, 44, 55
담석	45
담즙	45, 47, 54
담즙산	45
당질	54

대뇌 75,92	마루뼈(두정골) 21	미오글로빈 29
대동맥 64	마이스너 소체 87	미토콘드리아 29,30,95,130
대변 39,50,56	말초 신경 90	
대사 54	말피기소체 69	**바**
대식세포 13,104,106,115	망막 77	
대십이지장 유두 44	망치뼈 21,80	바이러스 17,105,110,112
대장 37,39,46,50	매끈면 소포체 130	반고리관 81
대장균 51	맹장 50	발가락뼈(지골) 20
대정맥 64	머리뼈(두개골) 20,27,80,91,93	발꿈치뼈 20,27
대퇴직근 28	머리카락 10	발등 27
대흉근 28	메르켈 세포 86	발목 27
동공 76,91	메신저 RNA 130	발허리뼈(중족골) 20
동맥 66,101,102	멘델의 법칙 133	방광 59,68,120
동맥혈 54	면역 48,114	방선관 121
동방 결절 64	면역 반응 108	방실 결절 64
두덩뼈(치골) 20,27	면역 세포 49,52,105	배란 124
두부(머리) 120	모구(털망울) 86	배아 124
두정 연합 영역 93	모루뼈 21,80	배우자 133
두정엽 93	모세 림프관 47	백근 29
두피 93	모세담관 55	백색 지방 세포 30
등자뼈 21,80	모세혈관 8,28,47,61,62,68	백신 113
딱지 117	모양체 76	백혈구 8,24,66,101,117,134
땀샘(에크린선) 86	모양체근 76	베르니케 영역 93,129
	목빗근 28	벽세포 42
	무릎 27	별 신경절 91
라	무릎 관절 27	별 아교 세포 95
	무릎뼈(슬개골) 21,26	병원체 8,13,48,52,104,106
랑게르한스섬 6,45,73	무수 신경 95	보먼주머니 69
랑비에 결절 88	문맥 39,54	보조 T세포 49,105
레닌 70,72	미각 신경 84	보조 인공 심장 33
렙틴 31,72	미공 84	보행 반사 129
로버트 훅 130	미니 간 137	복사뼈 20,27
루피니 소체 87	미니 다장기 137	복안 79
리보솜 130	미니 대뇌 137	복장뼈(흉골) 20
리보솜 RNA 130	미니 장기 136	복직근 28
리파아제 45	미뢰 84	부교감 신경 91
림프 81,101,102	미모(미각털) 84	부세포 42
림프 소절 102	미부(꼬리) 120	부췌관 44
림프관 39,101,115	미세 아교 세포 95,106	분문 43
림프구 24	미세 융모 47,68	분열 132
림프동 102	미세포 84	분화 17,24,134
림프절 101,102	미엘린 88,95	불수의근 29
		브로카 영역 93

139

비갑개 83	세포 111,130	신경 간세포 134
비루관 83	세포 분열 131,132	신경 교세포 95
비만 세포 108	세포독성 T세포 12,105,115	신경 세포 11
비복근 28	세포질 130	신경 전달 물질 11,89,95
비장 54,103	세포체 89,94	신경 종말 88
비피더스균 51	소공 69	신경계 74
빌리루빈 54	소뇌 75,93	신경근 결합 89
빗장뼈(쇄골) 20	소십이지장 유두 44	신동맥 68
뼈(석회화된 연골) 23	소장 6,37,46,48	신소체 69
	소화기 38,56,61	신장 59,61,68,70
	소화기계 36,38	신정맥 68
사	속근 29	신종 코로나바이러스(COVID-19) 99,112
	속손톱 87	심근 29,65
사골 83	손가락뼈(지골) 20	심장 59,64,91
사구체 8,69	손발톱 87	십이지장 6,39,44,46
사람 면역 결핍 바이러스(HIV) 110	손톱 몸통 87	십자 인대 26
사상 유두 85	손톱 뿌리 87	쌍둥이 123
사주근 42	손허리뼈(중수골) 20	
산도 125	송곳니 41	
산동 91	수용체 25,31,82,89,95	**아**
산소 60,63,70	수의근 29	
살균 물질 48	수입 림프관 102	아기 126,128
살모넬라균 111	수정 14,122,124	아데노바이러스 111
삼각근 28	수정란 122	아데닌 131
삼첨판 64	수정체 76	아래턱뼈(하악골) 21
상대정맥 64	수지상 세포 48	아미노산 47,130
상비갑개 83	수출 림프관 102	아밀라아제 45
상비도 83	순환기 60	아세틸콜린 89, 94
상아질 41	순환기계 60	아킬레스건 28
상완 이두근 28	스클레로스틴 22	아포 111
상처 116	승모근 28	악성 종양(암) 114
상피 간세포 134	승모판 65	안구 76
상피 세포 48	시각 세포 77	안근 77
상피 소체(부갑상샘) 71	시각 영역 93	안면 신경 85
상행 결장 50	시냅스 11,89,94,128	안면두개 21
생식 간세포 134	시냅스 소포 89,95	알도스테론 70
생식 세포 120	시멘트질 41	알레르겐 108
생식기 120	시상 75,92	알레르기 108
설인 신경 85	시상하부 31,72,75,92	암(악성 종양, 암세포) 12,114
섬모 122	시신경 77	암모니아 54
세균 6,101,104,110	시토신 131	암세포 12,114
세기관지 62	식도 37,38,42	앞니 41
세뇨관 69,70	신경 90	앞어금니 41
세크레틴 44		앤지오텐신 II 70,72

양막	125	
양성 종양	114	
양수	125	
어깨	26	
어깨뼈(견갑골)	20, 26	
에나멜질	41	
에볼라 바이러스	111	
엔벨로프	110	
여성 생식기	121	
연골	23, 27, 80	
연구개	40	
연동 운동	38, 43	
연막	93	
연수	75, 92	
연합 뉴런	88	
염기	131	
염산	43	
염색질	131	
염색체	131, 132	
엽상 유두	85	
영구치	41	
오가노이드	136	
오른림프관	102	
오스테오칼신	22, 24, 73	
오스테오폰틴	22, 24	
오줌	61, 68, 91	
와우	10, 81	
와우 신경	81	
외막(아교 섬유)	66	
외복사근	28	
외생식기	120	
외요도구	120	
외이	80	
외이도	80	
외측 측부 인대	26	
외측광근	28	
요관	68	
요도	68, 120	
요소	54, 61, 69	
용골돌기	35	
용상 유두	85	
용혈성 연쇄 구균	111	
우심방	64	

우심실	64	
운동 뉴런	89	
운동 신경	90	
운동 영역	93	
운동 종판	28, 89	
원뇨	8, 69	
원위 세뇨관	68	
웰치균	51	
위	37, 38, 42, 46, 91	
위소와	43	
위액	43	
위저부	42	
위점막	42	
위족	13, 107	
위체부	42	
위턱뼈(상악골)	21	
위팔노근	28	
위팔뼈(상완골)	20, 26	
유곽 유두	84	
유동	55	
유리체	77	
유모세포	80	
유문	42	
유문 괄약근	43	
유문부	42	
유방	121	
유산균	51, 52	
유수 신경	95	
유익균	51	
유전	132	
유전자	14, 133	
유전자 공학	131	
유치	41	
유해균	51	
윤상 주름	46	
융모	6, 47, 49, 103	
융모막 융모	15, 126	
음경	120	
음낭	120	
음식 알레르기	109	
의족	32	
이관	81	
이란성 쌍둥이	123	

이마뼈(전두골)	21	
이산화탄소	61, 62	
이석	80	
인	71	
인공 내이	33	
인공 수정	23	
인공 안구	33	
인공 장기	32	
인공 지능	98	
인공 지능(AI)	99	
인공 지능(딥 러닝)	99	
인공사지	32	
인대	26	
인두	38, 62	
인산칼슘	71	
인슐린	45, 73	
인크레틴	72	
인터류킨	22, 48	
인플루엔자바이러스	110	
일란성 쌍둥이	123	
입	38, 40	
입모근	86	
잇몸	41	

자

자궁	121, 122, 124, 127	
자극 전도계	16, 64	
자뼈(척골)	20, 26	
자유 신경 종말	86	
자율 신경계	91	
장	91	
장기 모사 칩	136	
장기 프린팅	33	
장내 세균	50, 52	
장내 세균총	51, 52	
재생 의료	135, 136	
적근	29	
적혈 모세포계 전구 세포	70	
적혈구	8, 24, 54, 63, 67, 71, 117, 131, 134	
전경골근	28	
전구 세포	70	
전달 RNA	130	

전두 연합 영역	93
전두근	28
전두엽	93
전립선	120
전십자 인대	26
전정	81
전정 신경	81
전정계	81
전정창	81
전해질	69
점액	43
점액층	83
정강이뼈(경골)	21,26
정관	120
정낭	120
정맥	66,101,102
정세관	120
정소	120
정자	120,122,124
조갑 기질	87
조절 T세포	52,104
조혈 간세포	24,134
종말 세기관지	62
종아리뼈(비골)	21,26
종주근	42
좌골 신경	131
좌심방	65
좌심실	65
주세포	42
주췌관	44
중뇌	75,93
중막(평활근)	66
중비갑개	83
중비도	83
중심 원리(센트럴 도그마)	130
중심 정맥	55
중이	80
중추 신경	91
중편부	120
지각 신경	108
지근	29
지방	30
지방 세포	30
지방산	47
지질	30,54
직장	50
진피	87
질	121,122,124
집합관	68

차

착상	124
척수	75,91,92
척수 반사	90
척수 신경	90
척주	20,27,34
천골 신경	90
천연두바이러스	110
철분	54
청각 영역	93
체성 감각 영역	93
체성 신경계	90
체세포 분열	132
체외 수정	123
총간동맥	55
총담관	44
추간원판	27
추골	27
축동	91
축삭	88,94
충수	39,50
췌장	6,37,39,44
췌장액	44,47
측두 연합 영역	93
측두근	28
측두엽	93
측부 인대	26
치경	41
치관	41
치근	41
치근막	41
치밀질	22
치배	41
치상회	96
치수	41
치아	7,38,40
치조골	41
침샘	38,40

카

카텝신 B	96
칼돌기	35
칼슘	22,130
케라틴	86
코	82
코르티 기관	81
콜라겐 섬유	22,29
콜레라균	111
콜레스테롤	45
콜레시스토키닌	44
쿠퍼 세포	106
큰어금니	7,41
클로스트리듐균	53
키모트립신	45
킬러 T세포	12,105,115

타

태반	15,125,126
태아	14,124,126
탯줄	125,126
턱밑샘	40
투명대	121,123
트립신	45
티민	131

파

파골 세포	4,23,106
파상풍균	16,111
파치니 소체	87
판	66,102
팔꿈치	26
팬데믹	112
팽대부	122
팽대정	81
퍼포린	115

페이에르판 49,103
펩시노겐 42
펌근 지지띠 28
평형반 80
평활근 29,43,65
평활근 세포 135
폐 9,59,60,62,64,115
폐동맥 63,64
폐동맥판 65
폐정맥 63,64
폐포 9,63
폐포대식세포 63,106
포도당 45,47,54
포도상구균 13,131
포배 124
표피 87
풀열 111
피부 86,88,117
피부밑 지방 30
피브린 116
피지선 86
피하조직 87
필라멘트 29

하

하대정맥 55,64
하비갑개 83
하비도 83
하행 결장 50
한숨 62
항균 펩타이드 48
항원 108
항체 49,52,103,105,108
해마 25,73,93,96
해면질 22
핵 30,88,94,121,123,130,132
핵소체 130
허리 신경 90
헤모글로빈 54,67,117
헨레 고리 68
혀 84
혀 유두 84

혀밑샘 40
혈관 8,12,23,86,108,115,117,126
혈구 66
혈당치 6,54
혈소판 24,67,117,134
혈압 70
혈액 8,25,66,70,115,117
혈장 67,116
혈전 117
호르몬(에스트로겐) 121
호르몬(프로락틴) 121
호중구 104,107
홍채 76
환상근 42
황열병 17
회맹판 50
회장 46
횡격막 62
횡행 결장 50
후각 상피 83
후각 섬모 82
후각 신경 83
후각 영역 93
후각로 83
후구 83
후구 뉴런 83
후두 62
후두엽 93
후선 83
후세포 83
후십자 인대 26
흉관 103
흉선 103
흡수 상피 세포 47,48
희소 돌기 아교 세포 95
히스타민 108
히스톤 131
힘줄 29

기타

AIDS(후천성 면역 결핍 증후군) 110
ANP(심방성 나트륨이뇨펩타이드) 73

BMP(골 형성 단백질) 22
B세포 48,52,105
DNA 131,132
EPO(에리스로포이에틴) 70,73
HAL(장착형 사이보그) 33
iPS 세포 17,134,136
M세포 48
NK세포 115
PGF(태반 성장 인자) 127
RNA 110,130
S자 결장 50
T4 파지 110
T세포 53
VEGF(혈관 내피 성장 인자) 127

[감수]

시마다 다츠오(오오이타대학 명예 교수 / 오오이타 의학 기술 전문학교 교장)

[감수 협력]

사카모토 시호

[집필]

츠치야 켄, 오노데라 유키, 구로다 유이(오피스 303)

[일러스트]

가토 아이이치, 카미무라 카즈키, 키노시타 신이치로, 코바야시 미노루, 다카하시 타쿠마, 하시즈메 요시히로, 야나기사와 히데노리

[캐릭터 일러스트]

가와바타 슈지, 고이케 나나에

[커버 일러스트]

코바야시 미노루

[장정]

기도코로 준+세키구치 신페이(JUN KIDOKORO DESIGN)

[본문 레이아웃]

아마노 히로카즈, 오루이 나오(DAI-ART PLANNING)

[사진·일러스트]

특별 협력 : 아프로 아마나 이메지스 Getty Images

커버 뒷면 융모막 융모 : NHK / P.4 파골 세포와 골아 세포 : NHK / P.5 골세포 : NHK / P.6-7 장내 세균 : NHK / P.8 사구체 : NHK / P.8-9 혈관 : NHK / P.10 뉴런 : NHK / P.10-11 시냅스 : NHK / P.11 뇌의 신경 세포 : 마타요시 나오키, NHK / P.12 암세포 : NHK / P.14 수정란 : 긴키대학 야마가타 카즈오 / P.14-15 융모막 융모 : NHK / P.16 기타사토 시바사부로 : 학교 법인 기타사토 연구소, 다와라 스나오 : 시마다 다츠오 / P.17 노구치 히데요 : (공익 재단 법인)노구치 히데요 기념회, 야마나카 신야 : 교토대학 iPS 세포 연구소 / P.25 오스테오칼신 : NHK / P.31 렙틴 : NHK / P.33 HAL(장착형 사이보그) : 사이버다인㈜ 제공 / P.34 골격 표본(붉은바다거북, 다람쥐원숭이, 순록) : 유자와 에이지 /
P.52-53 장내 세균과 면역 세포 : NHK / P.68 미세 융모 : NHK / P.70-71 적혈구 등 : NHK / P.71 석회화가 일어난 혈관 : 도쿄의료대학 병원 야마시나 아키라, NHK / P.72-73 메시지 물질 : NHK / P.94 뇌의 신경 세포 : 마타요시 나오키, NHK / P.96-97 해마 : NHK / P.122-123 수정란 : Sol90Images / P.126-127 융모막 융모 : NHK / P.129 아기 실험 : 묘와 마사코(교토대학) / P.135 iPS 세포가 생기기까지 : 교토대학 iPS 세포 연구소 / P.136 장기 모사 칩 : Hesperos / P.137 미니 간, 미니 다장기 : 도쿄의과치과대학 총합연구기구 다케베 타카노리, 미니 대뇌 : Madeline A.

[협력]

미타 도시하루(규슈대학), 도부 동물 공원, 우에노 동물원, 시바타 요시히데

<KODANSHA no Ugoku Zukan MOVE ZINTAI NO FUSHIGI>
© KODANSHA LTD. <2020>
All rights reserved.
Original Japanese edition published by KODANSHA LTD.
Korean translation rights arranged with KODANSHA LTD.
through Shinwon Agency Co.

이 책의 한국어판 저작권은 ㈜신원에이전시를 통해 저작권자와 독점 계약한 루덴스미디어㈜에 있습니다.
저작권법에 의하여 한국 내에서 보호를 받는 저작물이므로 무단 전재 및 복제를 금합니다.

[역자] 나정환
고려대학교 생명과학과를 졸업하고 서울대학교에서 뇌과학을 연구하고 있다. 일본 문화에 흥미를 느껴 자연스럽게 일본어를 공부하게 되었고, 우연한 기회를 통해 번역 일을 시작하게 되었다. 번역한 책으로는 『난 억울해요!』, 『난 진짜예요!』, 『깜짝 놀랄 심해 생물 백과』, 『깜짝 놀랄 독 생물 백과』, 『생물의 엄청난 집 도감』, 『깜짝 놀랄 별미 생물 백과』(코믹컴), 『움직이는 도감 MOVE 식물, 위험생물』(루덴스미디어) 등이 있다.

루덴스미디어
움직이는 도감
MOVE 인체

편저 고단샤
감수 시마다 다츠오
역자 나정환
찍은날 2022년 8월 20일 초판 1쇄
펴낸날 2022년 9월 5일 초판 1쇄
펴낸이 홍재철
편집 이호경
디자인 장지윤
마케팅 황기철·안소영
펴낸곳 루덴스미디어(주)
주소 경기도 고양시 일산동구 무궁화로 43-55, 604호(성우사카르타워)
홈페이지 http://www.ludensmedia.co.kr
전화 031)912-4292 | **팩스** 031)912-4294
등록 번호 제 396-3210000251002008000001호
등록 일자 2008년 1월 2일

ISBN 979-11-88406-67-8 74400
ISBN 979-11-88406-60-9(세트)

결함이 있는 책은 구입하신 곳에서 바꾸어 드립니다.
값은 뒤표지에 있습니다.

소장의 내부는 융모와 미세 융모라는 눈에 보이지 않을 정도로 작은 돌기로 덮여 있으며, 영양분을 흡수하는 면적을 넓게 하고 있어요. 그 면적은 약 30㎡. 배 안에 배드민턴 코트 반 정도인 넓이가 있는 거예요.

적혈구의 수
25조 개

적혈구에 관한 내용은 ▶P.67

소장의 표면적
30 m²

소장에 관한 내용은 ▶P.46

다양한 세포 중 압도적으로 수가 많은 것이 적혈구예요. 개수가 25조 개에 달하죠. 적혈구는 약 120일간 일하고 새로운 적혈구로 교대해요.

마이크로 세계의

세포에 관한 내용은 ▶P.130

유전자 세트의 조합
70조 종

전신의 세포 수
37조 2,000억 개

유전자에 관한 내용은 ▶P.133

최신 연구에 따르면 인체의 세포 수는 37조 2,000억 개 정도라고 해요. 이렇게나 많은 세포가 수정란이라는 단 한 개의 세포로부터 만들어져요. 그리고 세포는 매일 새로 만들어져 바뀌어요.

같은 부모로부터 태어날 수 있는 자손의 유전자 세트는 약 70조 종류라고 해요. 이만큼이나 존재하기 때문에 형제가 같은 유전자 세트를 지닐 확률은 거의 0이에요.